あるくみるきく双書

田村善次郎・宮本千晴【監修】

宮本常一とあるいた昭和の日本

11

関東
甲信越 ①

農文協

はじめに
——そこはぼくらの「発見」の場であった——

「私にとって旅は発見であった。私自身の発見であり、日本の発見であった。書物の中で得られないものを得た。歩いてみると、その印象は実にひろく深いものであり、体験はまた多くのことを反省させてくれる。」これは『私の日本地図』の第一巻「天竜川にそって」の付録に書かれた宮本常一の「旅に学ぶ」という文章の一節である。これは宮本先生の持論でもあった。近畿日本ツーリスト・日本観光文化研究所に集まる若者の誰もが幾度となく聞かされ、旅ゆくことを奨められた。そして「どうじゃー、面白かったろうが」というのが旅から帰った者への先生の第一声であった。一生を旅に過ごしたといっても過言ではないほど、旅を続けた宮本先生にとって、旅は面白いものに決まっていた。それは発見があるからであった。発見は人を昂奮させ、魅了する。

この双書に収録された文章の多くは宮本常一に魅せられ、けしかけられて旅に出、旅に学ぶ楽しみと、発見の喜びを知った若者達の旅の記録である。一編一編は限られた村や町の紀行文であるが、こうして地域ごとに集めてみると、期せずして「昭和の風土記日本」と言ってもよいものになっている。

日本観光文化研究所は、宮本常一の私的な大学院みたいなものだといった人がいるが、この大学院は学歴も職歴も年令も一切を問わない、皆平等で来るものを拒まないところであった。それだけに旺盛な好奇心と情熱をもった多様な性向の若者が出入りしていた。『あるく みる きく』は、この研究所の機関誌的な性格を持った月刊誌であり、所員、同人が写真を撮り、原稿を書き、レイアウトも編集もすることを原則としていた。編集者もデザイナーも筆者もカメラマンも、当時は皆まだ若かったし、素人であった。公刊が前提の原稿を書くのは初めてという人も少なくなかった。発見の喜び、感激を素直に表現し、紙面に定着させるのは容易なことではない。何回も写真を選び直し、原稿を書き改め、練り直す。徹夜は日常であった。素人の手作りからの出発であったが、この初心、発見の喜びと感激を素直に表現しようという姿勢は、最後まで貫かれていた。

月刊誌であるから毎月の刊行は義務である。多少のずれは許されても、欠号は許されない。特集の幾つかに宮本先生の古くからのお仲間や友人の執筆があるし、宮本先生も特集の何本かを執筆されているが、これらは欠号を出さず月刊を維持する苦心を物語るものである。

『あるく みる きく』の各号には、いま改めて読み返してみて、瑞々しい情熱と問題意識を感ずるものが多い。それは、私の贔屓目だけではなく、最後まで持ち続けられた初心、の故であるに違いない。

田村善次郎　宮本千晴

p33
新潟県
p159
新潟県
p9
群馬県
p97
長野県
p191
埼玉県
p69
茨城県
p49
東京都

p127
東京都

関東甲信越①
目次

はじめに　文　田村善次郎・宮本千晴　1

凡例　4

一枚の写真から —駅前旅館—　昭和五四年（一九七九）一〇月「あるく みる きく」一五二号　文　宮本常一　写真　須藤 功　5

奥利根　昭和四三年（一九六八）二月「あるく みる きく」一二号　文　都丸十九一　写真　須藤 功　9

佐渡小木岬　昭和四三年（一九六八）四月「あるく みる きく」一四号　文・写真　姫田忠義　写真　相沢韶男　33

伊豆大島　昭和四三年（一九六八）五月「あるく みる きく」一五号　文　宮本常一　写真　菅沼清美　49

筑波山麓風土記　昭和四五年（一九七〇）一〇月「あるく みる きく」四四号　文・写真　渡部 武　69

歌垣　文　佐藤健一郎　93

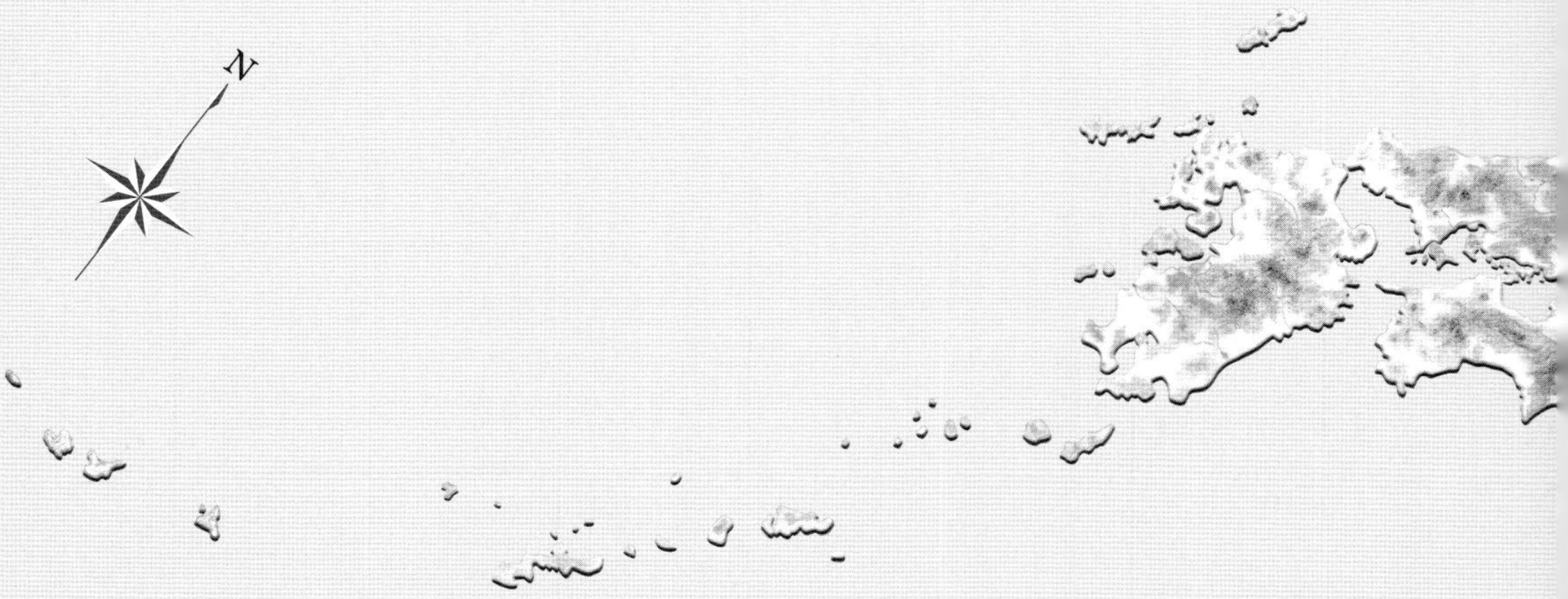
N

凡例

○この双書は『あるくみるきく』全二六三号の中から、日本国内の旅、地方の歴史・文化、祭礼行事などを特集したものを選出し、それを原本として地域および題目ごとに編集し合冊したものである。

○原本の『あるくみるきく』は、近畿日本ツーリストが開設した「日本観光文化研究所」（通称　観文研）の所長、民俗学者の宮本常一監修のもとに編集され、昭和四二年（一九六七）三月創刊、昭和六三年（一九八八）一二月に終刊した月刊誌である。

○原本の『あるくみるきく』は一号ごとに特集の形を取り、表紙にその特集名を記した。合冊の中扉はその特集名を表題にした。

○編集にあたり、それぞれの執筆者に原本の原稿に加筆および訂正を入れてもらった。ただし文体は個性を尊重し、使用漢字、数字の記載法、送り仮名などの統一はしていない。

○写真は原本の『あるくみるきく』に掲載のものもあれば、あらたに組み替えたものもある。原本の写真を複写して使用したものもある。

○掲載写真の多くは原本の発行時の少し前に撮られているので、撮影年月は記載していない。

○写真撮影者は原本とは同一でないものもある。

○市町村名は原本の発行時のままで、合併によって変わったものもある。

○この巻は須藤功が編集した。

一枚の写真から

宮本常一

―駅前旅館―

新潟県直江津市。昭和47年（1972）6月　撮影・須藤　功

明治になって全国にわたって鉄道が敷かれるようになると、大きい駅の前に旅館を建てる風がおこった。小さい駅で、客の乗降の少ないところでは精々茶店ができる程度であり、近くに大きな町があっても駅が田圃や畑の中にできた場合には、あまりりっぱでない旅館ができた。そういう旅館は汽車を待つ時間を一休みしたり、夜下車しても土地に不案内なために行き場に困って泊ったり、また行商などしている者が常宿にしたりするものが多かった。そういう宿は大てい宿泊料が安く、気軽にとまられた。そして戦前には相宿をさせられることも多くて、木賃宿とかわらないものが少なくなかった。私はそういう宿へよく泊った。そういう宿は相客がよいととても面白かった。いろいろの話をきくことができたからである。

鹿児島県高山駅前の宿へとまったのは昭和三十七年のことであった。が、相宿になったのは東京の人で、りっぱな服装をした紳士であった。この人は行商といわず外商といっていた。東京の医療器具メーカーの外商をしていて、九州南部地区の医家へ医療器具を売って歩いているとのことであった。私はこの人によって鹿児島県下の農村部の医家の分布をつぶさに教えてもらった。この人は県下の隅々まであるいていた。あるく足になるものはオートバイであった。私はその人の話で、医療器具についてのこまかな知識を授けられたばかりでなく、医者の教養のようなものについても教えられた。ちゃんと器具をつかいこなせる医者もあるが、操作をいちいち教えなければならない医者も少なくないという。そういう時には五日も十日も泊って、医者の助手役を務めることもあるという。私には文化がどのようにして伝播していくものであるかの一つのパターンを理解することができたように思えてたのしかった。

山口県小郡《おごおり》の駅前には商人宿がたくさんあった。山口線が分岐しているので、汽車乗換えの関係から、ここに泊る人も多いのだろうと思ったが、私もまたここの宿を利用することが度々あった。泊って座敷へ上ると、たいていその家の主婦か女中がお茶と宿帳を持って来る。宿帳は白い紙表紙のものが多く、中は二つ折にした罫紙から成っていた。それに住所、職業、名前、年齢などが書いてある。私はその宿帳をくって見て、時には年別の人数をしらべたり、職業別の数字などをとってみたりした。

昭和二十年以前に泊った人たちを見ると商人がもっとも多く、行商や外商の人たちだとわかる。そして毎年きまっている。売薬の行商にしても、西日本では富山と奈良がほぼ同じほどある。あるとき奈良の薬屋と同宿したことがあったが、荷をこうした宿へ送っておいて、宿を中心にして行商してまわるのだといって、そのあるいている範囲について話してくれた。

ところが宿帳を見ていると、昭和二十年以後は次第に学生の数が増して来る。それも一人ではなく、二人以上の仲間である。リュックサックを背負って歩きまわるワンダーフォーゲルたちが戦後世の中がおちつくにつれてふえていったのがよくわかる。小郡へ下車する人たちは秋吉台へゆく人が多かったようである。昭和三十年をすぎると女子学生の名もふえて来る。中には私の知った大学の先生たちの名も見出される。

宿の人たちはぶっきらぼうなのだけれども心はあたたかく、かならず「弁当はいりませんか」ときいてくれる。たのむと三角形のにぎり飯を三つ、中に梅干を入れ、漬物を少しそえ、竹の皮に包み、新聞紙に巻いて持って来てくれた。

それは小郡の駅前の宿だけのことではなくて、どこでも同じだったといってよい。私は民家へとめてもらったことが多かったのだが、それについで多かったのが駅前旅館であった。そして相宿をしてもただ一度だけの出逢いにすぎないのだが、それでもいろいろの思い出をもっている。そしてその思い出はみなたのしいものであった。

昭和二十年十月北海道釧路の駅前の宿へ泊ったときであった。私は北見地方各地の開拓地をあるいて毎日乾パンばかりたべていた。釧路の宿でも、一人で乾パンをたべていた。すると若い相宿の男がはいって来て、その男は白い握り飯をたべはじめたのである。そして私のたべているものを見て「うまくないでしょう。よろしかったら」といってその握り飯を差し出した。私はそれを御馳走になり、それから夜更けまで話しあった。帯広の近くの人で釧路へ魚を買いに来たのだが手に入らないという。もう二、三日あたってみて、駄目なら村へ帰りたいと言っていた。商人ではなく百姓をしていて村の人たちの必要とする魚を買い出しに来たのだが、統制がきびしくてなかなか魚が手に入らない。しかし、村で配給を待っているのでは、いつまでたっても駄目だという。そういう話ばかりでなく、十勝平野の開拓の苦心についてもいろいろと聞いた。

駅前の宿はそうしたささやかなものばかりではなかった。中には豪華なものも少なくなかった。とくに大きな町につくられた駅の前などにそれが多かった。直江津の駅前の宿もその一つである。外観は三階建の洋館造りである。それがこの町のシンボルになっている。いまではこの程度の建物は珍しくないが、これの建てられたころ(多分大正だと思うが)には、人びとの眼を見はらせるものがあったと考える。

しかしこの宿は一歩中へはいると、この建物の裏側にはすばらしい日本式の庭園がある。ただ、モダン一本の宿ではない。日本人にはモダンでエキゾチックなものを求める心と同時に古きよきものに対する郷愁がある。この宿はその二つのものを兼ねそなえていることにより、今日まで栄えて来たのであろう。よい庭を持つような宿はたいてい町の中にある。そしてその入口からして豪壮な邸宅を思わせるようなものがある。そして駅前などにあるものは敷地一杯に建物を建て効率をあげているのが少なくないが、この宿にはこれを建てた人に心のゆとりがあった。そのことによって、かつてモダンであったものがいわゆる古くさく時代おくれなものにならないでクラシックなものになっていったのだと思う。そしてそれがなお旅客の足をとどめさせているのである。

かつて駅前に多く見られた商人宿系のものはいつの間にか姿を消した。それにかわって近頃はビジネスホテルが多くなってきた。行商が外商にかわっていくことによって、商人宿風なものは姿を消していったようであるが、それでも地方によってはまだかなり残っている。そういう宿のはたした地域産業や文化への貢献を、そこに泊った人びとを通してしらべてみたいと思っているのであるが、具体的に手をそめることはほとんどなくて今日にいたった。誰かそういうことに関心を持つ者はいないであろうか。

現在の直江津駅前。平成15年(2003)11月　撮影・須藤　功

上越国境に近い奥利根。新治村東峰須川

奥利根

文　都丸十九一

写真　須藤　功

沼田城跡にたつ

沼田はむかし城下町だった。

利根川に対して、平行して流れこむ二本の支流、片品川と薄根川とにはさまれた台地状の段丘のうえに発達した街。その台地の西北端倉内に城跡はある。すでに天守閣はなく、堀も、土居もそう目だちはしないけれど、この一角にたつと、沼田は、この盆地の中心であり、奥利根への拠点であることがわかる。

北方、雪をかぶった谷川岳やそれにつづく山々のあいだの峠をこえて、越後の上杉勢はやってきたのだ。西の方、名胡桃《なぐるみ》上川田から、ごつごつした山はだをみせる子持山に至る峰々は、信州の武田勢を代表する真田氏の拠点となったところ。南方、赤城山のなだらかな裾野をみせるあたり、小田原の北条氏の軍勢は気おいたって去来したのであろう。

これ等諸将にくわえて、戦国末期には、織田信長・豊臣秀吉なども沼田争奪戦にくわわったのだから、さながら沼田は、戦国時代の縮図といっていいであろう。かの秀吉の小田原攻めは、北条氏の沼田城代が、秀吉との約にそむいて、真田の砦を攻略したことに直接のきっかけがあった。

沼田は山間の小城。だが名だたる歴史上の事件はこれらだけにとどまらない。徳川の世となって、真田・本多・土岐と藩主の交代があった。きりしたんの神父フェルナンデスが沼田にきて十三日間とどまったのは元和六年(一六二〇)。ここに東国きりしたんの種がまかれた。また真田氏五代目の藩主信澄のきびしい税のとりたては有名だ。

伊賀守信澄は、公称三万石、内高四万二千石余の藩地を、伊賀検地という苛酷なやりかたによって、一躍十四万四千石をうちだしたのである。これをもとにして一挙に増税をはかったのだから、農民の苦しみ・うらみ・反抗は当然であった。その結果、義民茂左衛門の直訴となり、その他の失政もあって、真田氏は改易となるのである。その後の検地によって沼田藩領は六万五千余石となった。

この台地上から見おろすと、利根川はほぼ直線をなして、盆地の中央を南流する。そして赤城《あかぎ》山と子持山の裾野がまじわるあたりにいたる。そこを綾戸《あやど》とよぶ。もと沼田盆地は沼であったのを、止《と》利仏師が掘りわって利根川を通じたという伝説がある。まことに険しい。そのために三国街道はここをさけてとおった。

この綾戸をせきとめて、ダムをつくろうというのが沼田ダムの構想である。が、これが実現すると、この台地の下をはしる上越線も、沼田駅周辺の商店街・製材・製糸・電機などの工場も、いやいやそれどころではない、三千戸の民家、内二千戸の農家のもつおびただしい田畑も、みな水底にしずむことになり、当然大きな政治的・社会的・経済的な問題をひきおこすことになるであろう。

片品の谷

片品川沿いの５段を数える段丘。上部の山は赤城山（最高峰は黒檜山1828メートル）

片品渓谷をさかのぼる

沼田台地を片品渓谷にそうてさかのぼってみよう。

赤城のゆたかな裾野がひろがっている。その末端に、日本有数といわれる片品段丘がみえる。五段をかぞえることができて、段ごとに耕地と集落がうつくしく遠望される。

左手奥には迦葉山《かしょうざん》弥勒寺《みろくじ》と川場温泉がある。弥勒寺は、大きな天狗面があるので知られている。川場温泉附近にも名刹吉祥寺がある。静かなたたずまいのなかに禅寺の雰囲気をただよわせている。五山文学の第一人者中巌円月《ちゅうがんえんげつ》禅師の開山。利根の風物が彼の名詩として紹介された。この地方一帯が、九州大友氏の先祖たちによって、中世初期以来経営され、そのゆかりによって円月師は、長期間ここにとどまったのだ。

たんたんとした国道一二〇号線はやがて小高い山にさしかかる。椎坂《しいさか》峠だ。沼田盆地が一望のもとにおさめられる。その盆地のむこうに、榛名《はるな》・草津白根があらわれ、さらに遠く上信越の山々が淡くのぞまれる。

これから奥が「東《ひがし》入り」と称する村々。椎坂峠が国道として開通するまえは栗生《くりゅう》峠（九七六メートル）を越えて入った。栗生越えの県道が開通したのは大正九年であったから、それよりまえは、東入りの村人たちは山中のせまい路を上り下りして沼田盆地にでていたのだ。

椎坂峠をくだるとそこに老神《おいがみ》温泉がある。いまは薗原ダムができて、川岸の高いところに旅館が密集しているが、それまでは、川べりに数軒、ひっそりとかまえてい

燧ヶ岳
帝釈山
景鶴山
至仏山
尾瀬ヶ原
尾瀬沼
鬼怒沼山
武尊山
丸沼
菅沼
白根山
戸倉
古中
土出
中禅寺湖
針山
登戸
鎌田
栗生
花咲
山崎
湯原
吹割滝
追貝
老神
薗原
足尾町
砂川
0
5
10km
●南北の距離は 2 分の 1 に縮少

巻機山
湯沢町
清水峠
湯ノ花湯
利根川
洞元湖
湯ノ川
須田貝
宝川
上ノ原
谷川岳
万太郎山
仙ノ倉山
横山
宝台樹山
藤原湖
湯檜曽
浅貝
三国山
幸知
谷川温泉
三国峠
川古
水上町
法師
永井
猿ヶ京
須川
湯宿
東峰須川
後閑
赤谷川
月夜野町
町田
沼田市
子持山
中山峠
吾妻川
榛名山

流れてくる湯で洗濯をする。片品村土出

た。「脚気川場に、かさ老神」といい、皮膚病にきくとされた。毎年四月八日の真夜中は入湯が禁じられた。赤城山の神が湯にはいられるからで、その時刻には、湯の色が白濁するのだという。むかし、赤城の神と日光の神が戦った。赤城の神は傷をおい、この地にしりぞいて、杖をついたところには温泉がわき、その場で傷をいやされた。それで老神の地名がうまれたという。

そのさきの追貝《おっかい》は山中の一中心地で、部落上手に国指定の天然記念物および名勝「吹割渓《ふきわれけい》並吹割《ふきわれ》の滝《たき》」がある。巾百十メートルの川床の花崗岩が浸蝕されて、中央に深さ六メートル、長さ二十六メートルの割れ目をつくって滝となった。高さはさほどではないが、水量豊富なときは豪壮なながめである。この滝の上下は溪谷美にすぐれ、とくに春秋のころがよい。

この滝にも伝説がある。滝つぼは竜宮につうじている。その竜宮から、祝儀・不祝儀のさいの人よせにつかうお膳とお椀を必要数だけかしてくれたという。例の椀かし伝説である。あるときあやまって一ぜん分かえさなかったため、以後滝つぼからは膳・椀はあらわれなくなった。そのときの一ぜん分のものを保存している家もある。

温かい人情

国道一二〇号線が沼田街道とわかれる鎌田は、片品銀座などともいわれるくらい賑やかな集落だ。ここも明治末年までは、ほんの数軒しか家がなくさびしいところだった。役場がおかれ、学校が建てられて、急に賑わいを呈した。いまや金精峠《こんせいとうげ》ごえと、尾瀬への分岐点にあたり、観光客でごったがえす季節もある。

右へ行けば、白根温泉・丸沼・菅沼をへて金精峠にいたる。「金精さま」は、戦後アメリカ人あたりにさかんに持ち出されたとかで、いまは丸沼ホテルに保存されているという。道はさらに峠をくだって日光にむかう。観光ブームで、道路はつぎつぎに改修された。そしてなお自然は雄大荘厳である。

左は土出《つちいで》・古仲《こなか》・戸倉をへて尾瀬にいたり、さらに会津檜枝岐《ひのえまた》への道。

土出は古代の郷名にもあるので、古い部落だろうが、そんなことは、現在の生活とは、縁もゆかりもない。ここが「ゴッタクの湯」と俗称されたのは、すこしまえまで、川原の中洲にあったこの露天風呂に、村人たちが、自由気ままにはいってゴッタク（乱雑）なことをいったものだ。

朝、泊まり客を見送りにきた白根温泉経営者の父と娘。片品村東小川

古仲には大円寺という寺がある。会津若松城を攻めた戊辰戦争のとき、大勢の官軍がここをおしとおった。めだった歴史の波をへなかったこの谷のひとびとの耳目を驚ろかせたことであろう。が、この寺にとまった官軍たちは、理不尽にも本堂の白壁に、黒黒と落書きをのこして会津へたっていった。

戸倉は最奥の部落。いまでは尾瀬への玄関として年間六十万人を超えるという観光客の足をとどめる。むかしは関所もあった。会津の職人たちがつくった曲り屋がたちならぶのも特徴ある風景であったが、この民家もつぎつぎに改装されて、民宿に変りつつある。

沼田からここにいたる三十数キロの沿道のひとびとは、ひさしい間、観光ブームの外にたたされた。この地方を訪れるひとびとの目は、自然のみに向いていて、そこに住む人間に向けられなかった。風景のみにあって、生活にはなかった。観光のみにあって、人間の営みは忘れられていた。この谷のひとびとは、深夜をもものともしないでつっ走る日に数百台のバスの轟音と、そのまき起す砂ほこりになやまされつづけて来たのである。

しかしこの谷の生活は、その砂ほこりにまみれはしなかった。いまなお温かいひとびとの心は、彼等が住む大きないろりのごとく豊かに温かである。かれらは、車で通りすがりのひとびとにもすげなく扱うことを知らない。わたくしは、この土地を訪れるたびに、こうした村のかたから、しばしば厚いもてなしをうけた。

ある年、ちょうど正月十四日の夜「今夜は厄落しだからの」と、すすめられて土出の星野さん宅に御厄介になっ

「女の年越」と呼ばれる小正月の日、厄年の女の人がいる家には、夜通し村人がやってきて、にぎわう。
片品村土出。撮影・都丸十九一

た。午後、道祖神焼きが、一めん雪の片品川のほとりで行なわれた。村中のものが集まって盛んだったが、それが終ると、村の女衆は、列をなして村内の神様まいりをする。その夜がたいへんだった。ここでは、小正月を「女の年越」といい、男はなきがごとくひっそりと、女だけが部落中を出歩くのである。

ちょうど星野さんの嫁さんが三十三歳の厄年。その厄年の家を女たちが歴訪するのである。夜にはいると、三三五五さそいあって、早いうちは小・中学校の女児がやってきた。卓上にならべられた御馳走を食べたあと、茶の間に集まって、歌ったり踊ったり、さしも広いこの家がまるでわれるような騒ぎがはじまった。夜がふけるにつれて、中年から老人の女衆がつぎつぎにやってきて、御馳走になり、歌い、踊った。かくてその夜は深更にいたったのである。

雪国との接点

この谷の民家は、すばらしく大きな茅《かや》ぶきが多い。村持ちの共有の茅場《かやば》から村人総出で刈ってきてふいたものだ。民家の規模が大きいのは、材料にも恵まれ、また雪国の冬場を過すためもあるが、養蚕の盛んなせいでもある。養蚕のために四注式《しちゅうしき》（寄せ棟）の妻の下方を切り落して明りとりとし、二階を蚕室にあてている。かぶと造りだ。

茶の間をヨコザというよびかたも古い。そのヨコザが吹きぬけになって天井がはってない民家がある。その奥壁が神棚になっているのも奥利根民家の特徴だ。

勝手のいろりの大きいのは、ここを中心にして家庭生活が営まれるからだけではない。雪国特有の、冬場の作業がここでおこなわれるからだ。

ふうきもうじ　かーもーじ
川ん中の水をくめ
水がなけりゃあ　ほってくめ

土出の童唄である。ふうきもうじはフキノトウ。白一色の雪国の子どもたちが春を待ちこがれて、わずかに緑をのぞかせたフキノトウへのよびかけだ。

奥利根は雪国との接点。だから、裏日本から東北にみられる民俗のいくつかが、この地方にもみられる。

戸倉の曲り屋もその一例だが、その戸倉に、今では絶えたけれど、近隣の相似た年令の子どもを選んで義兄弟とし、生涯その関係をたもたせる風があった。関東地方では珍しい。東北のカマクラはあまりにも有名だが、利根本流の水源にちかい藤原にもそれがある。ユキムロと称して、小正月、子どもたちは、この雪の小屋で道祖神の行事をした。

ひとびとの生活は、そちこちの渓流にそう山ふところをそのよりどころとした。むかしは、ほとんど畑で、焼き畑もあった。そこにヒエ・アワ・キビ・大豆などの雑穀を播いた。明治以降、渓流から水をひいて開田につとめたので、いまでは、水田、従って主食は米に頼ることになった。開けばそれだけの土地のゆとりのある山中なのである。

しかし周囲はすべて山。ナラやクヌギから奥山にはブナ・ミズナラなどの広葉樹、トウヒ・シラビソ・ツガなどの針葉樹が生い繁っていた。木炭なども県内では主要生産地だし製材・合板の工場もできた。

こうした周囲の山を、ひとびとは入会いで自由に使っていた。明治以降それぞれ村山を設定して共同使用した。しかし、なかにはこうした広大な山地を、個人有と主張してそのまま認められた例もある。丸沼・菅沼から日光のいろは坂あたりまで、その人の所有であるという。地もとの白根温泉なども、土地所有関係で何ヵ所か湧出点がありながら、十分には開発されないでいるのである。

十二様と諏訪祭り

奥利根といえども狩猟はすでに生活の中心ではなくなった。が、かつては利根村砂川部落のように、常時狩猟態勢をもつ部落もあった。マタギとまではゆかなくとも、それに近い。

このように山が生活の舞台であるから、山の神十二様の信仰は盛んだ。十二様は、山中で働く狩人・炭焼き・きこり・農民などに豊産の神として厚く信仰されている。しかし山中ではそれだけではない。安産・子育ての神、また民家の新築にさいして迎えられ、火災からも守ってくれる。いわば単なる職業神ではなく、一般的な「神」であったのではないかと考えられる。上越国境地帯、すなわちこの奥利根が十二様信仰の中心である。だから、村々の小さなほこらや山中の小祀は、多くは十二様だ。

戸倉部落を出はずれたところに山神社がある。そこにはオコゼの対の丸彫りが供えられてあったが数年前何者かに持ち去られてしまって残念である。オコゼは山の神

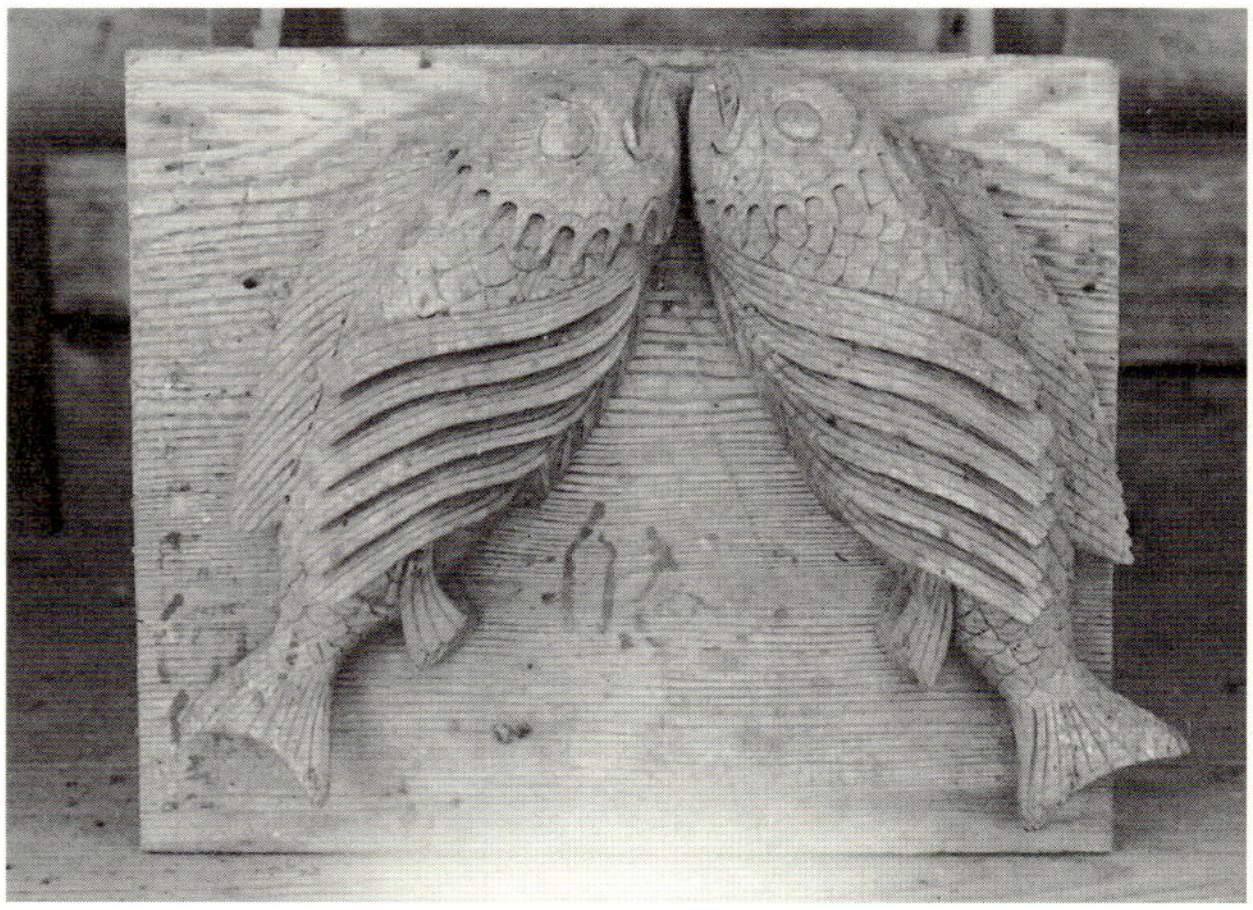
盗まれた木彫りのオコゼ。片品村戸倉。撮影・都丸十九一

のもっとも好みたまう供えものだったのである。

　こうした土着の神にたいして、八幡とか諏訪とかの神々は、村の鎮守として公式の神となっている。中でも諏訪神社が多い。これは、信州出身の領主真田氏統治の影響かも知れない。しかし御本社に見られる御柱行事などはなく、それでいて古い形の祭礼が認められる。

　部落ごとに多少のちがいがあるが、ひとしく死の忌みを厳重に守り、祭礼期間中は、外にも出ないで「お諏訪様のかげにいる。」などといっている。祭日は旧七月二十七日。

　利根村薗原では、大きな鏡餅を神前に供えたのち、これを奉持して、参列者一同神社のまわりをまわる。先頭の者が大声で、「ことしも」と唱えると、他の者が「エーッチョ」とはやし、つづいて「来年も」「エーッチョ」「千年も」「エーッチョ」「万年も」「エーッチョ」「より合い」「エーッチョ」。これを何べんもくりかえす。その後二つの部落からそれぞれ選ばれた少年が相撲をとる。これをまた「エーッチョ」「エーッチョ」と声援する。ほかの部落の諏訪祭りもそれぞれおもしろい。

　片品村花咲の武尊《ほたか》神社では旧九月中の申の日に、猿追祭りがある。東西に別れた氏子が「イッチョウ」「モッチョウ」のかけ声も勇ましく赤飯の投げ合いをし、最後に猿が現われると、これを追い、これを神社に追いこんで終りとなる。

猿追祭りの始まりを待つ、武尊神社の氏子たち。片品村花咲

鎌でサクサクッと稲刈りをする。片品村土出

冬に備えて炭を焼く。片品村花咲

共有だったのを分割したのがわかる山。片品村登戸

唐竿で豆打ちをする。片品村花咲

蒟蒻《こんにゃく》を干す秋の庭先。赤城村棚下

赤谷川にそって

自然木を利用した火の見やぐら。新治村東峰須川

茂左衛門地蔵のあたり

上越線後閑《ごかん》駅の西、国道十七号線が利根川を越えるあたりに

利根川の川瀬もしらずただわたり波にあふのすあへる君かも

の万葉歌碑がある。この地がそこだと決めかねる。しかし地名はタダワタリだ。そういえば南方の子持山には

児持山《こもちやま》若かへるでのもみづまで寝もと吾《わ》は思ふ汝《な》はあどか思《も》ふ

が万葉集にあり、さらに三国峠にも

三国山木末《こぬれ》に住まふむささびの鳥待つがごと吾待ちやせむ

がある。三国山の歌には異説があるにしても、他はたしかにこの地方のものであり、万葉集中でも秀歌として知られている。

歌といえば、放浪の詩人といわれる若山牧水も、奥利根を愛した一人であろう。中でも大正十一年秋には、吾《あが》妻《つま》郡から沼田に来、猿ヶ京・法師を訪ね、ひきかえして沼田から老神・鎌田・丸沼・菅沼をへて日光にむかった。『みなかみ紀行』と、多くの詩歌とを残している。

さて赤谷川にそうこれからの道すじは「西入り」と呼ばれる。上越を結ぶ街道が走っていたので、さすがに東

茂左衛門地蔵の縁日は春と秋の彼岸。大勢の参詣人でにぎわう。月夜野町

入りの村々にくらべて、歴史に埋没してしまうことはなかった。

　利根川歌碑のある川原の対岸には、磔《はりつけ》茂左衛門《もざえもん》の刑場趾および茂左衛門地蔵とよばれる千日堂がある。

　茂左衛門、姓は杉木氏。一町八反余の耕地を持つ月夜野町の中位の農民だったという。彼は藩主真田氏の暴政に抗して、将軍家に直訴したと伝えられる。はじめ酒井忠清に直訴しようとして失敗した。そこで輪王寺宮家の菊の紋のついた小箱に直訴状を入れ、これを中山道板橋宿の茶店において立ち去った。これが宮家にとどけられ、将軍綱吉にわたされて、真田氏の暴政発覚の端緒となったというのである。茂左衛門は捕えられ、利根川原で磔の刑に処せられた。直後に赦免の使がきたとも伝えられるのである。

　死後茂左衛門は、世直しの神としてまつられ、刑場の近くの丘に千日堂が建てられた。今でもここは香華の絶えることはないし、春秋の彼岸には、臨時列車の運転もあってにぎわうのである。

　刑場趾あたりの利根川は、川原石をひたしてそうそうと流れ、それに沿う村々は明るい。過去の暗い歴史のかげは、みじんもそこにみられないのである。

桑枝のつけ木に火吹竹で囲炉裏に火を起こす。
新治村東峰須川

急の知らせのときなどに打ち鳴らした板木。
新治村東峰須川

須川宿にて

　三国街道は高崎で中山道とわかれ、一路北に向って、子持山の西中山《なかやま》峠を経て三国峠に向う。

　須川はその一宿。いまも静かな古い宿場の面影を残している。戦国末期ごろから活躍した須川十三人衆などと言われるひとびとの末裔が、宿場の重立になり、住人でいりは少なかったようだ。国道十七号線が旧街道からはずれてこの段丘の下方、赤谷川のほとりを走るので、ここはとり残されてしまった。

路傍の古井戸はすでに用をなさなくなっているが、かつては人も飲み、馬にものませ、すすぎにも使ったことであろう。火の見やぐらにつりさげられている集会の合図などに使用された板木は、この静かな宿場に、かつては快いひびきを伝えたと思われる。

宿場の外側にある大庄屋役宅・泰寧寺《たいねいじ》山門等は、ともに県の重要文化財であり、ここからさらに西に入った東西の峰須川には小池祭りとよばれる同族神の祭りがある。十二月初寅の日の深夜に、同族一同ホクラサマという菅宮に赤飯をそなえるこの祭りは、古い日本人の信仰を遺している。

四月下旬、泰寧寺のあたりを歩いたときの印象は忘れがたい。山門附近の土手の枯れ草の中に、カタクリがその淡紅色の花を開かせていた。輝く春の野末には、谷川岳（一九六三メートル）がきびしくたち、それに連なる万太郎（一九五四）、仙ノ倉山（二〇二六）などが連なって、残雪が日に輝いて神秘的だった。「魔の山」の魅力にとりつかれるのは、かならずしも登山家のみにかぎられない、とそのとき思った。

松の木の下に作る小池祭りのホクラサマ。新治村東峰須川

これ等の山々が上越のさかいとなる。越後に豪雪をふらせた冬の季節風は、これ等の山々にも多量の雪をもたらすが、こえて上州の平野部にくだると、これが特有の空っ風となって、冬の上州をカラカラのさくばくたるものにしてしまう。自然ばかりではない。越後人のねばり強さと上州人の淡白な性格とのちがいも、この境界によって生みだされたものなのだ。

猿ヶ京から三国峠へ

ひっそりした須川宿にくらべて、猿ヶ京は、これはまたいかにも近代的に早がわりした。戦後しばらくして訪

ホクラサマに赤飯を供えたあと、それぞれの家の赤飯を分け合う。新治村東峰須川

薪にする木を牛に曳かせる。新治村東峰須川

ねた時は、人の気配も少ない、さびしい山間の宿場だった。それが近代ホテルの立ち並ぶ歓楽場と変ったのである。まるで夢のような話だ。

国道がここを通り、昭和三十三年の三国トンネル開通によって表日本と裏日本とを結ぶ自動車道路が、実現した。そしてオリンピック聖火走路として完全に舗装された。その間に、猿ヶ京の下方相俣にダムができて、その湖底に沈んだ笹の湯が、猿ヶ京にひきあげられた。さらにその上、新しい温泉が多量に湧出したのである。山間に新しい湖と温泉と、それにハイウェイ。それが相ついで出現したのであるから、急激に発展する条件は完全にととのったのである。

今や猿ヶ京はこのブームにのりきっている。かつてのさびしい一寒村は、観光地にはや変りしつつある。古い大きな萱屋根の家が表に白亜のはりだしをつけて食堂とし、客の多いときは、古い奥座敷も茶の間も客のために開放する、といった風景もみられる。そうした家のいろり端で、その家の老婆がひとり、孫を相手に世の移り変りに驚き顔ですわっていたりする。

こうした情景はこの村のいたるところにみられる。

猿ヶ京には関所があって、残っている役宅は長野県の木曽福島とここだけだという貴重な建物である。ところがこの片野氏の地所から温泉が湧出したので、この役宅に隣接して鉄筋のホテルが建てられた。さいわい主人は、こうしたものについて強い関心をもっておられるので、よく保存はされているが、それでも何かみずぼらしい。

関所役宅の内部には、往時を語るさまざまな品物が展示してある。捕物用具・装身具・調度品などはどこでもみられるが、銃の口径を検査する道具のあるのはいかにも関所らしい。説明にたったホテルの主人は、何くわぬ顔で「御婦人のサイズをはかるものでして……」ここにはまた、きりしたん類族書上げがある。フェルナンデスを思いださせる。

猿ヶ京温泉。新治村

このあたり一帯は三国温泉郷とよばれ、下流湯宿は、近郷の湯治場。峠下の法師は観光客相手。赤谷川上流川古は、温度は低くぬるいが、神経痛・リュウマチに効くとてそうした湯治客が多い。湯舟に竹ざおをわたして、それを枕とし、将棋盤を湯面に浮かせてパチリパチリやっている風景は、いかにものんびりしている。

永井宿を最後として、三国越えにかかる。ここは、雪の季節を除いてはさしたる難所ではない。今はトンネルをぬけるからかんたんだ。

峠の上に三国権現社がある。祭神は上野国の赤城、信濃の諏訪、越後の弥彦の三所明神であり、別に三国の境がここに集っているわけではない。上信国境ははるかに西方、吾妻郡に入ってからである。が、この新治村《にいはる》あた

りでは、
ここがヘイ（信）、ハチャ（上）とスンマ（越）の国境いなどといわれた。三国山（一六三六メートル）頂で小便をすると、それが三国に分れることのうそは、地図をみたら分明するが、ともかくここは国境だ。表と裏の日本をきっぱりと境する。国道はうねりつつ一路下って、苗場国際スキー場や、浅貝をへて越後湯沢に達する。

利根の水上

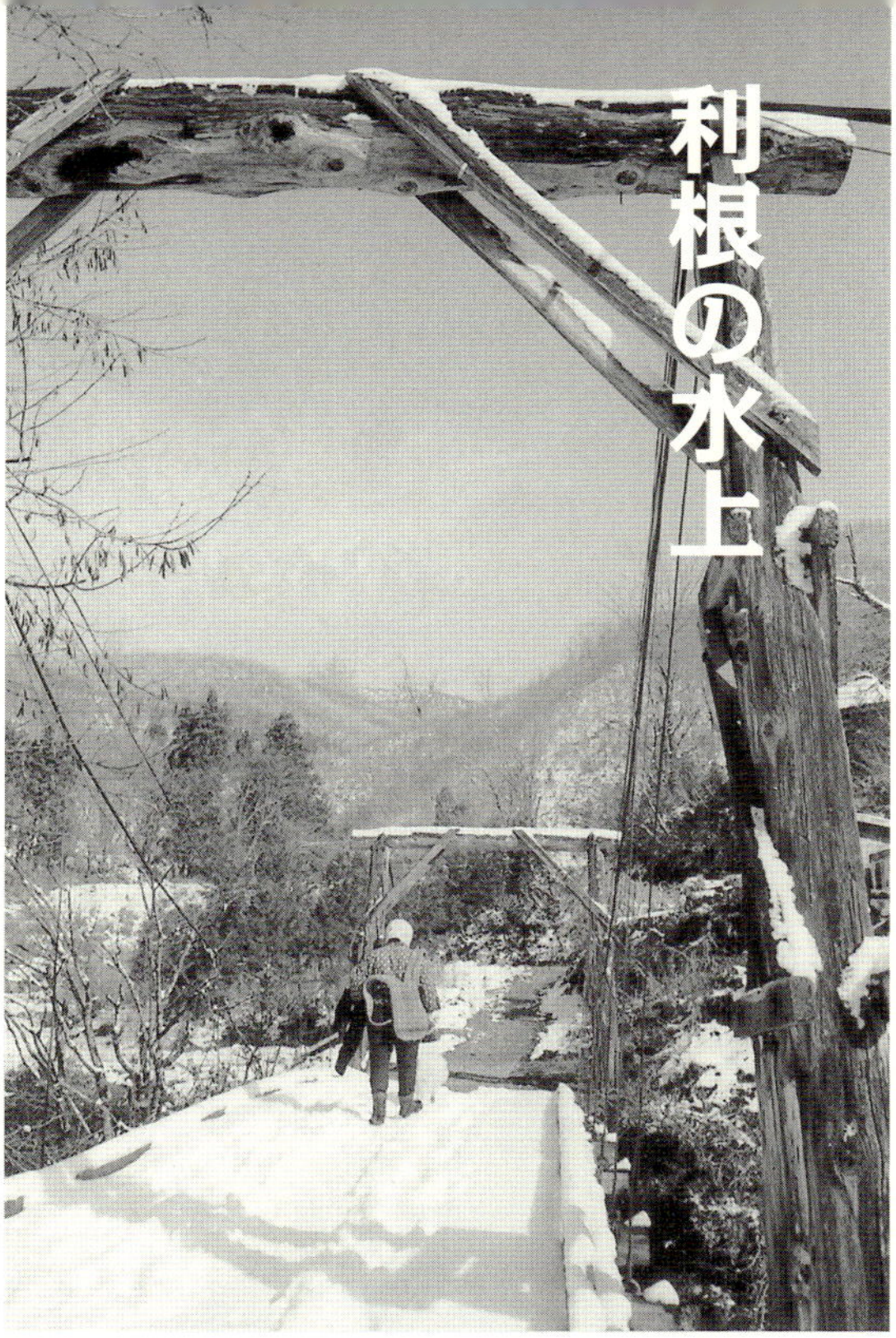

木ノ根沢川に架かる、ユラユラと揺れる吊り橋。
水上町湯ノ小屋

水上と谷川

もどって月夜野町から利根本流をたどると水上《みなかみ》がある。水上温泉は、むかし湯原村といった。近郷からの湯治客相手のひなびた湯治場にすぎなかった。大正十五年上越南線が開通し、つづいて清水トンネルが、ループ線というめずらしい工法によって貫通し、昭和六年に全通した。

これによって、今まで東京と新潟を結ぶ信越線経由・磐越西線経由をそれぞれ四～五時間短縮することになった。現在では複線化が完了し、特急列車が走ることになって、いっそうスピードアップされている。

水上は、その途中駅として、また直接国鉄で乗りつけられる温泉場、日帰りできる行楽地として、さらに山とスキー場を背後にひかえて、一躍時代の脚光をあび、急速に発展することになったのである。

このあたりの川筋には、出で湯は各所にあり、それぞれ開いて旅館としているが、中でも、谷川と湯檜曽《ゆびそ》は知られている。谷川温泉の発見については、谷川岳に神が天降って消えたあと、神の衣の裾の部分よりコンコンと霊泉がわいたと伝える。湯檜曽は、奥州前九年の役で追われた安部氏の残党が落ちのびてここにかくれ、開発したという。一体にこの地域に阿部姓が多く、このような伝説のあるのも、やはり地域が東北地方に近いせいでもあろう。

この湯檜曽川と谷川の源頭にそびえる谷川岳は、近年とくに登山者が多く、猫もしゃくしも登りたがる。晴れた日のその高峻な風貌にはそれだけの魅力がある。が、脊梁山脈としてのきびしい気象条件も加わって、遭難があいついだ。そこで群馬県では、昭和四十二年、県条例で、登山にある程度の規制を加えることになった。

今のかれらには信仰は一切無知無用。ただただがむしゃらに登って、若いエネルギーを発散しているだけだ

早く降った雪の下から大根などを掘り出す。水上町大芦

茅屋根の葺替えに使う茅の鳰。水上町藤原

茅葺屋根の旅館。屋根の雪溶けでできたツララがさがる。水上町湯ノ小屋

が、谷川の登山ブームは、近代だけのものではない。谷川岳は、五万分の一地図では「谷川富士」。その名の示すように富士浅間《ふじせんげん》信仰によって開発された山だ。この山の縁起を書いた「上野国利根郡富士大菩薩縁起」が各所にある。それによると、人皇百代後円融院のとき、富士浅間大菩薩がこの山に飛来して数日間光をはなった。そして麓の男の夢に現われ、自ら名のって衆生に福寿を与え、済度しようと誓われた。そこでこの地方のひとびとの間に、ほうはいとして登山熱が起り、ひとびとは争い登ったとある。

それを証明するように、谷川の一ノ倉の岩室には、懸け仏が奉納されていた。もと八面あったというが、今は二面。いずれも永禄八年（一五六五）とあるから、戦国時代のものである。それに「富士浅間大菩薩」と名記してあり、登山者が、この信仰のためにわざわざ鋳造して捧げたものであることがわかる。

この谷川の東麓を通り、越後にぬける道を清水越えという。清水峠（一四四八メートル）は三国峠（一二四三メートル）にくらべて越後への距離は近い。しかし急峻なため、あまり利用されなかった。が、最近またこの古道がみなおされて復活するという。

桃源境藤原

利根本流をさかのぼって幸知・粟沢など過ぎると、うっそうたる樹木におおわれた深山となる。山は高くそびえ、谷は深く、十キロ前後の間、全く人家を見ない。その奥に藤原の部落がある。この谷を土地の人は「利根入り」または「藤原入り」と呼ぶ。そして藤原の奥には、もう部落はない。ここに新しい道路が開かれたのは、昭和九年（一九三四）——私が最初に藤原を訪れた年であった。そして翌年バス開通。大芦・須田貝・関ヶ原・横山その他多くの小部落に分れて、山間のそちこちに一かたまりずつひっそりと暮していた。東西七里、南北九里といわれるこの地の人口は、大正五年で八百三十人。一部落としては少ない方ではないが、何しろ周囲から隔絶された桃源境であった。

ある年下流幸知に、わらが流れついた。報告をうけた沼田侯は、上流にも人里ありとして討手をさしむけたという。討手は道なき道をようやくにして藤原にたどりついてみると、藤原方ではすでにこれを察知して応戦した。とくに大将阿部三太郎高貞が寄手の頭上をつばめのようにとび歩いて奮戦したので、さすがの沼田勢も一たんはしりぞいた。その後沼田ではまともな合戦をいとなまずに、猿廻しか何かに姿をやつした勇士をさしむけて、ついに高貞を捕えてこれを臣事せしめ、かくて藤原も沼田領に組み入れられた、と伝えられる。

藤原の伝説では、例の阿部貞任の子孫が一族郎党をひきいて住みついたという。だから藤原のことばは水上辺とは通じないとも、「藤原美人」を産するともいわれた。また一畝田には、貞任愛用の自然石の笛と称するものを所持している家もある。

桃源境の名はよい。しかし生活はきびしかったにちがいない。上越国境の、海抜は七〇〇メートル前後の山間。県内有数の積雪地。一年の四分の一余は雪におおわれる。

さいわいに、山ふところは割合に広く、開けば田も作れたので、他の山村のように雑穀地帯ではなかった。米は余って水上町へ移出していたのである。その上方一里といわれるみごとな上の原の茅場、また燃料等の採取に都合のよい宝台《ほうだい》樹山《ぎさん》を共有して、自由に利用できた。人人はユイとかモヤイとかいう労力の融通によって、お互いに助けあって生活してきた。山中の不便をのぞけば、生活に困ることはなかったのである。まさに世をのがれて入って住むにはふさわしく、そうした伝説が生じても、不思議はない土地なのである。ゆとりがあるから人を遠ざけない。「よそもの」をここにいれる、外者歓待の精神は、むかしからみられた。

天然の林産も豊かだ。真田信澄が、江戸両国橋用材を請負ったのは、ここの木材をあてにしてのことであったし、営林署もいち早く開発の手をだした。林道は早くから開かれ、トロッコが奥山へと通じていたのである。

桃源境の暖かさには、豊富な温泉もあずかっている。宝川・湯の小屋・湯の花等、以前はまことに素朴。川原石を集めて囲った程度の露天風呂で、人間が浴しない時は、けものやへびなども入湯していたにちがいない。湯岸の石垣には、へびのキヌが一めんに光っていた。

このような自然の別天地が一変するに至ったのは戦後のことである。昭和三〇年（一九五五）、須田貝ダム建設によって洞元湖が出現し、同三二年（一九五七）、藤原ダムによって藤原湖が生れ、さらに四二年には矢木沢ダムが完工して、一連の開発計画がみのった。いずれも洪水調節・発電・灌漑・東京都水道への給水という多目的ダムである。

しかしこれによって、藤原の自然と風物は一変した。山間の渓流にしか過ぎなかった利根川は、青く水をたたえて、モーターボートを走らせている。水底に没した家々にかわって新しく建てた家は、いずれもトタンぶきで、山間にはふさわしくない光をはなっている。もはや上の原茅場のカヤを必要としない。人情もまた、自然とともに変ってゆくことであろう。

いや変っているのは藤原だけではない。奥利根全体が、今や観光地として、急角度に変ろうとし、それにつれてよそおいを新たにしようとしているのである。

庭先でひとり豆打ちをしていた９３歳のお婆さん。片品村栗生

勝ち取ったメンコを抱える鼻たれの男の子。メンコを取られてしまったうしろの子はこのあとシクシクと泣きだした。
片品村登戸

佐渡小木岬

文　姫田忠義

写真　相沢韶男

小木半島北海岸

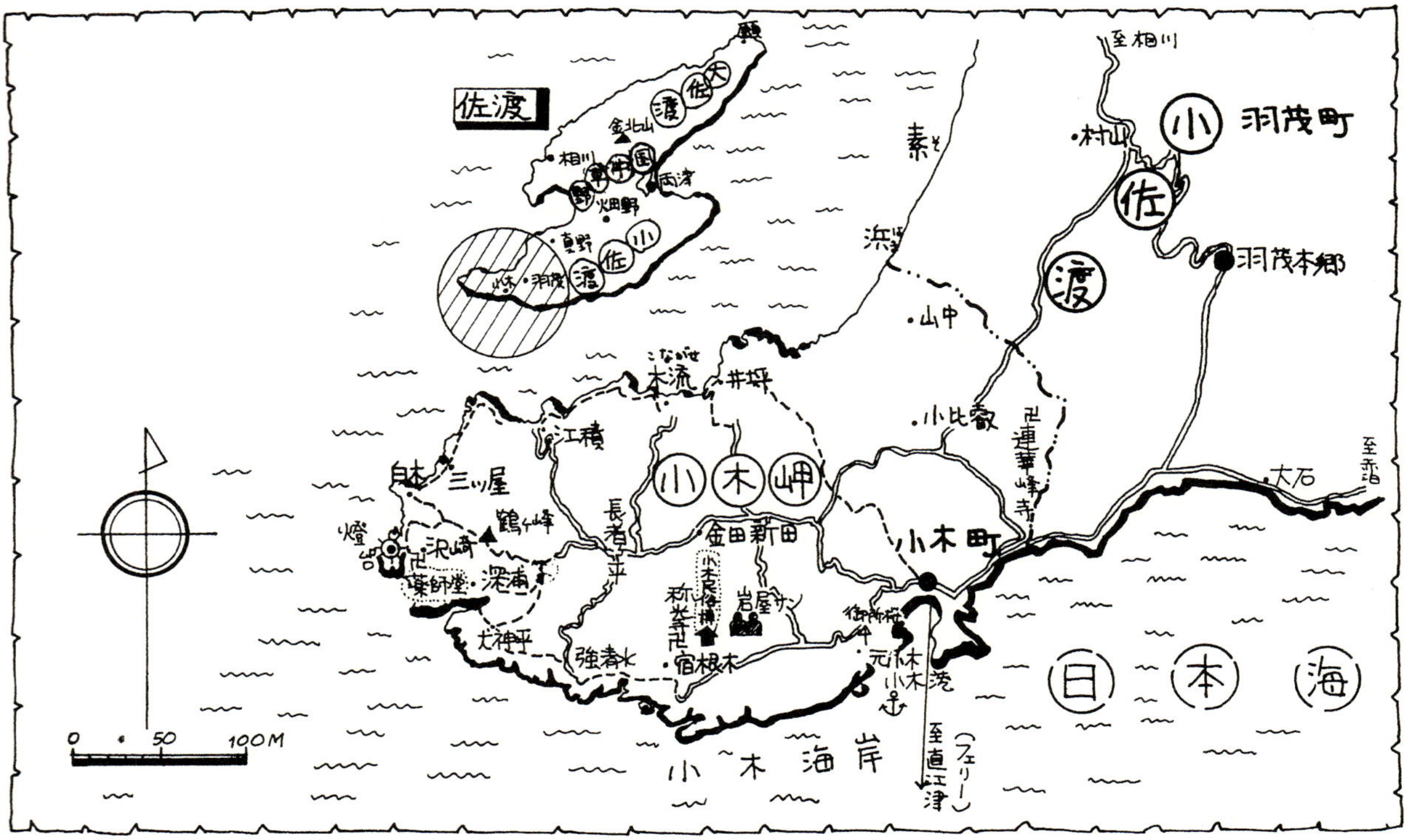

佐渡は北国である

佐渡は北国である。夏と冬とではずいぶんその表情がちがう。でも、そのどちらも佐渡の季節である。

佐渡はまた、日本一大きな離れ島である。はるか奈良時代から独立した一国を形づくってきた。日本の離れ島でそんな歩み方をしてきたのは、佐渡、隠岐、淡路、壱岐、対馬などがある。

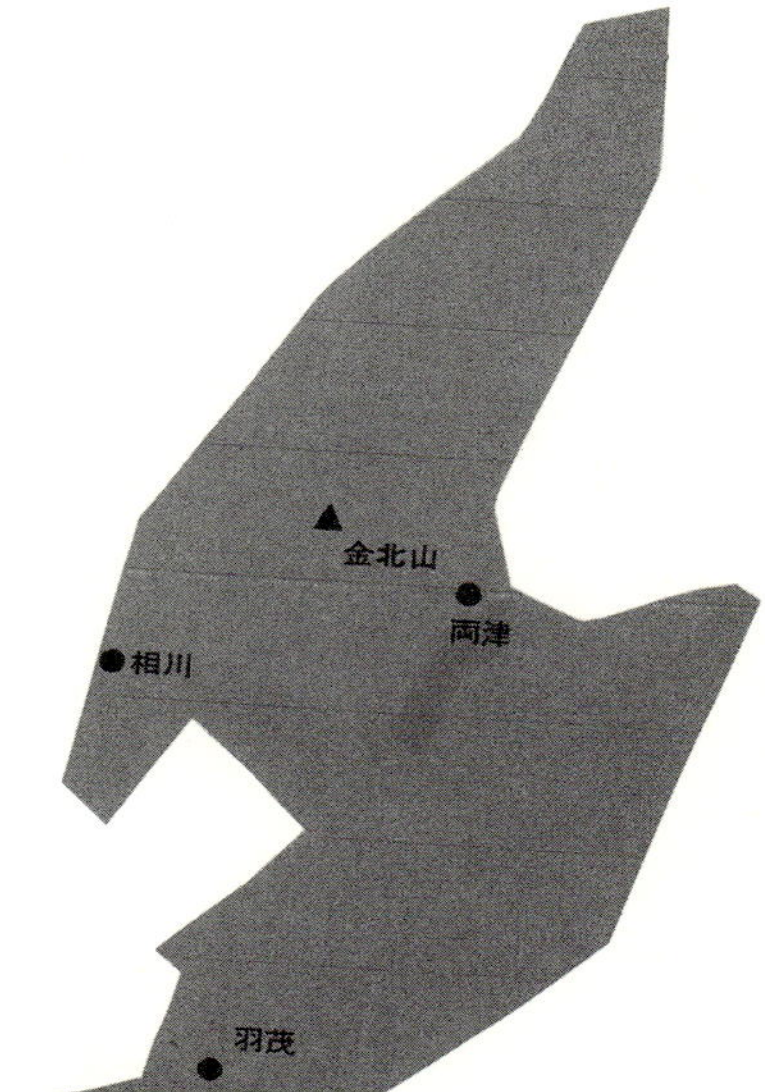

独立した一国であれば、それが島であっても、そこに住む人は国衆としての気概をもつ。ただ外から佐渡へわたる人の中には泣くものもあった。その人たちには海の彼方の遠流《おんる》の国であった。天皇が泣いた。お公卿さんが泣いた。無宿人が泣いた。佐渡の人はそれを見てはじめて泣いた。そうして佐渡が哀話の島になった。

その哀話をもとめて大勢の人が佐渡へわたる。しかし佐渡は佐渡人《さどびと》にとって、なにものにもかえがたいふるさとの島である。

佐渡—夏と冬

〽ハァー　佐渡へ佐渡へと草木もなびくよ
　　佐渡は居よいか住みよいか

くり返しくり返しスピーカーががなりたてる。船が佐渡へ近づいたのである。佐渡への船の航路は二つある。新潟市の港から佐渡中央部東岸の両津《りょうず》港へわたるものと、直江津港から佐渡南部の小木《おぎ》港へわたるものとである。

荒海や佐渡によこたふ天の河

俳人であり、生涯の旅人であった松尾芭蕉は、とうとう佐渡へわたれなかった。たまたまその対岸の越後路まできたときには、病気になっていた。「暑熱の労に神《しん》をなやまし、病おこりて事をしるさず。」そして荒海や、の名句をのこして去っていった。昭和四十年十二月と二年後の八月の二回も佐渡へわたれたわたしはしあわせであった。二回とも佐渡の南端の小木岬をめざした。小木岬は、佐渡開闢の地であり、しかも佐渡のなかでも最も訪れる人の少ないところである。

第一回目の佐渡わたりでは両津港にあがった。みぞれまじりの寒風がふきまくっていた。船からおりた人たちは、それぞれおもいおもいの方向に逃げるようにちっていった。あっというまに一人になっていた。船着き場につづく売店もなかば戸を閉めていてひと気がなかった。その前の広場にでた。港に面した家並みのむこうに、金《きん》北《ぽく》山をはじめ大佐渡の山々が高く雪をかぶり、黒く猛々しい雨雲に峰がかくされている。およそあいそのない威圧するような姿であった。さびしさと心弱さが、足元からかけあがってきた。

第二回目は真夏。今度は小木港にむかった。まばゆい太陽。紺碧の海。佐渡はやさしくかすんでいた。港内に、いかにも小木らしいものが浮んでいた。タライ舟の群れ。港の背後の山かげをうつしながら、なお底まですきとおって見える水面に、タライ舟をあやつる女たちの赤い蹴出しが映える。ひらりひらりとその白い手がふられ、船客たちの奇声がそれにこたえる。そののどかさをつんざくように、喧《やかま》しいスピーカーの声がおけさをがなる。

帰りは両津港にでた。ここではおけさおどりの踊り手たちがでている。あの冬の日にわたしがひとりで立ちつくした広場で、踊り手たちが輪になっておどり、船からはきだされてくるおびただしい数の人たちをむかえる。

タライ舟もおけさもいかにも佐渡らしい玄関のかざりかたである。けれど、真夏の白日の港で見るそれらは何かむなしい。それらからは佐渡人の生のいぶきは感じられない。もともとタライ舟もおけさも、佐渡の生活の中で生まれ。息づいていたものではないか。そんなことを考えながら、わたしはあの冬の日を想い出していた。あそこには。何のかざりもない裸の佐渡があった。

小木半島のみぞれの尾根で

小木半島は、小木港から西にのびる標高二百メートル

かつての湊の繁栄をしのばせる小木の家並

にたりない台地のつらなりである。そしてこの小木半島の海岸風景を、大佐渡の北西海岸の景色にくらべて女性的だと人はいう。

佐渡という島は、中央部に細長い平野（国中《くんなか》平野）をはさんで、南と北にほぼ平行してはしる二つの山なみがある。北の山は高く南の山は低い。北を大佐渡といい南を小佐渡というのはそのためだろうが、その小佐渡のなかでも小木半島はさらに一段低い。が、いざここを歩くとなるとおそろしく不便なところだと気づく。道路らしい道路は、小木港から半島南岸の途中にある宿根木《しゅくねぎ》部落までと、半島の尾根上をはしる新しい開拓道路ぐらいのものである。海岸線に点在する部落はこの二本の道路につながれ、海岸づたいの道は海が荒れればたちまち通れなくなるような、断崖の下の岩場である。

小木の港から半島突端の沢崎までは直線距離にして約十二キロ。何だ、そんなものか、大したことなし、とはじめわたしはおもった。とんでもない思い違いであった。

その冬の朝、わたしは小木港の旅館で弁当をつくってもらった。予定は、尾根の道の終点まで役場のトラックにのせてもらい、突端の沢崎の一つ手前にある深浦部落まで下り、そこから岩場づたいに沢崎までいくつもりであった。役場の人がついていってくれることになった。

この日もみぞれまじりの強風であった。トラックは港の町はずれからすぐ半島の尾根にあがっていった。連日のみぞれや雪で赤土の山道はぐしゃぐしゃ。道のりのちょうど半分ぐらいの金田新田というあたりで、とうとう動けなってしまった。
吹きさらしの尾根の上であった。寒さのために、おさえてもおさえてもふるえがとまらない。

役場の人たちが話してくれる。十何万年か前までは小木半島は海底であった。それがまず今立っている尾根の部分（第一段丘面）が海面にあらわれ、ぐんぐん上昇していった。というより海面がさがっていったという方があたっている。そして何万年ものあいだ海はとどまってせっせと崖をけずる。やがて再び海は下り、停止して第二の崖をつくった。さらに第三の段丘があらわれはじめた。江戸時代後期（一八〇一年）のことである。小木半島のとくに南岸の海面上に低く広がる岩場がその隆起海食台である。

この台地からは南北両側に海が見える。北の海のかなたにはシベリアがあるはずである。あ、はるばるやってきたんだなあ。それは、男鹿でも能登でも、また北海道でも感じたことなのだが、やはりいつも新しい感慨をわきあがらせるものであった。

鶴ヶ峰から深浦への坂道

深い澗《ま》の奥の部落―深浦

尾根の道の終点に学校がある。半島先端部の小・中学生が通う学校だが、その後方に一つの峰がある。小木半島の最高峰である鶴ヶ峰。わずか百九十六メートルのこの峰一つのために、深浦、沢崎、白木、三ッ屋という先端部の各部落は不便な孤立生活を運命づけられている。

学校から深浦へ下りる道は、ちょっとした深山幽谷のおもむきがある。深いV字型に谷がきれこみ、細い急な坂道をかけるように下りていく。ごく一部の斜面に杉が植林されているほかは、炭焼きのできそうな雑木林。二年後の夏きたときには、白いりんどうに似た花がとある斜面いっぱいに咲いていたが、冬は黒い雪雲がはしるみぞれのなかに色らしい色はない。その坂道の左側に自然にできたものではない水路があらわれた。深浦の人が水を得るために数百メートルの横穴を掘ってつくったものだという。その入口をのぞきこんでみた。大人がかがんで歩けるりっぱな石組みのトンネルが闇の中につづいている。凍るような冷たさがのぞきこんだわたしをとらえた。大佐渡の金山跡をおもいだした。あまりにも有名な佐渡金山跡とはもちろん規模も目的もちがう。けれどこれは、権力も何ももたない庶民が自分たちだけの力でつくりだしたものだ。上向きに横穴がのびているという山の斜面のあたりをしばらく見上げていた。

坂道を下ったところに部落があり、その前面に深い澗がひらけていた。深浦であった。

小木半島の南岸には、ふつう澗《ま》とよばれている断崖のかげの小さな入江が実に多い。小木の港も澗の一つで、この澗と、海面よりわずかに高くひろがる隆起海食台とその上の断崖、それに刻まれた海食洞窟の組合わせが、大佐渡では見られない風景をつくっている。が、たいていの澗はあまりに小さい。海をはしる船からのぞきこもうとしても、ちょっと角度がかわればもう見えなくなってしまう。あ、あった、消えた、またあった。そういう風なものである。そして澗の奥は、たいていひっそりと静かである。

小木半島南岸の部落はみなそういう澗の奥の部落である。深浦もその一つであった。浜には、部落をかくすように高々とマガキがある。木で枠組みをつくり藁をびっしりとしばりつけた風よけである。屋根がこいをした小さな漁船も三つ四つ。そのかげにタライ舟もあった。

くそっ！ この地獄のふちめが！

深浦から沢崎への岩場づたい、みぞれまじりの波しぶきをあびながらわたしは何度そう心のなかで叫んだだろう。あらゆる呪いの言葉をなげつけたかった。

複雑に出入りしながらえんえんとつづく断崖と隆起海食台。荒れに荒れたその岩肌はまるで黒い熔岩かコークスの肌だ。大きく口をあける断崖の海食洞。遠くから見ると平坦なくせにでこぼこでうねりにうねっている海食台の岩場。その岩場へ波がうちあげ、場所によっては直接崖へ波がうちあたる。足をふみしめふみしめ、たえず波の動きをうかがいながら、走るようにしてわたっていく。「それ！ 今だ！」かけ声と一緒にかけぬける。その体を、風がふきあげ、ふきもどし、波もろとも沖へもっていきそうだ。何度も四つんばいになったり崖にしがみついたりした。なれた様子でヒョイヒョイとわたっていく役場の人がにくらしかった。みるみるうちに差がひらいてしまうのである。二、三十分も経ったろうか。突然

切通しの不動尊。愛くるしい顔をして怒ってござる。

彼が何か言いながら引き返してきた。「すみません。道をまちがえました」もうこの先へは行けない、ちょっと引き返したところから山へ上らなければいけなかったのだという。そこは、岩場が二メートルたらず切れて、橋のように石の柱を二本わたしてあるところだった。「これだったかな、も一つ先の橋だったかなとおもいながらつい行きすぎてしまいました。わたしもあまりきたことがないものですから……」と彼は弁解した。石橋をわたりなおし、口をあけたような断崖の裂け目の道をはいあがった。それからは段になった田んぼのあいだを行く楽な山道になった。とたんにわたしの足は恥ずかしいほどガクガクしはじめた。

二年後の夏、再びこの岩場を歩いた。あの日わたしにおそいかかった海は静まりかえって岩礁をうつし、水の底まで明るい夏の陽がさしこんでいた。あのときの緊張ぶりがおかしいほどだった。が、あいかわらず道は歩きにくく、いやな岩場であった。船にのり、海からも見た。岩場は何でもないただの黒い一本の線であった。

とうとうある老人が鍋をはこんできた—古い村のルール

半島の突端にある沢崎もまた澗の奥の小さな部落であった。ただ沢崎には、澗を見下す断崖の上に白い古風な灯台が立っていた。灯台は、ここがまた佐渡の西端であることをあらわしている。

山から部落へ下りていった。澗の奥の部落はどこもそうだが、平地らしい平地がないため部落内の道さえ坂になり、不規則な階段のように家々の屋根が重なりあっている。沢へ入る手前に大きなかやぶきのお堂がある。薬師堂で、佐渡遍路の西南の端の札所である。

“四国西国およびもないが、せめて七日の佐渡遍路”

おけさの文句にもある佐渡遍路は、西国三十三ヵ所や四国八十八ヵ所になぞらえてできたものである。そのなかでも沢崎の薬師堂は、佐渡東北端の願部落のものとならんで重要な札所だが、願の方は島外の人にもよく知られているのに、沢崎の方はほとんど知られていない。二回の佐渡行きは季節はずれであったために、わたしはとうとう佐渡のお遍路さんにあうことができなかった。お遍路さんに会えなかったかわりに、わたし自身が遍路になった。夏の一夜この薬師堂に泊めてもらったのである。

はじめてここを訪れた冬の日は、役場の方からの世話で、部落の総代さんの家に泊めてもらった。それで気がつかなかったが、沢崎では外からきた旅のものをどこでも泊めてくれるわけではない。普通には薬師堂にとめる。ただしそれも総代の指図による。総代は一年ごとの輪番制で、現在二十八戸だから、二十八年目ごとに総代役がまわってくることになる。外からの旅人の世話は、一切総代の責任である。

二年後の夏の日の夕方、総代さんは留守であった。部落の女や子供がお堂の前に集まっていた。そこは村の広場でもあった。両津で船員をしているという若者がしきりに「何でも頼みなさいよ」といってくれる。女たちの一人が、「あんたらが女一人だったらなあ。よろこんで泊めてやるんだが」と気の毒がる。誰もが心配してくれているのだが、泊めてあげようと言うものはない。夕闇がせまり、ひどく心細かった。夜でも何でもかまわん、小木の港まで歩いてかえろうか。そうまで思ったころ、ある家の老人がナベを運んできた。その家の嫁や若い娘さんが茶わんや箸や朱塗り膳や飯釜を運んできてくれた。そのときのうれしかったこと！　こっちがやきもきしているあいだに、総代さんの奥さんが黙って走りまわり、その家の人たちに頼んでくれたのである。

本心から気の毒がりながら手を出さない村人たち。黙々と無言のままで男の代りをしてくれた総代さんの女房どの。又、ナベ、釜ごと食事を運んできてくれた老人たち一家。いずれも古い日本の村落生活のルールを忠実に守っている素朴な姿であった。深いあわれみの情と強い村落のルールの微妙なバランスが、性急で雑な都会人であるわたしたちにもしみじみと感じられたことであった。

その夜、三人の遍路たちは、御仏の前の大ガヤのなかで安らかに眠った。

宿根木の石段でニンジンの種をとる。

「島」が相手の生活

沢崎はいろいろな意味で印象にのこる。お堂の前に集まる女、子どもたち。生徒がわずか四、五人か七、八人の浜の小さな分教場。その先におかれていたいくつかのタライ舟。四、五メートルもある長い柄をつけたサザエ、アワビとりの道具。潤の中ほどの岩の上に立っていたコンクリートづくりの善宝寺灯篭。これは、帆船時代から今にいたるまで広く日本海沿岸でおこなわれている善宝寺信仰のしるしである。善宝寺さんは航海安全の守護者で、沢崎の人は海にでるときはかならずお祈りをする。また家々の神棚や、部落の出入口にもまつって毎日のお祈りを欠かさない。

信心深く、働きものの沢崎の人の全部を伝えることはできない。が沢崎の人たちの爪のことだけは伝えておきたい。はじめての冬の日、その年の総代さんの家に座りこんだわたしは、もうすぐはじまるノリの口開けの話を聞いていた。かたわらでは奥さんがノリズを編んでいた。秋口に刈っておいたすすきの茎でノリを干すスをつく

江積港

る。どこの家にも大抵二、三千枚のノリズがあるが、毎年五十枚や七十枚は新しくつくりかえなければならない。一枚のスに必要なすすきの茎は六、七十本。しかも山に生えているすすきのうち適当なものは何百本に一本しかない。女たちは二里でも三里でも山へ入り、何日も何日もさがし歩く。話がノリ採りのことになり、総代さんや奥さんが手を見せ、爪を見せてくれた。わたしはハッとした。爪はすりへったように短く、そのまわりは痛々しくささくれ、それがタコになっている。岩にへばりつくノリ採りのためである。

断崖の下の海食台やその先の岩礁は、ぜっこうのノリの繁殖地である。そしてノリは、沢崎をはじめ小木半島の人たちの重要な収入源である。毎年暮の大晦日ギリギリに口開けがあり、それから春先までの期間中、人々は岩をかきむしってノリをとる。凍るような波に腰までつかりながら、日に千べんも岩と陸とを往復するはげしいノリとり作業。ぼんやりしていると波にさらわれる。お互いに助けあいながら、しかもはげしい競争である。「島にすった爪はふつうの三倍四倍かかってものびん」「長くのばせばボコンと折れる」「島が相手じゃからのう」総代さん夫婦は交互にそういった。ここの人は岩のことを「島」という。「島が相手じゃからのう」それは沢崎の人だけでなく、小木半島全体、佐渡全体の人々にもいえることであった。

厳しい「島」とのたたかいのなかから、小木半島の人たちは傑作な道具を考えだした。タライ舟である。この

夏もマガキにかこまれた江積

愉快な舟を考えだした人や時代についてはさまざまにいわれている。「むかし、タコとりにでていた小舟が突風に襲われ、岩にあたってくだけた。乗っていた人たちは海に投げだされ、行方不明になってしまった」明治のはじめころだとか、遭難した舟の数はもっと多いとか、タコつりではなかったとか、人によって話は少しずつちがうが、いずれもタライ舟の起源を物語っている。

タライ舟の特徴は、一目見てわかるように楕円形である。この形であれば、少々きつく岩にあたっても平気だ。クルリとまわるだけでビクともしない。厳しい岩礁地帯に生きる人の、まったく愉快な発明品である。小木半島をさまよう旅人は、周辺の浦々の海上に、短い櫂をたくみにあやつりながら、海中をのぞきサザエやアワビをとっているタライ舟を見ることができる。冬でも、少し海のおだやかな日にはどこかにそれが浮んでいよう。寒い冬のノリ採りにもつかわれている。

タライ舟の一戸当りの所有数が最も多いのが白木部落である。一人で二そうも三そうも持っているものがいる。五、六歳の子供でも、幼いうちからあやつることをおぼえる。わずか十戸の白木部落の浜や納屋には、信じられないほどたくさんのタライ舟がある。どこよりも強く白木部落はタライ舟を必要とするのだ。そしてそのわけは、この部落のたたずまいを一目見ただけで納得できよう。

小木北海岸は地の涯を感じさせる

沢崎から先の北海岸の風景は、同じ半島でありながら南海岸とはがらっとかわる。一言でいうとさびしい。おそろしくさびしいのである。白木から江積《えつつみ》にいたる約二キロの海岸線が最もその印象が強い。

南海岸とちがってこっちには孤立した奇岩怪岩が多い。海にずーんとはりだした海食台の上のあっちこっちに、ポツンポツンとその突こつとした姿を見せている。その岩肌がまるでうろこのような奇怪なまだら模様をみせる枕状《ちんじょう》熔岩で、千数百万年も前海底に噴出した熔岩のいたずらである。ひなたになっているときには異様に白々しく、日かげになるととたんに真黒で怪奇な姿に変貌するこの孤独なものの群れは、まさに地の涯を感じさせる。

岩場につながる山もまたさびしい。木が一本もないすすきだけの山。冬であれば、そのすすきの先の方がノリズ用にきれいに刈りとられているのが見られる。そして山に木がないのはここが最もはげしいシベリア風のあたるところだという証拠である。みぞれまじりの強風があばれまわる冬の日、そこには全く人影がなかった。

このあたりからは、はるか北方に大佐渡の山がよく見える。長く尾をひくまるで全然別な島の感じだ。さびしく、荒涼としたこのあたりの風景のやりきれなさからみれば、むしろ大佐渡の方がやさしく、うるおいのある島影に見える。

とめどもなく汗がふきだし、体中が焼けそうに暑い炎天下の夏の日であった。ふと一人の老姿があらわれた。両手に一本ずつ杖をもち、まるで四足の動物のように巧みに杖を使いながら、おそろしい速さで山と岩場の境をやってきた。そして山の根元にポカンとあけられた異様なトンネルにむかって突進し、あっという間に消えてしまった。あとには不気味なまだら模様の山肌の中途半端な高さに、黒い穴がしずまりかえっていた。まるで白昼夢のように。

この荒涼とした海岸に、白木部落と三ッ屋部落がある。白木は十戸、三ッ屋は三戸。「もちろんタライ舟では沖へでての漁はできません。漁のための舟は別にもっています。でも、このごろは漁もぜんぜんダメです。隣の江積ではここ一、二年、大謀網で景気いいですがねえ」夏の日の夕方、はるかシベリアの方の水平線に沈む太陽をみつめながら白木の男が言った。岩場を見下す山すその家のそばでわたしたちは立話しをしていた。江積のまねをして大謀網をやろうにも三戸や十戸の力では手も足もでない。部落の後は、小木最高峰の鶴ヶ峰で、険しいために畑も田もほんのわずか。道も人一人がやっとの急な坂道。そして前面は、小木半島でもっともひろい荒涼とした海食台がひろがっている。南海岸のようにたとえ小さくてもふつうの舟が安心して入れるような潤があればこれがタライ舟のふるさとであった。

この白木部落の左手前面に、神子岩という小さな陸つづきの岩山がある。そしてその根元に町営の宿泊所がある。三十人や四十人は寝ることができる。夏の日に、たまたまそこで小佐渡南部の青年の集まりがあり、わたしたちもそれに参加させてもらった。電気はきているが水がない。白木からもらった。

身代地蔵。願主の災厄の身代りに仏前に供える。

真夜中。大きな岩がゴロゴロ重なりあっている宿泊所下の暗闇でキャンプファイア。いつまでも歌いやまないファイアのそばをはなれ、手さぐり足さぐりで真っ暗な浜におりる。歌声は消え、あるものはただごうごうとなる海の音と岩にうちつける白い波頭。いや、はるか彼方に大佐渡の灯がかすかにまたたく。満天の星。わたしは、たとえ納屋のなかのタライ舟のそばでもいい。白木の人たちといっしょに寝たいとおもった。が、暗闇の火のそばでまだ歌いつづけている青年たちのそばにもどった。

白木から三ッ屋、江積、そして木流《こながせ》、井坪《いつぼ》とつづく北海岸をたどると、素浜《もとはま》という長大な砂浜にでる。そして小木半島はおわる。延々とつづく断崖を見てきた眼には、この浜はまぶしく、まるで別天地だ。小木半島にもこんなところがあったのか！ おもわずそうつぶやく。その砂浜の上の林を背に一軒の大きな小屋がたっている。この土地の出身者とかいう画家のアトリエだ。その窓は、茫々たる日本海の彼方にむかってひらいている。

明るい台地の上を謡曲が流れ 種をうつ槌音がひびく—小比叡

素浜の後の、うねうねとやわらかい起伏のつづく丘陵台地のうえに、家や畑を美しい竹やぶや椿でふちどった畑作の部落がある。戸数わずかに三戸である。その一戸、佐吾平《さごへい》という屋号の家の主、佐吾平さんは七十歳。四十年以上も蔬菜の採種をつづけてきたパイオニアである。朝から夜までよく働く。そして風呂にはいると盛んに謡曲をうなる。小柄な佐吾平さんの体のどこからでるのかとおもうぐらいの大きな声である。

〽敦賀の津より船出して　波路遥かの旅衣
浦々泊り重なりて　行けば沖にも里見ゆる
佐渡の島にも着きにけり
佐渡の島にも着きにけり

佐吾平さんだけではない。小比叡《こびえ》村では、中年以上の男のほとんど誰でも謡曲か仕舞《しまい》がやれる。女でも仕舞を

竹藪の中の切通し。宿根木

やる。それが伝統になっている。

　小比叡は村の東南の谷間にある蓮華峰寺《れんげぶじ》の門前村である。蓮華峰寺は佐渡第一の大寺。うっそうとした境内には、室町時代にたてられた弘法堂や金堂をはじめ、巨大な五輪塔や宝篋印塔《ほうきょういんとう》、古風な山王鳥居、八祖堂などがあり、かつてこの寺の栄えた日を物語っている。

　小比叡村の人たちは、いまも毎年正月一日、お年玉といって米をもって寺へあいさつにいくが、山中の三軒だけは六日にいく。これはこの三軒だけが梅本寺という別寺の壇家であったためで、もともとこの三軒は中世のころ領主であった羽茂氏の草刈百姓であった。そしてこの羽茂《はもち》氏がのこした中世武家文化ともいうべき、能や柔《やわら》などが今なお生きているのである。

　佐吾平さんの言葉もまた古風である。少しあらたまった言いかたになると語尾に、「ござらん。ござる」をつける。中世のみやびやかさを感じさせる。京都を中心にして洗練されていった日本古来の言葉である。

　また、「ばってん」という言葉もつかう。いま九州地方にのこって一般的につかわれている言葉が古くは佐渡でも行なわれていたことを物語る。


　四十年前佐吾平さんがパイオニアの一人であった蔬菜採種はいま、半島の先の孤立した部落にも浸透しはじめている。澗へ下る細い部落の道で、老婆が黙々と干した人参の穂をたたいて種をとっていた。小木半島から羽茂、赤泊《あかどまり》、大佐渡南端の二見などで行なわれている。

　小比叡は、そのなかでも採種の適地である。大根、白菜、カンラン、人参などの種をとっているのだが、この採種という仕事はどんな土地でもできるのではない。南向きで、年間平均気温が摂氏十五度くらいの土地がよい。そのうえ周囲からの雑種の影響が少ないことも大事な条件である。厳しい海岸風景ばかりを見てきたわたしはこの話に興奮した。わたしは、小木半島というところの新しい側面を発見したようにおもった。種は作物の基本である。その大事なものがここで育てられる。そういう条件をもつ小木半島、小比叡というところがすばらしい大地におもえた。もちろん冬は寒く、ふきぬけのシベリア風は厳しい。だが、それもすぐれた種が育つのをさまたげはしない。人々は椿を植え、竹を植えて風をふせいだ。

この小比叡の東北にある羽茂の里は種なしのハッチン柿の産地である。その柿もすぐれた叡智と永い努力に佐渡の風土がむくいたおくりものであるが、柿の木が成長するまではそのまわりで蔬菜の種とりをした。小木半島のつけ根の大地は、すばらしい生産の母なのである。

佐渡に煙草の栽培が入ってきたのは第二次大戦後である。採種事業から発展したもので、佐渡の山畑地帯に大きなうるおいをもたらした。

帆船と磨崖仏と世界地図—宿根木

佐渡は離れ島である。そして離れ島というとすぐに、孤立した特殊な生活や風俗を連想したくなる。また佐渡は、北の島である。北国特有の暗さがいつもまつわりついているようにおもってしまう。だが佐渡は、わたしたちが想像しているよりもはるか以前から人が住みつき、小木半島は、その玄関口であった。小木半島の最高峰である鶴ヶ峰を東に下った段丘上に長者ヶ平という畑地があり、そこから縄文時代前期の遺物が発掘されている。幾種類かの石器にまじって煮焚用の大鉢、木の実などの貯蔵用の小鉢など諸磯式《しょいそしき》とよばれる土器類があり、約四千年前のものだといわれている。佐渡には約百七十ヶ所の先史時代遺跡があるが、長者ヶ平遺跡はそのなかで最も古い。

長者ヶ平のある一番上の段丘から約四十メートルほど下った崖下、海抜約百メートルのところに、「宿根木の

漁港

岩屋」とよばれる古い海食洞窟がある。この「宿根木の岩屋サン」は、小木半島の人たちから親しまれ、尊ばれている聖地である。洞内の高い岩壁には、入口からむかって左側に平安時代末期の作だといわれる大きな三体の磨崖石仏があり、右側には小さな六体の磨崖石仏がある。この新潟県下にただ一ヶ所の磨崖石仏を守るように、洞の内外にはおびただしい数の石の地蔵や石仏があり、洞

小木半島に多い能舞台

の前をおおう巨木とともにここを神秘的な聖地にしている。

さらに興味深いのは、最近この洞窟内から縄文時代の遺物が発見されたということだ。洞内右側壁の小さな磨崖石仏の下、壁と床との境からである。後世の人が石仏を彫り聖地としたこの洞窟が、実ははるかな昔の人間の生活の場所であった。この神秘的なたたずまいによるのであろうか、洞窟の奥の深さはまだ誰も究めていない。ここへ追いこんだ赤犬がはるかはなれた大佐渡にでてきたとか、ここに逃げこんだ流人がとうとうみつからなかったとか、様々な言い伝えがのこっている。

毎年田植えの終った後、佐渡のお遍路さんたちがこの聖地へまわってくる。洞窟内の仏に詣り、洞窟前の広場のふちに大きく弧をえがきながらならんでいる八十八体の見事な彫りの石の小仏さんたちに詣る。そして、この岩屋サンの南方の海岸にある宿根木部落の人たちがここに集まり、静かに、つつましく百万遍の数珠を手操る。

岩屋サンからも見下ろせる第二段丘の上は、小木半島では珍らしい、ひろい水田地帯になっている。そしてこの段丘上から海岸の部落々々へ下りる道は、崖をきりひらいて切通しやトンネルをつくり、小木半島のなかでもまた特異な風景になっている。切通しをぬけたところに潤があり、部落がある。これは深浦や沢崎や北海岸の部落には見られない風景である。宿根木の部落である。

宿根木は、佐渡の中でも古い浦の一つである。江戸時代のなかごろから明治中期まで盛んだった帆船時代の大

きな船主がここに集中していて、佐渡の富の三分の一をもっていたといわれるほど栄えた。

小木からのバスの終点になっている浜の広場のすぐそばの海辺に、がっちりした石の船のつなぎ柱がある。細いまがりくねった路地の両側に、しぶい板壁の背の高い家々がならんでいる。フッと灘五郷の御影辺りの路地うらをおもいださせる。路地が小さな水の流れにでる。すみきった水。その流れに小さな御影石の橋がかかっている。宿根木はなやかなりしころ、はるばる瀬戸内海の尾道から運んできたというこの石橋の名は念仏橋。富を念仏の心で村に返した船主たちの心がゆかしい。

部落の奥に崖や竹やぶにかこまれた静かな寺があった。今日の日本人がほとんど忘れている時宗《じしゅう》という宗派の寺である。名は称光寺《しょうこうじ》。その本堂をめぐっておびただしい数の墓や石塔がある。堂々とした舟師(つまり船頭)の惣墓が目をひく。当時、千石船の船頭は百石取りの殿様と同格だといわれていた。それでいて「河内木綿にすげ緒の雑木下駄」という質素さであった。

信仰心があつく、質素で剛毅であった舟師たちの気風が、幕末、一人のすぐれた学者を生んだ、と称光寺の和尚さんが話してくれた。幕末の動乱期に蘭学と地学を学び、日本ではじめて世界地図をつくった新発田《しばた》収蔵《しゅうぞう》。彼は、縦一尺五寸、横二尺五寸のこの図に小さな豆粒のような佐渡をかき、そこへ宿根木という名を書いた。まるで宿根木が世界の中心だといわんばかりに、と和尚さんは笑った。ひろく世界に眼をひらき、しかも故郷を忘れなかった佐渡の男を、わたしはすばらしいと思った。

笛の音

小木半島をめぐり歩いたわたしは小木の港にもどった。この港は宿根木とならんで帆船時代の佐渡の玄関口であった。江戸時代に日本一を誇った佐渡金山の金は、すべてここから積出された。小木から相川への道は、その両側に人家のたえることがなかったといわれる。そのはなやかなりしころのおもかげが、裏町の遊女屋跡や旧道の一里塚、あるいはいくつもの神社に奉納された絵馬などにのこっている。北九州の島の唄であったおけさが伝わり、一般の人に佐渡がその本場のようにおもわれるようになったキッカケもこの港の存在であった。

今はずいぶん世に知られるようになった木造三建階の旅館がこの港町にある。はじめての冬の旅の最後の夜、わたしはこの旅館の海の見える三階の部屋で、唄もない太鼓もない笛だけのおけさを聞いた。笛の主は、いっしよに半島を歩いてくれた役場の人であった。男の武骨な指がかなでる高くかなしい笛の音。いつのまにか眼がくもってきた。さとられないように窓辺に立った。夜の闇より黒い雲が海をおおい、雲より黒い潤の岩礁に白い波のしぶきが散っていた。笛の音が止んだ。その人も、しずかに泣いていた。

佐渡という島がかなしいのではない。人の別離がかなしいのである。佐渡が「情」の島だといわれるのは、そういう別離を、はるかな昔から数かぎりなく経験しつづけてきたからではないだろうか。

伊豆大島

文　宮本常一

写真　菅沼清美

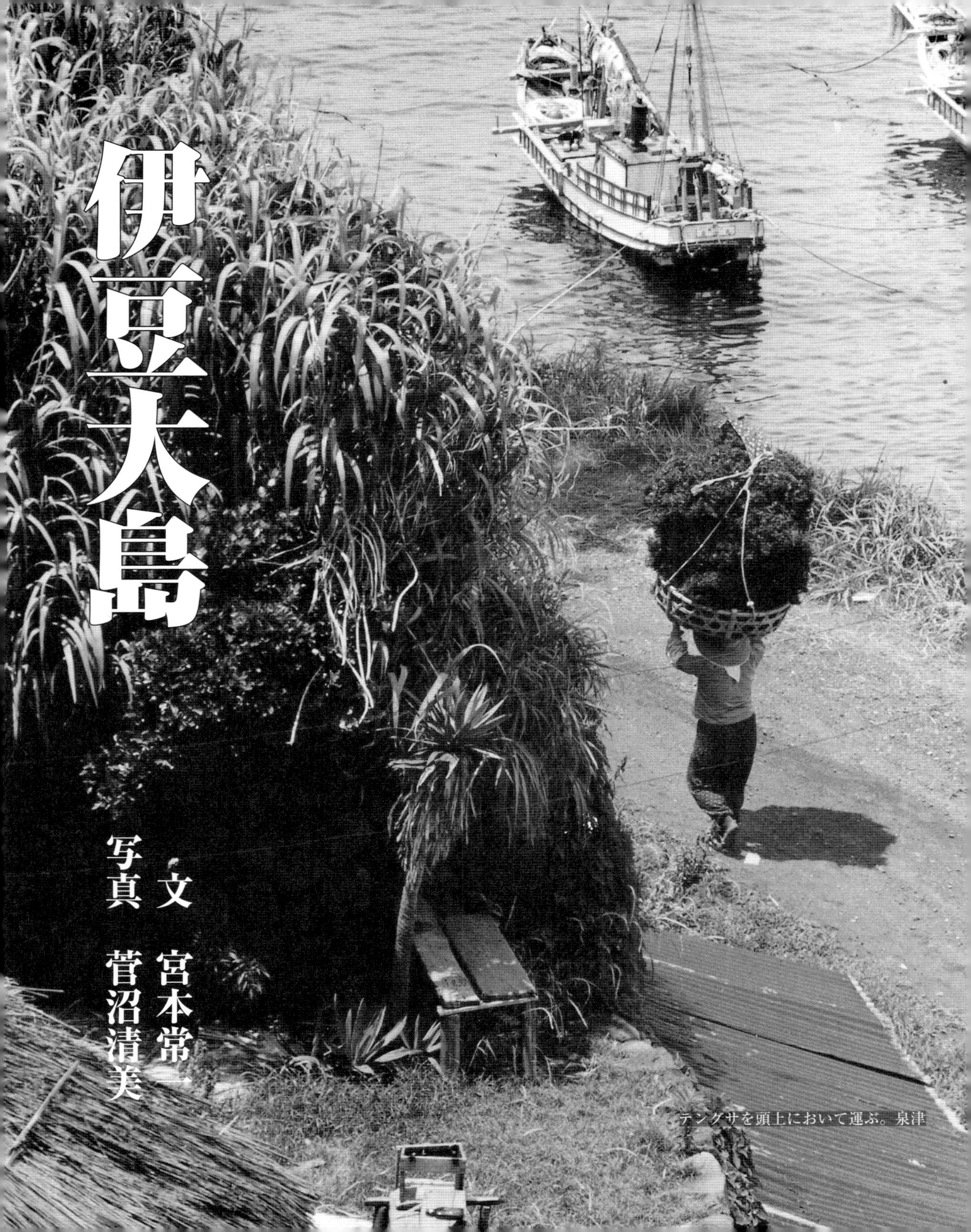

テングサを頭上において運ぶ。泉津

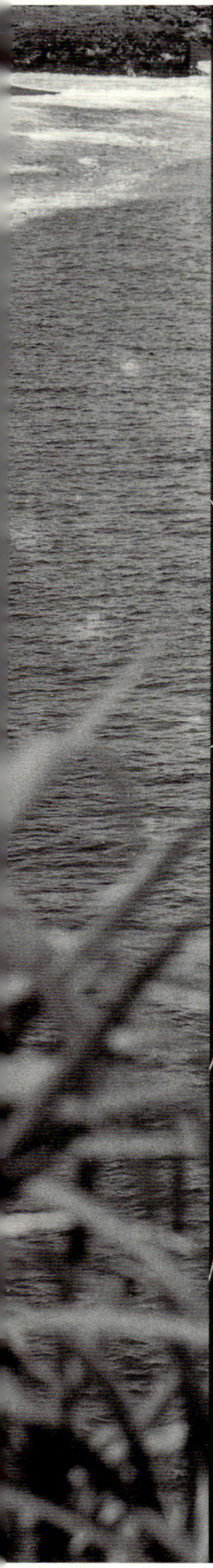

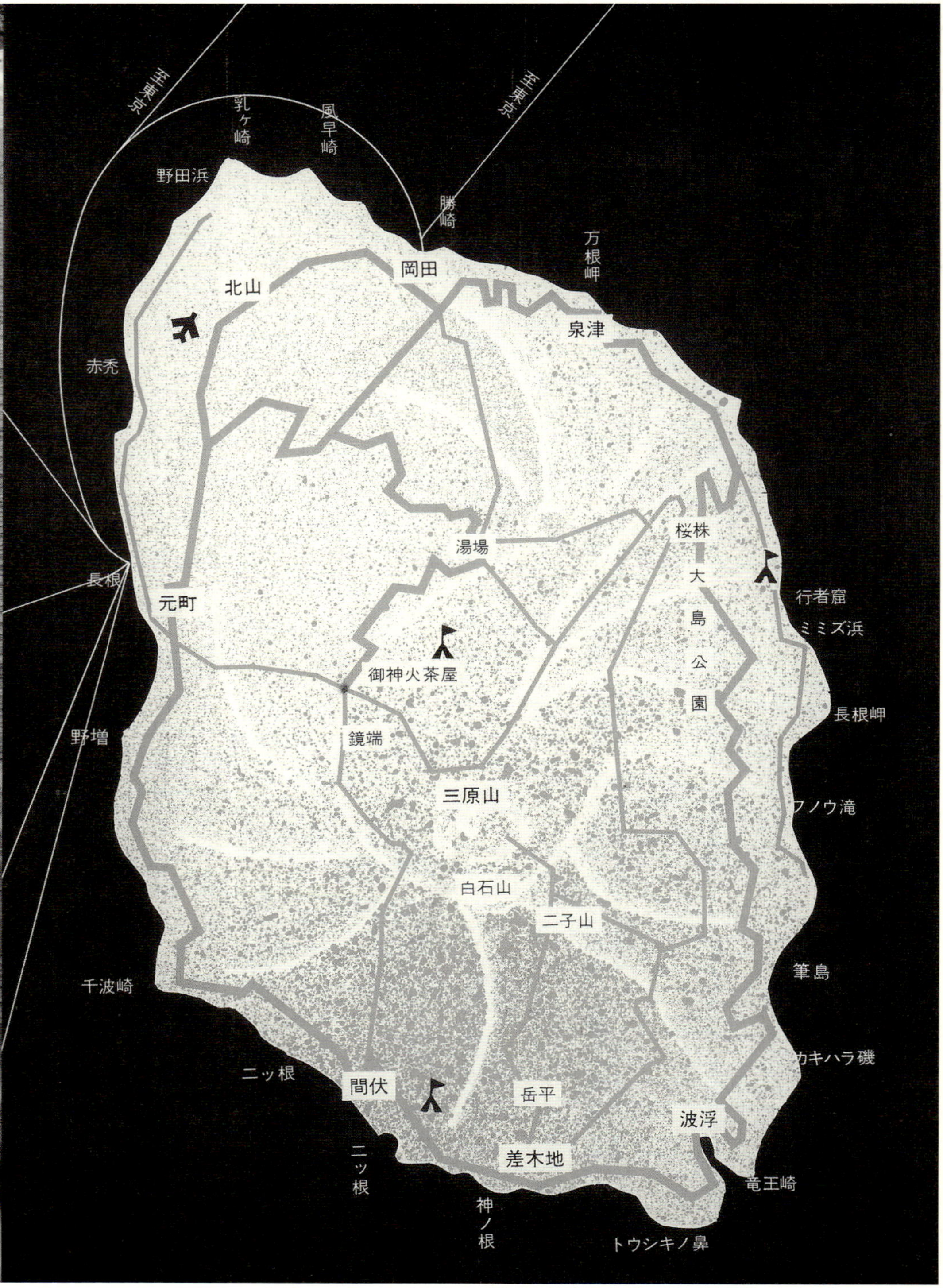

至東京
乳ヶ崎
風早崎
至東京
野田浜
勝崎
万根岬
岡田
北山
泉津
赤禿
湯場
桜株
大島公園
長根
元町
行者窟
ミミズ浜
御神火茶屋
長根岬
野増
鏡端
三原山
フノウ滝
白石山
二子山
筆島
千波崎
カキハラ磯
ニッ根
間伏
岳平
波浮
差木地
ニッ根
竜王崎
神ノ根
トウシキノ鼻

右：行者浜（泉津）　左上：島の少年　左下：天水受けタンク

三原山頂

午後十時東京竹芝を出た船が伊豆大島へつくのは朝五時である。船は西風がつよければ東岸の岡田へ、東風がつよければ西岸の元町へつく。冬ならばまだ夜はあけず、夏ならば朝日ののぼる時刻。車を駆って三原山の頂上へのぼることをまずすすめる。とくに冬がよい。冬は晴れた日が多い。

御神火茶屋《ごじんかちゃや》のあたりの丘の上に立つと、やっと黎明のさしそめた空に噴煙が黒くまた絶えることなくたちのぼる。その上に星がまばらに光る。ふりかえると伊豆半島が海をへだててよこたわり、伊東、熱海の灯がきらめく。そしてその上に富士が高い。田原から三浦半島へかけての長い単調な海岸線、その右に房総の山が低く海にしずめば、東はただはてしない大海原。その向うにあるアメリカは見えない。その海から日がのぼって来る。空と海が暗い色から次第にかがやきをおびて、やがて星が空の奥にきえさるとき、あらためて空と海のひろさを知る。

せせこましい世界に日々を生きている人間にとって、このはてしなくかぎりなく、しかもあやまたず時のうつりゆくさまを見せてくれる風光は、自分もまたその自然の中の一人であるという感慨をふかからしめる。

にぎわう岡田港

はるばるの思い

伊豆から見る大島は、つい目のさきにその島があるようにも見え、またその島が遠い海中《わだなか》にあるようにも見える。それがかつて流人の島であったせいなのだろうか。いまは東京からも江の島からも、また熱海、伊東からも船便があり、羽田から飛行機もとんでいる。そして火をふく島として人の心をひき、その噴火口を見ようとする人たちがひっきりなしにおとずれる。しかしつい四十年まえまではおよそ不便な島であった。

伊豆の伊東とは　郵便だより
下田港は　ヤレホンニサ　風だより
（野口雨情「波浮の港」）

とあるように、郵便物は伊東から郵便船ではこばれ、

三原山から利島を望む。

あとは東京霊岸島《れいがんじま》から島がよいの船が出るだけであった。そうした海のはての島の感じが

　磯の鵜の鳥ゃ　日ぐれにゃかえる
　波浮の港にゃ　夕やけ小やけ

という哀調をおびた牧歌を生ましめたのであった。

　だが伊豆沖にある島は大島だけではなかった。利島《としま》、新島《にいじま》、式根島《しきねじま》、神津島《こうづしま》、三宅島《みやけじま》、御蔵島《みくらじま》、八丈島、小島、青ヶ島とそのさきに九つもならんでいた。そしてその島々の間を黒潮が西から東にながれ、風一つをたよりにこの海を乗りきろうとした帆船時代には島と島との往来をきびしく拒絶していたのである。

　大島は伊豆諸島の中では一番北にある口の島でありながら黒潮の中の島として、また流人の島として、本土の人びとには長い間別の世界のように思われて来たのである。それだけに、まだ見ぬ異郷をあこがれるような想いをひめて、あるいはひそかなる若き日のなやみ、孤独をこの島の砂の中に埋めようとして島へわたって来たものも少なくなかった。藤森成吉の「若き日の悩み」という小説はそうした若者の姿を描いて多くの人たちの共感をよび、さらにまた青春を噴火口に投げて人生を空しからしめたものも多かったのである。

　しかし、本土からこの島へ容易に人びとがわたって来られるようになってから、このような詩情はほとんど消えてしまった。消えながらも島は島である。島の持つはてしなき孤独はまだ消えてはいない。

つばきの花

　つばきのかげ女音なく来りけり
　白き布団をほしにけるかも

島木赤彦の歌である。土田耕平が病をこの島にやしなっていたとき、病友を見舞ってつくった歌の一首であるとおぼえている。大島はもとこんなに静かな、だが赤いつばきを春の花として持つにふさわしい島であった。

　海の中にぽつりと浮いた島は風に吹きさらされる。中部の山々の上を吹きこえた風は、伊豆の海に吹きおちてこの島を潮煙でつつむ日が多い。「冬になると風の日が二〇日もつづくことがあります」と島の人は語る。その風から家を守り身を守るために、屋敷の周囲にも畑のま

トウシキノ鼻の熔岩と海

わりにも風につよい木を植えた。つばきもその一つであった。家は茅葺きにして棟も軒も低くした。木のよく茂ったところでは、家はその林の中にすっぽりとかくれている。そしてその林の奥で子供の泣き声がきこえたりした。

しかし、そういう林が少しずつ伐られて来た。理由はいろいろあった。まず車の通る道をつくるために多くの木を伐った。また風に堪える家をたてて、家の周囲の木を伐った。つばきを伐ってしまって、その並木が東岸の泉津《せんづ》あたりにかろうじておもかげをとどめるほどになったところに、島ではつばき祭というのをはじめた。つばき祭というのはつばきを植えたり、つばきに肥料をあたえて感謝する祭ではなく、つばきを名に人をよぼうとするショウである。古くから島に住んでいる人たちにとってそれは縁遠いもののようにみえる。

ところでつばきはほんとになくなったのだろうか。島の南部の差木地《さしきじ》や波浮には本通りからそれて山の手の細道へはいると、まだいくらでもつばきを見ることができる。畑の垣にしているのである。つややかな濃緑の葉の間に真赤な花をつけている。子供たちがその花を蔓草などにつらぬいてレイにして首にかけてあそんでいたりする。

花の散ったあと、みどりのくりくりした実がなる。中には赤味をおびたものもある。その中に黒い種子が育って来る。盛夏の頃には実がはじけて中の種子がおちるが、そのまえに実をとって割って種子をとり、さらに種子をつきくだいて蒸し、しぼってつばき油をとる。油の中では上等のもので、食用にもし、女は黒髪のやしないに珍重した。

頑丈な板塀の民家

水乏し

火をふく山の麓に住むということは一種の情熱をおぼえるものがあるが、それはどこまでも他所者の意識であって、島民にとってはそれが大きな負担になっていた。

平生は静かであっても、時にはげしく怒ることがある。この島自体が噴火によって生成したのである。しかも今日のような島形になるまでには実に数多くの噴火をくりかえしており、人がこの島に住むようになってからでも時折大噴火をおこし、野増《のまし》海岸の縄文遺跡は熔岩の下にあるから、三原外輪山の活動した頃にはすでに人が住んでいたことになる。その外輪山の中に今の三原山がふき出して来る。

そして近世に入ってからでも一六八八年と一七七七年の二回、最近では昭和二十五年（一九五〇）に大噴火があって、熔岩は内輪山をあふれ出ている。

火をふいたのは中央の三原山だけではない。島内には寄生火山が十あまりある。それらもまた時折の活動によって生じたものであろうが、波浮の港もそうしてできたものであった。はじめは独立した池であったものが一七〇三年十一月二十二日の大地震に津波がうちよせて来て、波浮の池にうちこみ、磯と池との間の一丁ほどがきれて潮の入りこむ入江になった。それを一八〇〇年に秋広平六が船の通れるようにきりひらいたのである。

噴火のたびにおびただしい熔岩を吹き出してきたと同時に火山砂をも噴出し、外輪山の内側や東側は沙漠のようになっており、雨の多いところであるにもかかわらず、その砂がつよい酸性をなしているためか、草もあまり育たない。

それればかりではない。この砂は水を保持する力も弱く、地下水がほとんど出ない。したがって井戸をほっても水は井底にたまらぬ。だから昔から水に困った。そこで屋根にトユをかけてその水を水溜めにためて、飲料にもすればせんたくもした。しかし水のとぼしいということはわびしいものである。きれいな水を思う存分につかえるような生活は日本人の生活の理想の一つであるが、それは島民にはのぞむべくもなかったといっていい。ただ東海岸には水があった。その水をいまはパイプで西岸までひいて各戸にくばり、水道の栓をひねれば水の出る生活がいとなめるまでになった。しかし南部の波浮や差木地は水が十分あるとは言えない。水を得るための苦心。それがこの島の人たちにとっては大きな荷であった。

それは人間の利用する水の問題だけでなく、作物のための水にも不足して、畑にひらく余地はあっても雑木の

木を伝って落ちる水を壺に受ける。

茂るにまかせたところが広かった。そしてその木を伐って塩を焼いた。ただし島内の五ヵ村がすべて塩をやいたのではなく、岡田、元村（元町）は浦方《うらかた》として漁業と廻船業にあたり、野増、泉津、差木地が竈方《かまどがた》として塩をやいていた。塩の多くは幕府に上納し、幕府はこれに対して米を下しおかれているが、塩二二〇八俵、口塩六三俵に対して、米の方は二四六俵にすぎなかったから、何としてもひどい搾取であったといわねばならぬが、そういう生活の中で、なお家はふえて、江戸時代後期には波浮村の開村を見るにいたっている。

島人のいとなみ

島をおとずれる人のコースはおおよそきまっている。まず島に上陸すると、それから三原山へあがる。いまは御神火茶屋まで自動車でゆき、そこから火口まであるく。山を下ると泉津の自然公園へゆき、また西岸をとおって波浮港までいって引きかえす。そして岡田か元町で牛乳センベイを土産に買って、昔のアンコ姿をした娘たちにおくられて島を去る。

自然公園の熱帯植物

それだけの見物なら一日で事足りる。ほかに見るところのない島である。しかし、心をとめて見れば、そこにはまた見るべきものがあり、憩うべき世界がある。

釣をたのしむ人たちは朝、船から上るとすぐそれぞれの釣場にいそぐ。岩の上から釣糸をたれるものもあれば漁船をやとって沖へ出るものもある。ここの海では早朝の釣に獲物が多い。寒くても暗くても、海の荒れぬ限りは、青く澄んだ海に糸をたれて魚を待つ。魚のかかるまで。魚はかからなくても、そのことがたのしいのである。

町の中であくせくしているものにとって、この利と理をこえた放心そのもののあそびは、人間性をとりもどしてくれるような喜びをもたらすものである。波浮港の宿はこうした釣客を相手にして商売もなりたっているが、近頃の民宿も釣客のとまるものが多い。

もともと島の南方海上は日本でも指折のよい漁場であった。大室出《おむろだ》しといわれるあたりは、カツオ、ムロ、アジ、サバなどの季節になると各地からの漁船が群集し、夜になると漁火が不夜城のように海を明るくしたものであった。その船は波浮港を基地にするものが多く、港は船でつまってしまうようなこともあった。

しかし近頃はその魚もずっと減って来たようである。

そそり立つ東海岸の断崖

沖の漁場に向かう漁船。トウシキノ鼻にて

カキハラ磯の海士

そのかわり、底魚を釣る技術が発達して、漁船に便を借りることができるならば壮快な底釣をたのしむこともできるのである。

それにしても島の漁業は昔にくらべればおとろえてしまったと言ってもいい。すぐ沖で魚が釣れるので大きい漁船を持たなかった。ところが漁船が機械化して大型の他所船《たしょぶね》がたくさんやって来るようになり、地元の小さい船が競争にやぶれたためである。

そこで波浮、差木地の人たちは海から陸へ上って来た。差木地では陸へあがってからキヌサヤエンドウをつくりはじめた。いままであった畑で栽培した者もあったが、あらたに南面の傾斜地をひらいてそこにエンドウをつくった。その方が耕作にも収穫にも便利であった。冬枯れの中にエンドウは青く育つ。それが山のところどころに見える。花のさいているときなど実に美しい。観光のための風景ではないが、エンドウ畑の一隅に腰をおろし

差木地のおばさんたち

差木地にある遭難碑

草屋根の民家

三原山

波浮港

波浮の椿の防風林

民宿の庭の花

山の斜面に拓かれたキヌサヤの畑

て物思うともなくこの風景の中に身をおいていると、いつの間にか夕日が伊豆の山の上までおちていることがある。近頃は差木地あたりで観賞用の草花を栽培する人もふえて来た。雨水をコンクリートのタンクにためて、消毒にも灌水にもそれを用いるようになったのは一つの進歩であるといえる。つまり、そういう設備が新しい花卉園芸を芽生えさせたといえるのだが、そうした園が、つばきなどの垣にかこまれた中に見られる。つばき並木がトンネルのようになった細道をあるいていると、そういう花卉園にぶっつかるのであって、それはまさにひそかなる豪華とでも言えるものであろうか。

私はそういう園のいくつかを見せてもらったことがある。冬というのに温室の中では肉のあつい赤い花が一面にさいていた。

中にはまたその林の中で、柑橘をつくっている人もあった。すべてのものが常緑の木立につつまれているのであるから、遠くから一目で見ることはできないが、このひそかなる果樹と花の園の中の思いはわれわれに秘密に似た喜びをさえ与える。

古いならわし

島人の中には、島の外から来るものにのみ目をむけ心をうばわれているものもある。その人たちは島の外から来る者の心をひき、またお気に召すようなことばかりに苦心している。だがよくよく見ると、町当局者をのぞいてはもともとそういう人ははじめから島育ちのものは少なく、島外からやって来たものが多い。観光設備の大半

地神を祀るイボッチャ

も島外の人たちの手になったものであり、客を迎えるアンコ姿の娘もそのほとんどは島外から来ているのである。もとからの島人の多くは観光などとは無縁に自分たちの生活を守ろうとしているのが普通である。

　ところが旅人にはそうした観光客に無関心に見える島人の生活にかえって心をひかれることがある。元町の氏神さまの境内に見かけるイボッチャなどはそれである。イボッチャというのは茅の穂先の方をくくってつくった円錐形の小舎で、そこに家の氏神や地神をまつっている。正月すぎに島内をあるいているとニワトコを五センチあまりに伐り、それを割竹のさきにさしたアワボヒエボを家の入口にさしてあるのを見かけることもある。それをおこなっている家の者はなぜそんなことをするかをさえ知らなかったが、昔のままにおこなっているのだと話してくれた。そういえば島には昔は焼畑切畑が多く、そこでムギ、アワ、ヒエ、イモを作って食料にあてていたのである。焼畑は二、三年もつくると土がやせてしまうので、またもとの山にかえし、ハンノキを植えておくことが多かった。島の少し高いところへあがって見ると、点々としてハンノキの茂っているところがある。昔はそこで焼畑をおこなっていたものであろう。

　年とった女たちは時に物を頭にのせてあるいていることがある。車の通るような道ではそれを見かけることはほとんどないが、細道をあるき、山道をのぼるとき、そうした女に出あうことが多い。そこでは都会人に見られる気はずかしさもないからであろう。頭へ物をのせるばかりでなく、額に負い縄をあてて背負う、東南アジアに見られる運搬法も、山道などで見かけることができる。

　多くの都会人がこの島をおとずれることのなかったころには、島には昔ながらのくらしがいくつもまもられていた。島の人たちは息子に嫁をもらうと、おなじ屋敷の中にたてられている隠居家《いんきょや》に移ったものである。ところが孫に嫁をもらうと、祖父は別の隠居家にうつって、今までいたところを息子にゆずる。こうして隠居家が二棟

行者窟

もある例も少なくなかった。この場合老人のいる方をサンキョとよんだものである。当世流行の核家族はこの島では古くからのならわしであった。

そうした制度のために民家の一棟一棟は小さかった。そういうことが近頃民宿をはじめてみると、障碍の一つになっている。他人を泊めるべき部屋が何ほども空いてはいないのである。

この島にはまた他屋の制度もあった。女が月のさわりのあるあいだ、別の小屋に移ってそこで生活したものである。この習俗は伊豆の他の島にも一般に見られたものであったが、観光の島になってから消えた。島の古い習俗はなるべく他所者には見てもらいたくなかったのであろう。こうして島人たちは他所者の眼にとまりそうな習俗はおおかたやめてしまったのであるが、島にもとから

隠居家

住むものの心の中にあるあたたかさはいまもきえてはいない。律義で親切で——それが旅人の孤独な心をつつんでくれることが多い。

うまいもの

もともとこの島はまずしかった。水田が一枚もないようなところだから、米は内地から送って来なければ口にすることはできなかった。だから畑で作ったもの、ムギ、アワ、イモのようなものが主としてたべられた。さいわい魚が多くとれたということで、これらの主食をおいしくたべることができた。その中でもエンバイ汁などは特に賞美せられたものであった。ムロアジを腸をとり去らないで塩からにしておくと、上澄みの塩汁がたまる。その汁をとってこれにアシタボ、サトイモなどを入れて煮たものである。くさいものではあるが味のよいもので、大島にかぎらず、御蔵島など、これが主要な食料であったと「七島巡回報告」には見えている。秋田のショッツルなどもこれと同様のものであるが、秋田ではハタハタ

隠居家と本家を結ぶ道

くさや干し

という魚で塩汁をつくるのである。

くさいたべものと言えばクサヤもくさいものである。ムロアジをひらいて、それを塩汁につけて天日にほしたものである。塩汁は古いものほどよいといわれる。だからこの汁は大切に保存せられている。クサヤはもともと大島ではじめられたというが、いまでは新島、八丈島などのものが有名になっている。一つには大島であまりムロアジがとれなくなったからであるが、今一つはクサヤをつくる頃の天候が、大島では雨の降ることが多く、雨にあわせると失敗してしまう不利もあった。それを東京から波浮へやって来て住みついた山口禎之氏が火力乾燥機を工夫して効果をあげるようになった。原料さえあればいくらでも作れるが、その原料に事欠くようになって、名物としていつまで生産がつづけられるであろうか。

味はよくても、島民自身が捨てた産物もあった。サツマイモがそれである。享保一七年の凶作に苦しんだ島民のために、サツマイモの種がおくられて来たのは享保二〇年（一七三五）のことであった。イモはこの島の土地にぴったりとあっていた。毎年豊作で、その上味がよかった。このイモは島で食うてあまるほどあり、江戸へ売り出されたものであった。しかも江戸で一番味のよかったのは大島から送られて来たもので、江戸ではこれを島イモといって珍重し、焼芋屋の仲間ではうばいあいで取引され、価格も江戸付近の産地のものよりは二倍に近かったという。今でも東京人は焼イモ好きだが、大島からはいつかイモが送られなくなった。島民が次第にこれをつくらなくなったからである。

旅鳥島にわたる

このように島の人たちは島外との交渉がふかまり、他《よ》所《そ》者《もの》がたくさんやって来るようになってから、つばきの垣にかこまれて静かに住んでいる者以外は島の古い生活

復興した町

を次第にすてて来た。もともと島の生産だけではくらしをたてることがむずかしく、どうしても本土にたよらなければならないものがあったからである。とくに島の北部の元町、岡田、泉津《せんづ》、野増《のまし》はそこにやって来る人たちの風俗や行動に大きく支配されずにはいられなかった。

その上元町は三年ほど前の大火に町の大半を焼かれてその焼けあとには東京風の町が生まれていった。東京から来た若者が島に東京的でない何ものかを求めてやって来て、元町を見て「何だ東京とかわらねえじゃねえか」といってなげいた話を島できいたが、島は一面それほど近代化して来たのであった。だが、この島をおとずれる大半の人たちはそれをよしとしているのであろう。泉津の自然公園など、新しい施設ではあるが、本土に見られぬおちつきもある。島内の自動車の数が本土よりもはるかに少ないことに原因の一つがあるようである。新しくなろうとしつつ、そこにはやはり島としての何ものかがのこっている。つまりどこかにひなびたところがある。

そのひなびたものをもとめて、この島にもリュックサックを背負った若者たちがかなりの数おとずれるようになった。その一群にきいてみると「民宿ができたからだ」という。「リュックサックを背負ったのでは一般観光旅館にとまる気はしない」という。若者たちの愛用するユースホステルや、国民宿舎はこの島にはなかった。それがいままで旅鳥を近付けなかった。ところが、民宿ができたので、この島をリュックを背負ってあるいて見ようとする者もあらわれた。「朝岡田へ上陸して、三原山にのぼって泉津へ下り、それから島の東の沙漠をあるいて来ると、波浮でもう日がくれる」と言っていた。そのようにしてあるいて見ると、島はやはりいいという。「とくに東側の道は自動車がほとんど通らない。人気の少ない沙漠にねころんで空を見たら、空がとても青かった。あんなに澄んで美しい空を見あげたことは近頃なかった。心の奥まで澄み通ったような気がした」と、痛む足をひきずりながらあるいていった若者は足のいたみよりも今日一日のうちにこの島で得た感激に心をふくらませているようであった。

新しい観光

山上の放心、つばきの林の中の沈思。ともにこの島で得られる一つの境地ではなかろうか。近頃はつばきの垣の中の畑も耕作をやめるものが少なくない。そういう畑へ作物を植えるかわりに、人の住む家をたてて、沈思をたのしむ人たちを住まわせて見てはと思いついたのは差木地の人たちであった。他の観光地のようにむやみに木を伐りたおして道をひろげて、というのではなく、藪かげのしめった道はそのままにして、畑に雑草のしげったままにして、その中へ家をたてる。それもまた面白いことではないか。そういうことを愛する人も世の中には少なくないであろう。人はいまあわただしい世界からのがれて、時に静かないこいを求めている。つばきの垣で小さく区切られた畑は、そのまま一つの屋敷にもなる。そしてそういう家が、いま少しずつ建ちはじめている。

島の人たちはそれによって経済的な利益をいきなりあげようというのではない。そのようにしてやって来た人たちと、時に人生の問題を、時に島の将来を、時に文化を語りあいたいと願っている。

静かに島にかくれたいような人は何かを持っている。島の人たちのほしいものはその何かである。利益のためにのみ動き、貧しい故にと称して島を去る。それがその人にとってほんとのしあわせになることかどうか。そういうことを考える機会は今の世にはほとんどなくなっている。しかしもっと深いところで人生を考えて見たいと思っている人は多い。その話し相手を都会へまでいってさがすのではなく、島のすぐれた風物、島の先祖たちがのこしてくれた文化遺産を利用してそういう人たちを迎え入れることはできないものかどうか。毎日毎日ちがった顔ぶれを愛想わらいして迎えて送るのではなくて、もっとお互いが心をひらいて結びつきあえるような世界を島につくれないものかどうか。

島人のこの願いと計画はきわめて徐々にではあるが、実現を見つつある。そしてつばきの林の中に草屋根ではない家が建ちはじめた。それが島の今後に何をもたらすか。すべてが新しい課題になるであろう。

こうしてただ通りすぎてゆく旅人の足をとどめ、たびたびおとずれさせるような機会をつくるこころみが全国的なものになってゆけば、日本の地方文化は再発足をはじめるのではなかろうか。そして自分の心を、また自分の郷里をりっぱにすることがこの島の場合にも周囲に対してさらに魅力あるものにするように思う。

私は昨年のくれにひさしぶりにこの島をおとずれた。一週間も吹きつづけている西風が、まだやみもしなかった。沖は一面の白浪であり、潮煙がたっていた。そうした日にもかえりの船は出た。船舷にあたった波のしぶきが、他の側にこえて荒れる海におちた。しかし空は晴れてあかるかった。

岡田から出た船は一路熱海に向った。大島は次第に遠のいていく。噴煙は吹きちぎられて空へはたちのぼらない。しかしこの怒濤の上に島は毅然としている。イルカの群が、そのあれくるう海の上をとぶ。一群すぎたかと見ると、また一群通りすぎる。波の中から出て白いしぶきの中へ消える。そしてそれが島と私との間の情念をたちきるようにも思えた。

私はしぶきのかからない甲板の一隅に身をおいて、船が熱海につくまで島を見ていた。遠ざかれば遠ざかるほど島はやすらかに見えた。

みあれのに
まどろまどろの
つくばやま
ふりさけみれば
とこようみ
かなたこなたに
あさあけの
むらさきのさと
うつぶして
のによもぎくさ
かれのこり
すぎのうなばら
あかねさし
げきりよのひと
たちかえり
むねときめかし
たちかえり
ふりにしさとに
たちかえり
もとのみならぬ
ちくばをみ
もとのみならぬ

朝あけの山麓の村々。昔、平坦部は海であった。愛宕山より

つちをみる
つくばおろしに
みふるわせ
いてつくいわね
ものいわず
かぜたちわたり
いずこへか
われそをとわむ

筑波山麓風土記

文・写真　渡部　武

初夏の野良は麦刈りで忙しい。額も汗ばんでくる。

母の生まれた里

私の母が生れて育ったのは、筑波のふもとの真壁《まかべ》という町で、古く『将門記』などには〝白壁郡《しらかべのこおり》〟とよばれていた。ちょうど筑波山の尾根と加波山の尾根が結びあう西麓にあたり、変りばえのしない田舎町である。

母は大正四年生れで、今年は五六歳。二〇歳そこそこで東京に嫁してきたので、真壁の生活は、もう遠い遠い昔のはなしになりつつある。それでも、ときどき盆や彼岸には、戦死した弟や父母の墓を詣でることがあり、いまだに故郷との往還は続いている。

私は、ときどき田舎に行って、古くよりなれ親しんだ土を踏み、また幼友達などに会って帰ったばかりの母が好きである。額のシワも心なしかうすれ、眼がいきいきとし、いくぶん興奮した様子は、子供が大きな発見でもしたような感じをあたえる。

いつだったか、私が「田舎の方は変りありませんでしたか?」ときいたら、「ちょっと内証なんだけど、筑波山に登ってきたんだよ」と声をひそめ、このときばかりはいままでにない興奮ぶりであった。それもそのはず、生れてはじめての筑波登山であったからである。もちろん、リュウマチをわずらっているので、車と最近できたロープウェーを利用したのであろうが。

それにしても、真壁で生れて育ったそのあいだに、眼と鼻のさきの筑波山に登ったことがなかったという母のはなしに、私にいいしれぬ興味をおぼえた。それは、わたしたちにとって〝故郷〟とはなにかという問題でもあった。

〝ふるさと〟という語感は、なんともいえない陶酔と慰安とを感じさせることばである。「ふるさとは遠きにありて思うもの……」とあるように、望郷者には、一種のノスタルジーを感じさせることばでもある。でも、私には、〝ふるさと〟を単純に讃美する気にはなれない。それは、青春が、世間でいうような思春期の青少年をよろこばせるものではないことと同じであるからだ。

私は、東京生まれの東京育ちではあるが、生まれてまもないころ、戦争をよけて母の実家に数年間疎開していたことがある。そのときの記憶はほとんどなく、ただそののち小学生時代の夏休みは、かならず遊びに行っていたので、東京についでのふるさとということができよう。

当時の実家は、母の弟が唐傘屋《からかさや》を大きくやっていた。

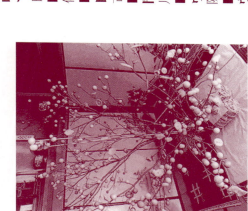

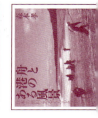

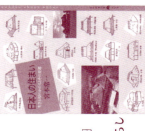

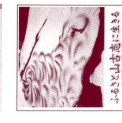

宮本常一没後30年記念出版

あるくみるきく双書通信

No. 1　2010年9月吉日

〒107-8668 東京都港区赤坂7-6-1
農山漁村文化協会（農文協）
ＴＥＬ03-3585-1141
ＦＡＸ03-3585-3668
http://www.ruralnet.or.jp

（価格はすべて税込み）

「自然は寂しい。しかし人の手が加わるとあたたかくなる。そのあたたかなものを求めて歩いてみよう」（宮本常一）

風景に刻まれた先人のいとなみや知恵を発見する、珠玉の紀行集

昭和40〜60年代に「旅する巨人」といわれた民俗学者、宮本常一に率いられ、高度経済成長で急速に姿を変えてゆく全国の農山漁村を、カメラを提げてひたすらに歩きつづけた若者たちがいました。

若者たちは、その旅で発見し学んだことを「あるくみるきく」という月刊雑誌に掲載し、20数年間で263冊発刊しました。

テングサを頭上運搬する伊豆大島の小路（本書より）

いずれも読みやすくわかりやすい文章に、歩いて撮影した二百数十枚の写真が織り込められ、読んでいくうちに筆者といっしょに歩いている気分になってきます。観光名所を巡る旅ではなく、風景に刻まれた先人のいとなみや知恵を発見する、珠玉の紀行集です。宮本常一は

「自然は寂しい。しかし人の手が加わるとあたたかくなる。そのあたたかなものを求めて歩いてみよう」といいました。読んでから、その地を訪れて自分の足で歩いてみれば、さらに新しい何かを

岩瀬町の農家の入口

祖父母も健在で、活気にあふれていた。屋敷の前の桑畑の地面には、竹の支柱が幾筋もたてられ、そこに紙を貼ったばかりの唐傘が、羽をひろげたアゲハチョウのように展いて干されていた。陽がかげってくると、そこには黄色と黒のダンダラ縞のあるオニヤンマが飛来し一定の領域を低空飛行していた。

　近所の同年ぐらいの男の子に案内されて、一日中遊びまわっていた私は、帰ってくると、台所の井戸から冷たい水をくみ、頭からザーッとかぶって、縁側でオヤツをもらう。あちこちにならべられた唐傘の材料の竹のにおいが家中にしみこみ、それと傘紙を貼るノリの正麩《しょうふ》や甕の柿渋もくわわって、なんともいいようのない雰囲気であったのをおぼえている。

　実家の家業不振は、意外にはやくおしよせてきた。その原因は竹にかわって鉄の骨、紙にかわって布を張ったコウモリ傘の出現であった。はじめのうちは、輸出用の瀟洒な蛇《じゃの》目《め》傘《がさ》などでもちこたえていたが、それもながつづきせず、あっというまに経営は火の車となってしまった。賃金がとどこおりがちで職人はやめていき、家屋や道具は借金のかたになり、高利貸しは返済を期待できないと思ったのか、東京の私の家までおしかけてきた。そして、いつまでもねばる借金取りの前で、母はオドオドするのみだった。こんなことが数年にわたってつづいた。私には第二のふるさとである筑波が、うとましくなってきた。

　そうこうしているうちに、私は高校で受験勉強に忙しくなってきた。真壁の実家は、唐傘屋からほかの職に転業したことで、経済的にもいくぶん楽になり、母も出かけるのを心から楽しむようになった。もっとも、このころは前の屋敷をひきはらって、そばの物置きを改造したようなところに住んでいた。祖母はなくなり、祖父はこの土地が無尽蔵に産出するミカゲ石をハンマーでうちくだいて、道路補修用の敷き石をつくっていた。皆まずしかった。となりも、むかいの家もまずしかった。また建築ブーム、高度成長などというかけ声が発せられても、この土地を根こそぎゆさぶるにはいたっていなかった。皆どうやらその日その日を無事におくり、食事にことかくような家があれば、かならず近所のどこかの家で、皿やドンブリに惣菜を盛って、台所からそっととどけてくれた。貧困がおたがいの弱点をかばいあい、施しあうことで生きる勇気をもらたしていたのであろう。

祖父の思い出

　祖父がなくなったのは、私が大学に入ってからである。三月の風の強いころで、町はずれの火葬場まで、老人と

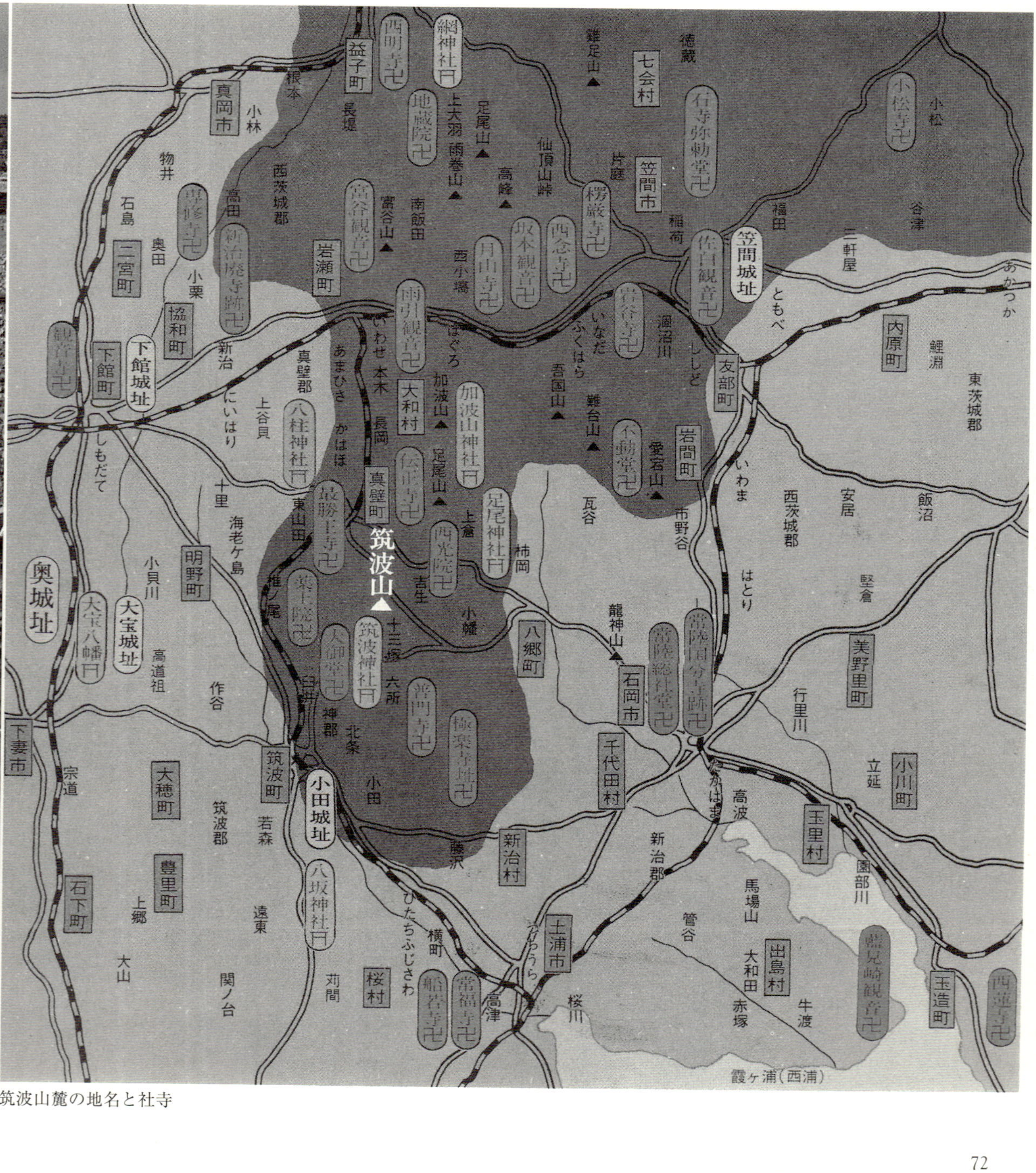
西明寺
網神社
益子町
根本
真岡市
小林
長堤
地蔵院
上大羽
足尾山
雨巻山
七会村
徳蔵
石寺弥勒堂
小松寺
小松
高峰
片庭
笠間市
楞厳寺
西念寺
坂本観音
月山寺
富谷観音
富谷山
南飯田
西小塙
岩瀬町
西茨城郡
高田
新治廃寺跡
専修寺
物井
石島
奥田
二宮町
小栗
協和町
観音寺
下館町
下館城址
新治
福田
稲荷
佐白観音
笠間城址
谷津
三軒屋
あかつか
ともべ
内原町
鯉淵
東茨城郡
友部町
しじど
涸沼川
岩谷寺
いなだ
ふくはら
雨引観音
いわせ
本木
はぐろ
あまひさ
真壁郡
大和村
加波山
加波山神社
吾国山
難台山
不動堂
岩間町
愛宕山
上谷貝
にいはり
しもだて
八柱神社
かばほ
長岡
足尾山
伝正寺
真壁町
足尾神社
上曽
十里
海老ケ島
東山田
最勝王寺
筑波山
西光院
柿岡
瓦谷
市野谷
いわま
西茨城郡
安居
飯沼
はとり
堅倉
小貝川
明野町
奥城址
大宝八幡
大宝城址
椎ノ尾
薬王院
吉生
小幡
龍神山
八郷町
常陸総社宮
常陸国分寺跡
石岡市
美野里町
大御堂
筑波神社
十三塚
六所
臼井
神郡
北条
普門寺
極楽寺跡
高道祖
作谷
行里川
下妻市
宗道
大穂町
筑波町
小田城址
小田
千代田村
高浜
高波
立延
小川町
筑波郡
若森
新治村
藤沢
新治郡
玉里村
園部川
豊里町
石下町
上郷
遠東
八坂神社
ひたちふじさわ
馬場山
管谷
大和田
出島村
土浦市
つちうら
横町
常福寺
桜村
刈間
関ノ台
大山
高津
桜川
赤塚
牛渡
玉造町
西蓮寺
霞ヶ浦(西浦)

筑波山麓の地名と社寺

稲を刈ったあとはもの寂しい。稲架の竿は夕暮れの色

孫たちは学校へ行って暇。陽だまりで話に花がさく。

犬がひく柩の車のあとを押して行った。麦畑の中にポッカリとトタン葺きの黒々とした火葬場があり、数時間待つあいだに遺体はみるかげもなく骨と灰と化してしまった。享年八十二歳であった。

祖父の母は、真壁の東北の笠間の藩士の娘であった。明治の廃藩置県で没落し、以後苦しい生活を送っていたようである。そのためか、この女性は結婚にもめぐまれず、あるとき上州（群馬県）あたりで絹の買い出しをする男性と一緒になり、祖父を生んでしばらくするとわかれてしまった。祖父は、渡世人同様の父のもとで育つわけがなく、養子に出され、あちらこちらを点々と働いてまわった。筑波山麓には農業と石材切り出し・加工業をのぞいてほとんど産業がなかったからである。それはいまだに変っていない。そうした祖父のことを、母が「むかしは、三味線などをかかえてあるいて、お金をもらうメクラの瞽女《ごぜ》さまがいたんだけどもョ、ちょうど通りかかったとき、瞽女さまの手引きぐらいにはなるだろッテ、わたしのお父さんはあげられてしまったことがあるんダヨ」と茨城方言のイントネーションをまじえ、ある日突然おしえてくれたのに、びっくりさせられたことがある。

私の筑波山麓での生活は、この祖父にいろいろおしえてもらったことが多い。唐傘屋だったころ、つくりたての熱い正麩に砂糖をまぜて食べさせてくれた。それはクズ餅にて、素朴な味がした。また、竹材はいくらでもあったので、円い竹筒を利用した水鉄砲、竹トンボ、弓矢などなんでもござれであった。ただ、一緒に遊びに行くのには不自由をした。それは、この祖父が両膝下を鉄道事故で切断し歩くのに松葉杖を必要とし、子供の私のほうがはるかに足がはやかったからである。

祖父と一緒に行かなかったところは、平地は、川だけである。川には私の最大の楽しみがあった。東北の雪頭巾のような形の、竹であんだドジョウ網が遊び道具である。それにカイダシ棒なるものを持って、近所の小川に出かけた。この遊びは、二人の人手を必要とする。一人が上流からカイダシ棒で川の両すみを突いてまわり、もう一人がその下でこのドジョウ網を操作するのである。私と兄とがこのよいコンビをなした。とれる獲物は、ドジョウ、ヤツメウナギ、ギンギョ、ダボ、川エビと通称するもので、たまに腹ヒレが七色に輝くヤマベがとれることもある。そうしたときには、精神がピンとはりつめて、これから数匹そうしたものが獲れるにちがい

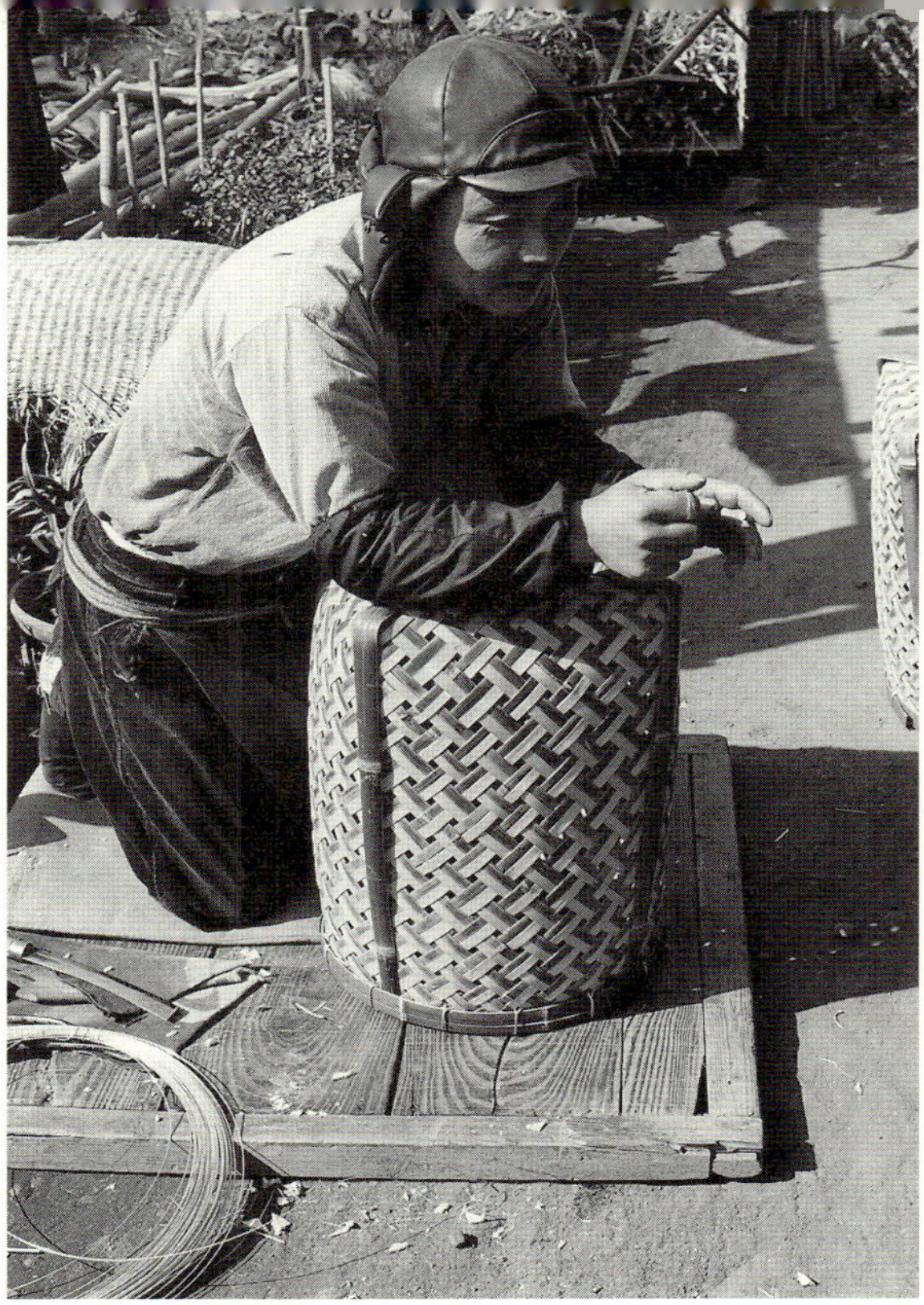

もうすぐお昼。竹籠をあむ手を休めて話に加わる。

ないという妙な予感みたいなものが胸に働いた。

ヤツメウナギだけはきらいだった。つかまえると、頭のところの鰓孔《えらあな》が手のひらにすいついて、気味が悪かった。そのせいか、高校の生物の時間に、これとメクラウナギが〝円口類〟であるという分類もすぐに暗記してしまった。

川の獲物のうちで祖父がよろこんだのは、川エビである。頭部の方をちょいとひきちぎり、すばやく口の中にほおりこむ。そのあと入れ歯をカラリカラリと口中で回転させる。このカラリという音は、今でも忘れられない。

私は、祖父の葬式も終って、ほっとしたところで、イトコといっしょに椎尾《しいお》の〝お薬師さま（薬王院）〟に出かけた。なぜこのとき、お薬師さまに出かける気になったのか思い出せない。たぶん、母が幼いころ、手を引かれて、この寺の池にタニシをはなし、「どうかこの悪い眼をなおしてください」と祈願したことがあるとはなしてくれたからであろう。また、おそらくは、母が生まれ育った筑波山麓を自由に歩いてみたいと思ったからであるかもしれない。それにもまして、母の生きてきたあかしとなるようなものが少ないわが家にとって、いまのうちに、母のことを私が書きとめておきたいと、ひそかに考えはじめたからである。

椎尾山薬王院

関東鉄道の紫尾駅までは、真壁から二つ目で、一輌で走るガソリンカーにゆられていくと、ものの一〇分とかからない。いつも真壁に来るときは、土浦からこのオモチャのような電車に乗る。車窓は木枠で、どんなに車内を掃除しても、ガラス窓のすみによごれがこびりついて、おまけに年代物のガラスを使用しているので、外の景色がゆがんでみえる。そんなガラスをとおして、うつりゆく景色は、旅の心をうきたたせるはずなのに、このときばかりは景色もぼんやりして、わけもわからぬくやしさにおそわれた。

椎尾の町は、すすけた角柱形のレンガの煙突があちこちに立っている。どこにも広い庭に、型でいぬいた植木鉢が陽にほしてあり、風が冷たいせいか、人びとは家の中にひきこもっていた。小学校の校庭には、子供たちがつくったセメントの大きな動物がならび、道路に枝をはりだした柳は、まだ春のけはいを感じていないようであった。

このあたりは、霞ヶ浦よりとはちがって、水田は少なく、桑・タバコ・麦・豆などをつくる畑が、ここそこにゆるやかな起伏をもってつらなっている。山麓にもひっそりと家がよりあい、タバコ乾燥小屋の白い土壁がくっきりと眼にしみる。畑のすみの墓地には、野辺おくりをすませた花輪や殯《もがり》の葬具がうちひしがれ、砂利道をあゆむ私の足どりは重かった。

お薬師さまは、母がいうとおり、本堂のそばに池があり、まん中に弁天さまがまつられていた。往時は、坂東三十三ヶ所の雨引観音（楽法寺）と大御堂《おおみどう》（知足院中禅寺）のなかほどに位置するところから、巡礼者がたちよるところでもあった。また、境内の少し奥のほうには、六地蔵と六観音の石仏がむかいあって、これより筑波山へまいる西の登山口をもなしていた。しかし、この道は筑波新登山路が通じるや、ほとんど利用するものはなく、ただ、土地の人びとが山仕事をするのに、ほそぼそと使用する以外は、シーンと静寂をたもっている。

椎尾は植木鉢づくりがさかん。庭に鉢の模様ができる。

筑波の中復からつたわってきた流れは、この寺の山門の石段のところで沢となり、丸太をくりぬいた樋から勢いよく水が飛散していた。

瑠璃光薬師《るりこうやくし》をまつるこの薬王院は、当時、毎月八日が〝薬師さまの日〟で、近在の信仰を集め、家族のうちでだれかが病気やケガをしていると、近所の石屋に薬師の小石仏をつくってもらい、それに衣をきせてこの本堂の軒下に安置していった。それらは、雨風で顔や衣紋がすっかり磨滅してしまい、H・ムーアばりの彫刻になっていた。

もはや八日の薬師さまの日には、ほとんど訪れる人がなくなった。とはいえ、やはり信仰者はいた。本堂の賽銭箱の前の格子戸に、サラシの布きれがしばられ、そこに「めめめめめ……」とびっしりヒラガナが書かれてあった。みなこの格子戸の奥にある瑠璃光薬師と因達羅大《いんだらたい》将《しょう》に、眼病がはやくなおるよう願をかけたしるしなのである。

椎尾山薬王院の瑠璃光薬師如来像

こうした素朴な信仰心は、現在五〇歳、六〇歳以上の人で、幼いころ貧困のうちに育ったものならだれにでもつちかわれているのであろう。素朴というコトバは、貧しいなかで毎日を必死に生きてき、自己の欲望を物質的な圧力から芽を出さずじまいにすまされてきた人びとにあたえられる代名詞でもあろう。そこには完結した精神の世界があり、素直に他力本願をかける信仰心が生き、なによりも論理では説得できない心情的紐帯があった。そうしたところからするなら、紐帯を切られて東京住まいとなった母のような田舎そだちの人間は、不幸といえよう。

私が本業のかたわら仏像の調査をするようになり、前後三回この寺を訪れ、カメラを二台ぶらさげ、よごれた衣類をリュックの中につめこんで帰るのを、一番よろこんでくれたのは母であった。「今度は、どっちまで出かけてきたんだ?」という質問がまずとびだす。私は、歩いた道筋を追って、旅日記を口から語っていく。「タラボ(タラの木)は、もう芽の時期が終って、トゲがひどくって……」などというと、「あれはね、根が糖尿病のクスリになるんだッテョ」と、私の話の中から故郷のにおいを吸収していくのである。

薬王院の御本尊を拝見したことをはなしてあげたら、母は眼をまるくして、「まあ、よく拝むことができたネェ」とびっくりしていた。

瑠璃光薬師は焼損がひどく、両腕がもげ、その折れた腕口より中型《なかご》に使った砂と針金が露出していた。台座も別の仏像のものを用い、この像には大きすぎて、はみ出た台座に、当初の像をとめた枘口《ほぞぐち》の切れこみがみえた。像容は童顔で、なによりも頭髪の処理のしかたが、不細工ながら嵯峨清涼寺の釈迦像のようで、愛すべき地方仏であると思った。おそらくは正徳三年(一七一三)の火災でこのようなことになったのであろう。それ以前のこの寺は、椎尾山に堂塔のたちならぶ大寺であった。畑に〝経堂〟という地名も残っており、すぐ北の東山田の最勝王寺と同名の棟札が、この本尊のうしろにたてかけられてあった。現在の最勝王寺には、桓武天皇の勅願寺という伝承がされている。薬王院は、宋版の大蔵経が保存されてあり、関東で国家安泰を祈る寺院と考えるなら、平安時代に流行した最勝講と結びつき、最勝王寺が薬王院の旧名とも考えられる。そして、現在の大蔵経は、火災の時かりに東山田に疎開されたものかもしれない。

『常陸国《ひたちのくに》風《ふ》土《ど》記《き》』の世界から

筑波の風土が古いのだなと実感したのは、寺や神社の縁起からではなかった。母のはなしをとおしても、せいぜい幕末の天狗党の話や、明治十七年におきた自由民権運動の加波山事件ぐらいの、百年ほどむかしの筑波である。筑波山神社の神さまが、イザナギ、イザナミの二神であるのは、どこの神社でもありふれたことで、私にはピンとこなかった。

古いと感じたのは、『常陸国風土記』を読んでいたときである。そのなかに、「香島の神子《みこ》の社《やしろ》あり。社の周《めぐり》の山野は地沃《こえ》て、柴《くぬぎ》・椎・栗・竹・茅《ち》の類、多《さや》に生へり」(行方郡《なめかたのこおり》)、「夜刀の神、地の辺の椎株に昇り集まり、時

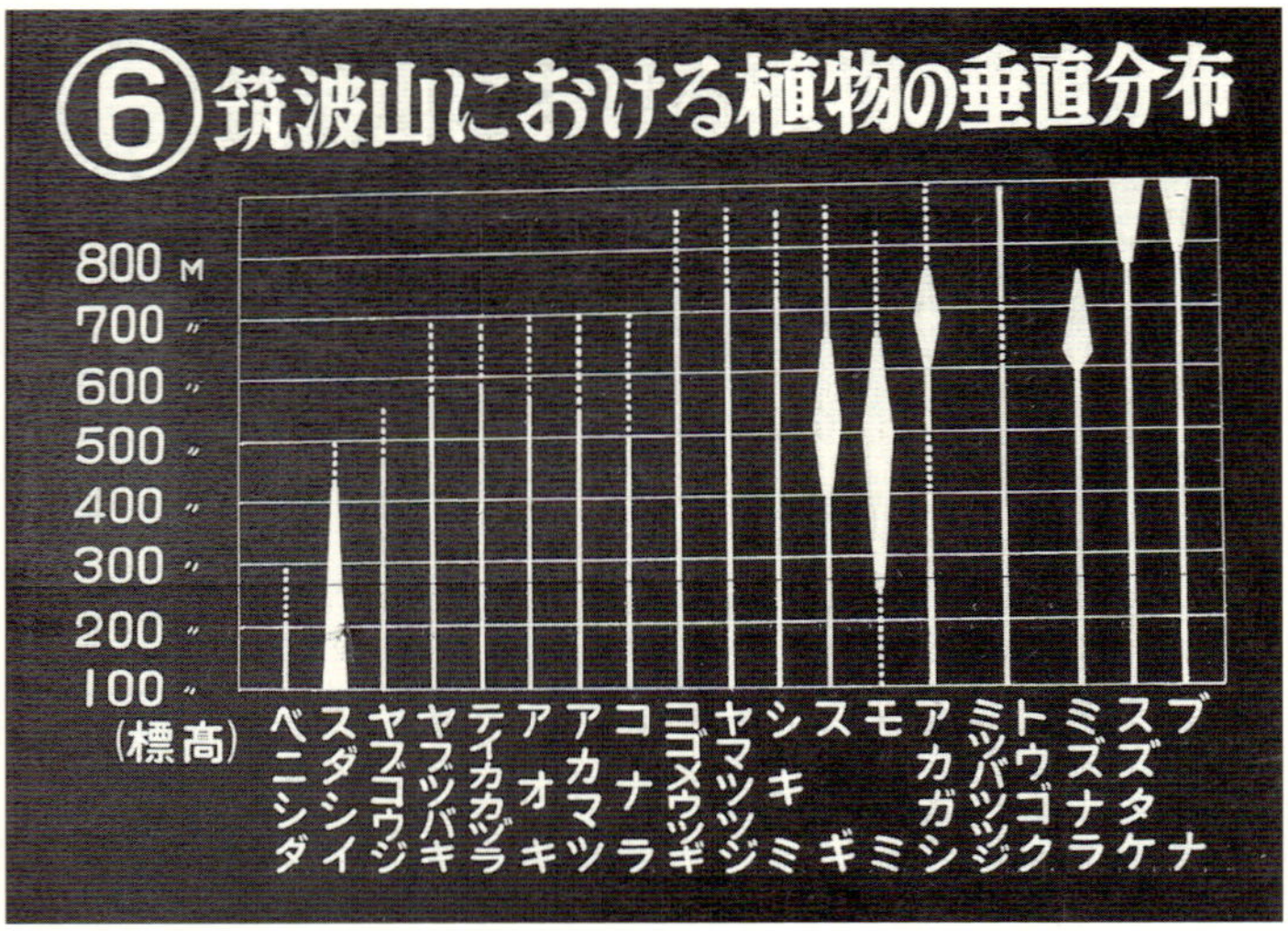

男体山の植物分布（現地の掲示板より）

を経れども去らず」（同）、「松の林自らに生い、椎・柴交雑《まじ》り、既に山野の如し」（香島郡）、「椎・櫟《いちい》・榧《かえ》・栗生ひ、鹿・猪住めり」（久慈郡）というように、椎の木のことがあちらこちらに書かれていた。

照葉樹である椎の巨木は、一様に山麓の古寺、神社にはえていた。神域の植物は、人間の手で伐採されるのをまぬがれてきたからである。東筑波の火伏せの神をまつった愛宕山《あたごさん》の長い急な石段の両脇などは、見事な椎の参道である。薬王院の椎は、根もとが大人で二かかえもある大きなもので、枝葉が境内を覆うように繁茂し、真夏の炎熱地獄をよける格好の樹蔭を提供してくれる。

巨木を通じて、私は『常陸国風土記』の世界に遊ぶことができた。この書に出てくる椎と現在地に根をおろしている椎とが、同一であると思った。現在の巨木は、幾星霜の時間の流れを静観してきた歴史の証人でもある。

風土記には、朝廷にまつろわぬ土蜘《つちぐ》蛛《も》、八握脛《やつかはぎ》、それに夜刀《やつ》の神などの魑魅《ちみ》魍魎《もうりょう》の跋扈する世界があった。地名だけをとっても、大和朝廷の関東開拓は、香島・香取を関門とした霞ヶ浦東部で、奈良時代になって、現在の石岡市に国府・国分二寺がおかれ、どうやら常陸の中心か内陸部にうつった。それでも、陸路よりもこのあたりの水路を利用した船便が活躍し、国府の玄関は、恋瀬川の河口の高浜であった。陸路も筑波西麓は幹線とならず、駅路は榎浦《えのうら》（竜ヶ崎市馴馬）から国府をへ、安侯駅《あごえき》（岩間町安居）につうじ、これより北は勿来《なこそ》の関へ、西が下館《しもだて》をへて下野《しもつけ》（栃木の小山《おやま》や宇都宮方面）に達していた。

奈良朝廷は、多くの帰化人の手によって拓かれた関東地方と、それより北の陸奥に興味をもっていた。富士山よりも、みわたすかぎり視野がきく関東平野にポツリとさえぎる筑波山に親しみを感じていた。

国郡《くにこほり》の旧事《ふるごと》を問ふに
古老《ふるおきな》の答へていへらく
古《いにしへ》は、相模の国足柄
岳坂《やまさか》より東の
諸《もろもろ》の県《あがた》は
惣《す》べて我姫《あづま》の国と称《い》ひき

風土記の巻頭よりときおこすこのことばは、スタンザをかえてつぶやくと、おのずから叙事詩となり、東国を〝我姫〟とあてたところに、かぎりないロマンティシズムを感じさせる。編者は、筑波の歌垣《うたがき》をまぢかに見た万葉歌人の高橋虫麻呂《たかはしのむしまろ》だといわれる。

大宮人《おおみやびと》のあこがれは健在なものであった。開拓の最前線は陸奥にうつり、筑波山麓には、フロンティアではなくなり、楽土とみたてるほど余裕がでてきた。見えぬ筑波を遥拝し、山の紅葉をめずる歌などをよんでいた。しかし、この地の庶民は、あいかわらず苦しかった。男は防人《さきもり》として出征しなければならなかった。妻は、野のかなたに良人の姿がみえなくなるまで立ちすくんでいた。それは、母が私たちおさな子をかかえて、この地でひたすら南方戦線にまわされた父を待ちわびていたのと同じ心境であったろう。

節分の夜は子どもたちの楽しいひととき。筑波山神社

　筑波山麓は、こうして一見平和な世界がつづいた。文化の中心が石岡と下野の国府に展開したので、山麓は記録に残ることは少なく、親王に代わって統治する平将門のような人間が、荘園づくりにおわれていた。

あたらしい変化

　六月になるとむせかえるほどの栗の花のにおいがただよう。はじめバスに乗っていて、この官能にチクリと刺激をあたえるにおいが、なんであるかわからないでいた。それは石岡から柿岡にむかう道中のできごとであった。

　柿岡から徒歩で上曽《うわそ》にむかう途中、その原因が栗の花であることがわかった。房状に咲く白い花を手のひらにとって鼻にちかづけてみると、それは過去に経験したことのない、あくの強い、一生忘れることのできないにおいを発散させていた。

　栗は筑波の山麓に新しく植えはじめられた農家の副業である。たとえ栗の花がみえなくとも、風下にたてば、いやがおうでもそのにおいの洗礼をうけることになった。

　上曽は、真壁のま東にあたる。あいだに足尾峠《あしお》がある。峠は、上曽の人びとから〝上曽峠〟とよばれ、真壁の人びとから〝足尾峠〟とよばれている。それぞれの土地の人びとは、自家用車をもつまでは、峠をこえて他地にでかけることはめったになかった。とくに一家の主婦は、

堂々とした長屋門をかまえた笠間地方の民家

たった標高三百メートルの峠が、異国の境となって、彼方になにがあるかわからない場合がおおかった。もちろん、母もこの峠をこえたことがなかった。

上曽には、足尾神社がある。コンピラさまが海路安全の神様なら、この名の神社は陸路安全を保障する神様である。むかしは、ここを旅人が行きかった。旅館をやっていた家が二軒残っているし、また海よりもたらされた魚塩は、この上曽でひきつがれ、峠をこえていく。そのために、ここには、〝魚問屋〟〝馬問屋〟などという屋号を残した家がある。

民家は、ほとんどがカヤ葺きで、長屋門をそなえたものも数軒ある。長屋門の流行は、笠間藩内でおこったもので、笠間の古農からきかされたところによると、藩主が外来者に、当地がゆたかであるようにみせるため奨励したのだといわれる。

豪華な長屋門は、笠間地方に集中し、それと類似したものが、筑波の東西両麓に分布する。門の両わきには、ほとんどが農具置場か穀物倉庫になっており、これをくぐると、正面に母屋がある。なかには、内庭に隠居家をそなえたところもある。

足尾峠への道は、うねうねとつづき、二〇分おきぐらいにたちどまって、うしろをふりかえった。山ひだのところは杉の植林で緑が濃く、それ以外のところは、クヌギや赤松が無雑作にはえた雑木林である。下の集落は、欅《けやき》の屋敷林でかこまれた家が多い。

私は、筑波山麓を歩いていて、なにが美しかったかと問われたら、即座に〝欅の屋敷林〟とこたえるであろう。

かっては、東京の武蔵野が文人によろこばれていたが、いまではみるかげもない。

欅が一番美を誇る季節は、葉がすっかり落ちて、空気が透明になった冬である。梢がいくつも分岐し、それが青い空を背景とするのだから、どんな豪華な絵にもひけをとらない。以前、東京の上野公園で、台風が接近しつつあるとき、強い風で幹から末端の小枝までざわついているのを、あかずながめていたことがある。それは、一本の樹が蠕動《ぜんどう》運動をして、一匹の生物と化したようでもあった。このとき、欅の枝の組みあわせがかくも美しいものであるのかを認識した。

峠をこえてすこしくだったところに、水神をまつった石碑がある。ふもとの伝正寺《でんしょうじ》ふきんの家では、ここから流れる沢水を飲料水としていた時期があった。下の茶店で冷たい飲みものでノドをうるおしていたとき、店の奥さんがこのことを教えてくれた。

彼女は、真壁町からここにとついできたばかりは、この水を飲むのがいやで、実家になんども逃げ帰ったことがあり、旦那にたのんでようやく井戸をこしらえてもらったとのことである。さかんに飲んでいけとすすめるので、一ぱいごちそうになった。清冽な味がした。

現在では、真壁町の飲料水は、ほとんどが井戸にかわって簡易水道になっている。建築ブームで、この山麓一帯の石職人が活況をていし、大手の石材メーカーが工場を建て、人手を集め、家屋がふえだし、地下水が汚染されはじめたからである。

人口の増加は、いろいろな変化をもたらしはじめた。過去の貧困によって緊密な相互扶助をおこなう精神はくずれはじめた。母の弟が肝硬変でなくなったときの葬式は、その変貌をまのあたりにおしえてくれた。

そのとき、私は葬儀におくれて出席した。ここには、葬式の事務一切のことを親族が関与しないという習慣がある。それはそれでよいのだが、役員の控室では、事務の日当を出す出さないで一悶着の最中であった。三人の僧が読経をやっているなかで、その会話がえんえんとつづいた。

けっきょく、日当は出すことになった。いわゆる近代化なるものが、人間の精神をかえはじめたのである。葬式は祖父のときより盛大におこなわれた。式が終ったあとでも、四、五日はその余韻をたもって、家族のものは憩むひまもなかった。

私は、このことを思いおこすたびに、一つの面識関係にある小社会の中で、貧困がおたがいをはげまし、助けあう唯一の要因なのであろうかと反問してみる。人口の増加と収入の増大の隔差が、これらの社会構造をこわしたのであろうか。アユは、一定数内であるとナワバリをめぐらすが、それ以上にふえると、ナワバリは解消するという。人間社会でも、そうしたことが突然おこりうるのだろうか？　また、きだみのる氏が山間の部落で長年かけて人間社会の特性を観察してきたように、人間社会においては、それぞれの要因は潜在し、外的な変化に対応して、それぞれの特性が助長されるのであろうか？

現実に直面して、私の第二の〝ふるさと〟のイメージは、新たなる肉づけを開始しはじめた。

筑波山麓には石屋が多い。稲田の花崗岩を稲田石という。

つくばミカゲの話

真壁の北の長岡に、母の姉がいて石屋をいとなんでいる。オジのほうは、よく東京に来て、私にたまには長岡へ遊びに来いと声をかけてくれる。若いときから加波山で採石をし、ときどき岩のころがしかたが悪くて、手足に大ケガなどをしている。

加波山でとれるミカゲ石（花崗岩）を〝つくばミカゲ〟とよんでいる。笠間の〝稲田石《いなだいし》〟とならんで有名である。

加波山は、ふるくより石を切り出したため、となりの筑波山とくらべてみると、採石あとのデコボコで満身創痍《まんしんそうい》の山である。山頂に加波山神社があり、夏はユースホステルとして繁昌している。

私は、どちらかというと、筑波山よりもこの加波山のほうが、祭礼の山としての風格をよりそなえているようで好きである。古代においては、筑波山は双峰の女体山・男体山を男女神としてあがめていたのだろうけれど、いつ行っても人気のすくない加波山は、神山としての雰囲気をよくたもっている。

山頂の巨大な岩の根もとには、いつ捧げられたのかわからない短い篠竹に、白い小さな紙をまきつけた幣《ぬさ》が、たくさん地面にさされ、現在にまで生きつづける祭祀遺跡として興味がもたれる。

いつだったか、この山頂に自衛隊機が墜落して、搭乗員がなくなったことがある。そのころイトコの案内で、この山頂を登った。イトコは、水のジクジクしみ出たところの石をめくって、十センチほどのサンショウウオを数匹つかまえてみせてくれた。このあたりの山の中復には、こうしたサンショウウオがどこでも生息しているのである。

二度目、三度目は、筑波山のほうから縦走して来た。真夏の山歩きは、汗かきの私にとって難業だが、十月に出かけたときは、涼風と青空とで気分は爽快であった。夜来の強い風で、一夜のうちに道一面に打ちおとされたドングリが、登山靴の下で、パキッ、パキッと音をたてた。雑木の枝でおおわれた登山道は、いたるところに蜘蛛が巣をかけ、歩いていた私は、すべての巣にひっかかり、顔中に糸がまつわりついてきみがわるかった。

一本杉のところで、陽は傾き、これから山に登るか登るまいかで躊躇したが、はるか上のほうより、親子づれが下山しようとしているのをみて、おもいきって登ることにした。

薄明の空にカラスが群飛し、その下に巨大な岩がポッカリと姿をみせているので、ダリが描きそうなモチーフだなと思った。自衛隊機の墜ちたところは、以前とはまったく変わり、樹が大きくなり、慰霊碑がなければ気がつかないほどである。気温が下ってくると、疲労した脚は、ときどき痙攣をおこし、祭祀の大岩にとりかこまれた道に出ると、さすがに心細くなった。下界の家々でともす灯が、暗い海でいっせいに漁をしている漁火《いさりび》にもみえて、日中うごめいていた人びとが、これから眠りにつくのかと思うと、不思議なほどなつかしいものを感じた。

オジたちは、毎日この山頂ちかくまでトラックでやって来、石を切り出す。加工はやっていないので、年々採石場が高いところに移動しているようである。

石材の加工は、建築用材が最も多く、それについで石燈籠や墓石が多い。真壁での私のおさなじみM君は、どういうわけか石仏を彫るのに興味をもって、毎日せまい仕事場で観音さまや地蔵さまを彫っている。

仕事場のタナにはふにあいな豪華な日本美術全集がならび、客の注文に応じて、これらの美術全集を参考にするのだという。かたすみには、奈良の十輪院の観音とそっくりのものが、できかけで放置してあった。

M君とは、十年あまりも話をする機会がなかった。彼の家は、私が知るかぎりでは、やはりくらしむきはよくなかった。父親は、石屋にかならずつきまとう硅肺病《けいはいびょう》という、花崗岩の粉末を肺にすいこんでなる職業病にはやくからかかっていた。当時、防塵器具などつけないで長

筑波山を西にくだると椎尾山薬王院に出る。

年仕事に従事するあいだに、多くの石職人はこの病気にかかっていた。一見頑健そうにみえても、休息が必要であり、そのため、石屋の子供は、中学校へかようころからノミとハンマーをもって、仕事を手助けしていた。

彼のつくる石仏は評判がよく、遠く宮城県あたりからも注文がくるそうである。彼とひさしぶりにことばをかわして、あれこれ石仏についてたずねたが、おさないころ遊びまわったあの親しさはうせ、おたがいに話がとどこおりがちで、あらためて十数年の歳月の重さを感じとった。それは魯迅の短篇集で読んだことがある、貧農のおさな友だちとの再会話にもにて、けっきょく遠い想い出は、夢幻の世界でしかありえぬことをさとらされた。

時朝《ときとも》の六仏

十月も末になると、私の両親はつれだって、笠間の玄勝院に墓参りに出かける。十月に出かけるのは、笠間稲荷の菊もみられるからである。菊は母のすきな花でもある。二人が笠間から帰ってくると、墓参の話はさておき、まず笠間稲荷の菊の賞賛からはじまる。笠間はお稲荷さんを中心とする門前町であり、笠間城をかこむ小城下町でもある。瓦屋根、トタン屋根にまじって、まだカヤ葺きの民家を残すよき地方都市である。産業としてほこるのは、益子《ましこ》に技術を伝えた笠間焼があり、江戸から明治にかけて、すばらしい焼酎甕を生みだしている。現在の雑器は民芸調が濃く、郷土色にうえた都会人の好みに迎合しているようで感心しない。

この地方は、中世以来、中央と下野とを結ぶ重要地点であったため、異色の地方文化の華を咲かせた。〃時朝の六仏〃もその一つである。六仏といっても、現在六体の仏像があるわけでなく、笠間地方の入口に膾炙《かいしゃ》した伝承である。けれども、その伝承は信憑性があり、現在三体の時朝仏が笠間城をとりまくようにして分布しているのがおもしろい。

笠間稲荷神社

笠間時朝（一二〇四〜六五）の姓は、もと宇都宮氏であった。父は時業《ときなり》で、はやくから鎌倉幕府の御家人として中央と交渉をもっていた。宇都宮氏は、中世の笠間地方の争乱で、ここの僧兵が援助を求めたのを口実に勢力をのばし、笠間氏をうちたてたのであった。時朝は、宇都宮氏勢力の東口を守護する任にあたっていた。

時朝の中央文化崇拝には、なみなみならぬものがある。たとえば、建長四年（一二五二）京都の三十三間堂が焼けて、再建のときには鎌倉方からただ一人の結縁者として、二体の千手観音をおさめているし、同七年には、鹿島神宮に宋版一切経を奉納しているからである。さらには、東国に布教活動の基盤をうつした親鸞にも、なんらかの形で援助をあたえたと思われる。

現存三体の時朝仏は、来栖《くるす》の岩《いわ》谷寺《やでら》薬師如来立像、片庭《かたにわ》の楞厳寺《りょうごんじ》千手観音立像、石寺《いしでら》の弥勒堂の弥勒如来立像である。どれも二メートルちかくもあり、玉眼がするどく、彫技も力みなぎり、鎌倉地方在住の専門仏師が腕をふるったのであろう。楞厳寺の千手観音は衣紋が自由奔放で、武士社会の勃興をまざまざとものがたってくれる。

赤松のツンとかおる岩谷寺の薬師もよかったが、それよりもこの寺のもう二体の薬師坐像に感嘆した。京都あたりでは通常の作として重要視されはしないであろうが、本尊の薬師のほうは、藤原の余香をのこした見事な飛天光背をそなえており、頂上の大日にむかって八人の童子が、しなやかな姿態をあおぐようにさしむけているのが、あざやかに透き彫りになっていた。

石寺の弥勒堂には、いまにも雪が降りそうな雲ゆきの午後についた。メガネを鼻にひっかけて、手拭いでほおかむりしたおじいさんが堂をあけてくれた。この像は、明治の排仏毀釈で捨てられたのを、そばの山伏がひろいあげ、最近この収蔵庫兼弥勒堂に安置されたとのことである。堂が竹ヤブの中にあって、空が暗いところから、

岩谷寺の薬師如来像。笠間時朝は等身大の仏像を多く彫らせたという。

異形の人がたちはだかっているようで、うす気味悪かった。修理の際の胎内銘をみせてもらうと、そこには〝寿命〟ということばが記され、時朝一族の繁栄を祈ってつくられたことがわかる。

時朝は、笠間氏と改称してからも、それ以前の藤原姓をなのるが、それは平安文化の継承者としての誇りもあったからであろう。一門の和歌集『新和歌集』には、五十首あまりの彼の和歌がのせられており、その中に浄意法師との問答歌がある。それは「藤原時朝あまたつくりたてまつりたる等身の泥仏をおかみ奉りて」ということばがきにはじまって、

君が身にひとしききときし仏にぞ
心のたけもあらはれにける

という法師の問い歌に、時朝は

心より心をつくるほとけにて
我が身のたけをつくられぬるかな

と返している。仏像の丈と心のたけ（真心）とをかけたことばにしたこの歌より、私は時朝の肉声をきくおもいがした。やはり〝時朝の六仏〟はあったのであろう。

その晩、鍵をあずかるM氏宅に泊めてもらった。M氏がかたるには、残りの三体の仏像は、石寺の北の徳蔵《とくぞう》の徳蔵寺、東南の福田の不動堂、それに市街のドンリュウ様がそうであったという。いずれも火災でこの世にはない。そして、氏の祖父母の時代には、盆になるとこれらの六ケ所を〝六道まいり〟したという。私は、時朝が信仰深い武人であり、歌人であることをおもうと、地獄の六道を知ってこれらの仏像を刻ませたのではないかと、寝床の中で考えた。広い座敷に寝ているのは私一人。神ダナのお札は、幾年ものほこりをかぶりすすけて、電灯を消すとすいこまれる闇であった。

山麓の仏教文化

つい先日、長岡の従妹が、生まれたばかりの赤ちゃん

時朝が彫らせたと伝えられる楞厳寺の千手観音像。
粗末な板張りの厨子に納まっている。

右の二躯の十一面観音は、右端が西光院（峰寺）、その左は小山寺（富谷観音）のものである。十一面観音信仰はインドで発生し、奈良後期ころにわが国にはいってきた。民衆の願いをかなえてくれる仏像として信仰が広まり、その像は小高い山の頂や山麓に安置された。小山寺の十一面観音の顔には丸ノミのあとがあり、俗にいう鉈彫りの像である。
左の二躯は天台宗の古刹である月山寺の仏像で、左端は天部像、その右は菩薩像である。藤原時代のカヤ材一木造りとされる。両腕が欠損している。

をだいて、私の家に遊びに来た。いまは、雨引の長屋門のある家に住んでおり、この子供をみごもったとき、雨引観音に腹帯をもらいに行ったとのことである。

雨引観音は、正式には〝雨引山楽法寺《あめひきやまらくほうじ》〟という。真言宗の古刹で、もともとは安産の神さまというより、読んで字のごとく〝雨乞い祈祷〟をするところであったらしい。この近所では「雨引観音でお札をうける」ということが、懐妊の代名詞となっている。ここには関東にもめずらしい弘仁時代（八一〇～八二四）の八臂一木造りの観音がある。秘仏なので四月五、六日の〝マダラ鬼神祭〟のほかは、新造の収蔵庫におさめられ公開されていない。見た人の話によると、胸にきらびやかな瓔珞《ようらく》をつけ、口唇にうっすらと朱のさしこんだ像とのことである。この仏像の前でくりひろげられるマダラ鬼神祭は、雨乞い祭が定形化した農耕豊穣を祈願する祭でもある。京都の広隆寺にも同名の祭があるから、少くとも平安時代以来の伝統をもつのであろう。

筑波山麓で注目すべき観音は、これ以外に二つある。一つは、これより北の岩瀬町《いわせまち》にある富谷《とみや》観音（小山寺）の十一面観音、もう一つは、東山麓八郷《やさと》町吉生《よしう》の峰寺《みねでら》（西光院）の十一面観音である。

富谷観音は像高一七七センチ、アサダ材一木造り坐像で、頂上仏面から化仏《けぶつ》まで共木で彫られている。丸ノミのあとが頭部、腹部にのこり、いわゆる鉈彫り像で藤原から鎌倉にかけての作で、当時の東国武士気質をよくものがたっている。腰はほっそりしていて、左右にぎこちなく張り出した膝部が異和感をあたえる。この像を調査した研究者のことばによると、膝部はカエデ材を使っており、かっては立像で、のちに坐像にしたのではないかと推測している。もともとここには寺はなく、観音堂のみがあって、時代をへるうちに堂が朽ちて、両ざらしになり、下半身をひどく損傷するはめになったのであろう。

峰寺の十一面観音は、とてつもなく大きい。収蔵庫は、二階家ほどあり、像高は五一五センチ。富谷観音と同期のころの作である。ハシゴを使って撮影した。寺は海抜三百メートルのところにあり、どうしてこんなに大きな像を安置できたかが不思議なくらいである。ズングリしていて、全体がコケシのようで、足のさきは大きな大株を形どった彫刻がほどこしてあり、いわゆる典型的な立木観音である。

寺の書類をみせてもらうと、この仏像は、同じ吉生の立木山長谷寺広照院に安置されていたものであった。いまは広照院はなく、ゆるやかな尾根の先端だけであるが、〝立木山〟の名はそのまま残っている。明治年間、立木の観音堂は荒れほうだいで、乞食がたくさん住みつき、村の人びとがそなえる餅や菓子を食べて生活していたという。それではいけないという村のとりきめで、数週間をついやして峰寺まで運びあげたのである。そのときの様子が「村人一同歓喜にたえない」などと仰々しくしたためられてあった。

筑波山麓の仏教文化には、大きくいって二つの流れがあった。第一の流れは、天台宗の徳一《とくいつ》法師の布教活動である。徳一は、奈良時代に道鏡をしりぞけようとして失敗した藤原仲麻呂（恵美押勝《えみのおしかつ》）の九番目の子と伝えられ、平安初期に関東から東北にかけて布教活動をした偉大な僧侶である。彼は、最澄と天台宗の教義に関して論争（〝三乗一乗権実の争い〟という）をし、論破したといわれる。彼の足跡を関東から東北にたどると、開山した寺は三十数ヶ所にのぼる。筑波山麓でも、大御堂・峰寺西光院・羽黒の月山寺《がっさんじ》・椎尾山薬王院などが関係しており、月山寺には徳一法師像まである。この像は、貞観仏で名高い会津の勝常寺所蔵のものとそっくりで、筑波山麓一帯が天台宗の教化の洗礼をうけたことはあきらかである。さらに、徳一法師のあとをおうように慈覚大師が布教活動をしているのは、天台の異端である徳一の足跡を消そうとした意図があったように思われる。この徳一の存在は、日本における天台宗確立に大きく貢献した。

第二の流れは、筑波山麓一帯が平将門《たいらのまさかど》の乱（九三五～九四〇）で混乱したあと、この地帯が中央で遥任する貴族・皇族にかわって、武士が抬頭してきたことに注意せねばならない。山麓の寺は、戦勝を祈願したり、一族の菩提をとむらう寺となっていった。富谷観音は結城《ゆうき》氏（以前は小山氏をなのる）の、西光院は八田氏の、笠間の佐白観音は笠間氏の、また中世の平城《ひらじろ》（館）の小田城趾で有名な小田には、極楽寺（現在は廃寺）があって、小田氏の庇護をそれぞれうけていた。

諸宗派の布教活動もさかんで、鎌倉期には、稲田の西念寺を中心に親鸞が真宗を、また奈良の西大寺（真言律宗）の叡尊《えいそん》の弟子忍性《にんしょう》などが、山麓の諸寺を中興している。もちろん禅宗も入っており、真壁の伝正寺で代表される。坂東三十三ヶ所は、当時盛行をみた西国三十三ヶ所にならい、こうした山麓の既成の諸寺を基盤として、巡路の中にくみ入れられ、鎌倉期より巡礼者が歩き始めるようになっていった。

　これに対応して、仏像にもそれぞれ特色が発揮された。奈良から平安にかけての仏像は、地方では専門の仏師が活躍することはまれで、国分寺の講師や、初期の天台・真言布教者が、それぞれ仏像を刻む技術者でもあった。雨引観音が弘仁仏であれ、それは中央の作とくらべて、やはり見劣りがする。藤原期の仏像でも、よほど財力と武力のある領主のもとでなければ、専門仏師はよべず、地方仏師の仏像でがまんしなければならなかった。笠間の時朝関係の仏像をのぞいて、山麓の仏像は、すべて無名の地方仏師の作である。富谷観音、西光院などの観音像は、中央の仏像とは無関係の、これから東北にかけての仏像の様式の展開をみていく上で重要な資料となりうる。

江戸時代に利用されていた筑波参道旧道

　鎌倉時代がすぎて、南北朝時代になると、小勢力の割拠で、山麓の寺々は兵火をこうむっていった。当時のわが国は、禅宗の勃興で仏像制作は全般にふるわず、鎌倉地方では、すぐれているのは覚園寺《かくおんじ》の薬師と十二神将ぐらいのものであった。筑波山麓では、椎尾山薬王院の薬師が、地方仏師の手で鋳造された。当時の仏像でこのあたりに現存するものは、これが代表的なものである。以後の仏教文化には、みるべきものはほとんどなく、江戸期には、江戸城の外部をとりかこむ、旗本領と化していった。

ムラサキの山

　筑波山では、旧暦の四月一日には、山の神が里宮に下り、旧暦十一月一日には、ふたたび山の神が山宮に帰還する。この春秋の〝お座《ざ》替《が》わり祭〟は、里人に変わらぬ四季の来訪も知らせ、収穫のよろこびをあたえている。しかし、それとはうらはらに、山頂は〝電波銀座〟といって、マイクロウェーブやアンテナが林立し、茶店でごったがえす繁華街である。江戸後期の『筑波名跡誌』をみても、男体山・女体山間の鞍部の御幸ヶ原には〝五軒茶屋〟があり、デンガクとダンゴを名物にしてにぎわっていた。また、神社のところは〝筑波六丁〟といって、旅人をなぐさめる女郎屋があって、神詣でをしたあとに、人びとは世俗の果報をぞんぶんにあじわった。筑波のもとの参道は、北条から神郡《かんごおり》をへ、この筑波六丁をすりぬ

男体山。神と科学が共生している。

けて一直線に神社に達する道であった。開通のおこりは、神社ととなりあわせの大御堂《おおみどう》(中禅寺)が江戸城の鬼門にあたるところから、家康の代より徳川家の庇護下にあり、三代将軍家光のとき、天海《てんかい》僧正の力もあずかって、北条から神社までほぼ直線の参道が開かれたのである。参道ぞいの神郡の普門寺《ふもんじ》には、江戸初期の銘をもつ宝《ほう》篋印塔《きょういんとう》があり、鉄眼《てつげん》版の一切経が所蔵されている。新道は、大正七年に関東鉄道の前身筑波鉄道が、土浦―筑波間を施線し(翌年土浦―岩瀬間全通)、登山口は筑波駅に移った。同十二年にケーブルが通ると、旧道は旅客に忘れられてしまったのである。

　私はこの旧道を歩いていて、古い土蔵造りの民家が多いことから、偶然にもこの道が江戸時代の筑波参道であることを知った。おしえてくれたのは、神郡のIさんであった。またその老夫人は「筑波をムラサキの山というのですよ」ということもいいそえてくれた。漢詩をひねる人は、〝紫山〟とでもするのであろう。そののち私はこのことばを反芻しながら、酒寄の桜川の堤から、筑波をあかずながめていたことがある。十月のはじめで、まだ紅葉にははやく、緑が凋落の色をみせそめるころであった。傾きかけた太陽は、地平線のかなたにぐんぐんとすいよせられ、下妻《しもづま》のほうは、点在する集落がぼかした墨絵のようになっていた。それに対応する筑波山の色の変化はすばらしかった。ムラサキでも、赤ムラサキから青ムラサキにいたるシーンを演出してくれた。五時ごろになると、いっせいに夕餉のしたくがはじまり、山ひだの家々から白煙が濃霧のようにたちのぼり、暮色の筑

死んだ猫を供養する猫又

田の神の小祠

路傍の石碑群

筑波参道の道標

波山が刈りとったあとの田の水面に映じていた。

筑波山は、紅葉のころ訪れる人が多い。しかし、冬枯れのころをめずる人が少ないのはどうしたことであろう。冬には、山頂周辺に群生するミズナラ、ブナがすっかり葉をおとし褐色となり、それより低いところにはえるアカマツ、スギ、モミなどの常緑樹と微妙なコントラストをなす。遠くからみると、男体山・女体山は、褐色のキャップをかぶったようで、空との輪郭も明快である。

私の筑波登山の回数は、あまりにも多すぎてかぞえることができない。小学生時代に登ったとき、あれほどたくさん咲いていたヤマユリやギボウシが、年々心ない人にむしられ少なくなってくるので失望させられてしまう。もし母もおさないころ山に登っていたら、ついさきごろの山行は、気分が晴れただけではすまされなかったろう。自然の本来の姿を知ったものには、人工の花園はぎごちなく、ものたりないであろう。自然の剛直さは、なによりも樹や花に剛直な生命をあたえる。母が〝ふるさと〟に帰って、いきいきとした表情をとりもどすのは、故郷で生きているあいだに吸収した生活の残滓に、剛直な風土が感応するからであろう。また幼友達のはなしの中から、同様のことを感じとるからであろう。

母にとっての〝ふるさと〟は、また消え失せたものに対する愛惜でもあった。毎年、真壁の知りあいの訃報を耳にする。そのたびに故郷が遠のくかとおもえば、そうではない。死者のイメージは、生者のイメージより強烈になる。死は、すべての俗なものを清め、聖なるものへと転化する。私には、ちかごろこのことがおぼろげながらわかるような気がする。

おもえば、私の筑波行は、母の眼をとおしたイメージと重なりあい、またあるときは、はみ出して勝手な方向へとさまよっていたようでもある。でも、旅をしてつくづくおもうことは、人間にゆたかな感受性をあたえるのは、衝撃的な事件とはべつに、無意識にみすごしてしまうようなごくささいなことが重要な働きをしてくれているようである。一個の人間が、幾星霜のあいだに体験したささいなことの累積は、とうてい他の人が充分に理解できるわけがない。母の筑波も、これからおりにふれて、私になにげなく口を開くことで、新たなることを気づかせてくれよう。

現在の筑波参道

歌《う》垣《たがき》

佐藤健一郎

むかし、東国の男や女たちは、春の花の咲く時、また秋の葉の黄ばむ頃などに、連れ立って筑波山の東の峰に登って、一緒に食事をしたり、歌をうたいあったりして楽しく遊んだという。

筑波山は、

――東の国に　高山は　多《さわ》にあれども　朋神《ふたかみ》の　貴き山の　並み立ちの　見が欲し山と　神代より　人の言ひ継ぎ　国見する　筑羽の山を――

と『万葉集』にもあるように、東国の代表的な山であった。あるいは、東国の人々にとっては、富士山よりも重要な山であったかもしれないのである。『常陸国風土記』が古老の話として伝える御祖《みおや》の尊《みこと》と筑波山についての物語は、東国の人々の筑波山に対する気持を示しているといえるであろう。

むかし、御祖の尊が諸国の神々のところをめぐり歩いていた時のことである。富士の山に宿をたのんだのだが、新嘗祭のための物忌みを理由にことわられてしまった。そこで、尊は筑波山へ登った。筑波の神は飲食をととのえて尊を迎え入れた。喜んだ御祖の尊は、

愛しきかも我が胤《すゑ》　たかきかも神つ宮
天地とひとしく　日月とともに　人民集《つど》ひ賀《ほ》ぎ　飲食富豊《ゆたけ》く　代々に絶ゆることなく　日に日にいや栄え　千秋萬歳に　遊楽つきじ

とうたったという。東国の人々にとって、豊かな稔りと遊楽とを約束した御祖の尊の筑波山でのこの言葉こそ、最も大切な、そして、その人々の日々を支えるものであったにちがいない。筑波山が人々の心のなかでこのような意味をもつ山としてあった以上、そこへ登って食事をし歌をうたいあうという先の行事が単なる遊びであったとは考えられない。それは、人々が常に願ってやまない豊穣と深く結びついた行事であったのではないだろうか。

ところで、このような行事は、筑波山だけで行われていたわけではなかった。『常陸国風土記』をみると、茨城郡高浜の浜辺・香島郡の童子女《うない》の松原・久慈郡山田の川岸・久慈郡密筑《みつき》の泉などでも同じようなつどいが開かれてる。常陸国のほかにも、摂津国雄伴郡の歌垣山・肥前国杵島郡の杵島山などで行われていたことが知られている。そして、これらのつどいは、ウタガキとかカガイとか呼ばれていたのであった。この呼称からみると、

男体山（左）と女体山

男女が歌をうたいあうところにこの行事の中心があったように考えられる。

『万葉集』に竹取の翁の話がある。春三月翁が山へ登って遠くをながめていると、美しい九人の娘に出会った。娘たちは、野の菜で吸物を作っていた。翁は娘たちにうたいかける。私だって美しく若い時もあったのだ、と。そして、

――　春さりて　野辺を廻れば　おもしろみ　われを思へか　さ野つ鳥来鳴き翔らふ　秋さりて　山辺を行けば　懐しと　われを思へか　天雲も行きたなびける　――


とうたう。それをきいた娘たちは、次々と、〝我は依りなむ・我も依りなむ〟と翁に従ってゆくのである。

　竹は、正月を迎えるための門松や七夕の笹竹などをみてもわかるように、特別な力をもつものと考えられていた。そして、『竹取物語』にもあるように、竹取の翁は、その竹からすばらしい富をもたらす天人・神を迎えてくる力をもっていたのである。それは、一般の人のもち得ない力であった。『竹取物語』の最後のところで、かぐや姫が天上へ帰る時、翁の家を守る天皇の家来たちが呆然と力をなくしてしまっているのに、一人竹取の翁のみは姫をひきとめようと必死になって天人たちに語りかけているのをみても、翁のもつ異常な力を知ることができるであろう。このような翁は、人間からみれば、より神に近い存在であったといえよう。先の『万葉集』にみられる話で、若い娘たちが翁に従っていったのは、このような富を呼びこむ翁の異常な力を自らのものにしてゆこうとして、それに接触していったものと考えられる。力あふれるものに触れて、その力を自分のものにしようとする行為は、地蔵信仰など種々の形をとって現在でも各処にみられる。ところで、山で出会った翁と娘たちは、歌で語りあっているのである。特別なことには特別な方法でといった考えがあったのかもしれない。歌は、ハレの日の言葉だったのではないだろうか。人々がつどう宴、そこには、ごちそうと酒と踊りと、そして歌がある。これは、私たちも十分に知っていることである。

『常陸国風土記』などに伝えられているいろいろな場所でのウタガキをみると、私たちは、現在でも春に各地で行われている花見や磯遊び系の種々の民俗行事を思いうかべることができる。九州西海岸や山口県大島郡の磯遊び・長野県下伊那郡の川原の三月場《さんがつば》・岩手県上閉伊郡《かみへいぐん》の川原のかまこ焼・大阪府泉南郡の春事《はるごと》・岩手県下閉伊郡の花見八日・徳島県剣山山麓の山いさみ・奄美大島のあじらね・山

川原飯。静岡県佐久間町。昭和45年（1970）
撮影・須藤　功

形県西置賜郡《おきたまぐん》の高山遊びなどがそれである。それらは、子供の行事であったり、村中で参加したりと地方によっての違いはあるが、屋外に人々が集って食事をしたりして終日遊ぶという点では皆同じである。又、盆の頃に行われる盆がま・伊予の盆めし・岡山県のぼにくど・静岡県磐田郡の川原めし・岐阜県加茂郡の辻めし・三重県尾鷲市の門《かど》めしなども同様の行事である。盆がまという呼称は全国的にみられる。現在では、同一地方で年に二回このような遊びを行う例はほとんどないようであるが、筑波山のウタガキは春秋の二度行われていた。盆は七月の十五日、旧暦でいえば秋の初めである。

ところで、先に山へ登った九人の娘たちは、春の若菜をつんで食べていたのであろう。若菜というと、「百人一首」の、

君がため春の野に出て若菜つむ
　わが衣手に雪はふりつつ

が名高い。若水・若潮・若火などと呼ばれる行事からみて、この若菜は、これからの一年の食物を象徴すると同時に、新しい一年を支配する歳神に供えるものであったと考えられる。又、新野の雪祭りでは、雪を豊年の予兆と考えているのである。この歌は、一年の豊かな稔りを予祝する意図をもっていたのではないだろうか。食べるということ自体、ハレの場においては、日光の強飯式などのように、予祝的意味をもっているのである。

『万葉集』に、筑波山のウタガキの日をうたった歌がある。そこに、

——未通女壮士《おとめおとこ》の　行き集ひ
かがふかがひに　人妻に　吾も交はらむ
あが妻に　ひとも言問へ　この山を
領《うしは》く神の　昔より　禁《いさ》めぬ行事《わざ》ぞ　——

とある。ウタガキの日には、性の交わりがあったのである。神が認めているというのであるから、一種の神事であったにちがいない。愛知県小牧市の田県神社の春の祭りや奈良の明日香の飛鳥坐神社の御田植祭りなどにみられる豊年を祈願する生殖儀礼が予祝行事であることはいうまでもない。

同じような生殖儀礼は、各地の田遊びに多くみられる。ウタガキの日の性の交わりも、生産の象徴としての生殖儀礼であり、一年の豊穣を祈る神事であったと考えられる。竹取の翁と接触することによって異常な力を自分のものとした娘たちは、男たちと交わることによって、その力を、そして、生殖行為によってもたらされる稔りを人々のものとしていったのであろう。

筑波山麓で秋にウタガキが行われているのは、一年の収穫を祝う祭りでもあったからであろう。そして、収穫を祝う気持は、来るべき新しい年の稔りを祈る心につながっていたにちがいない。

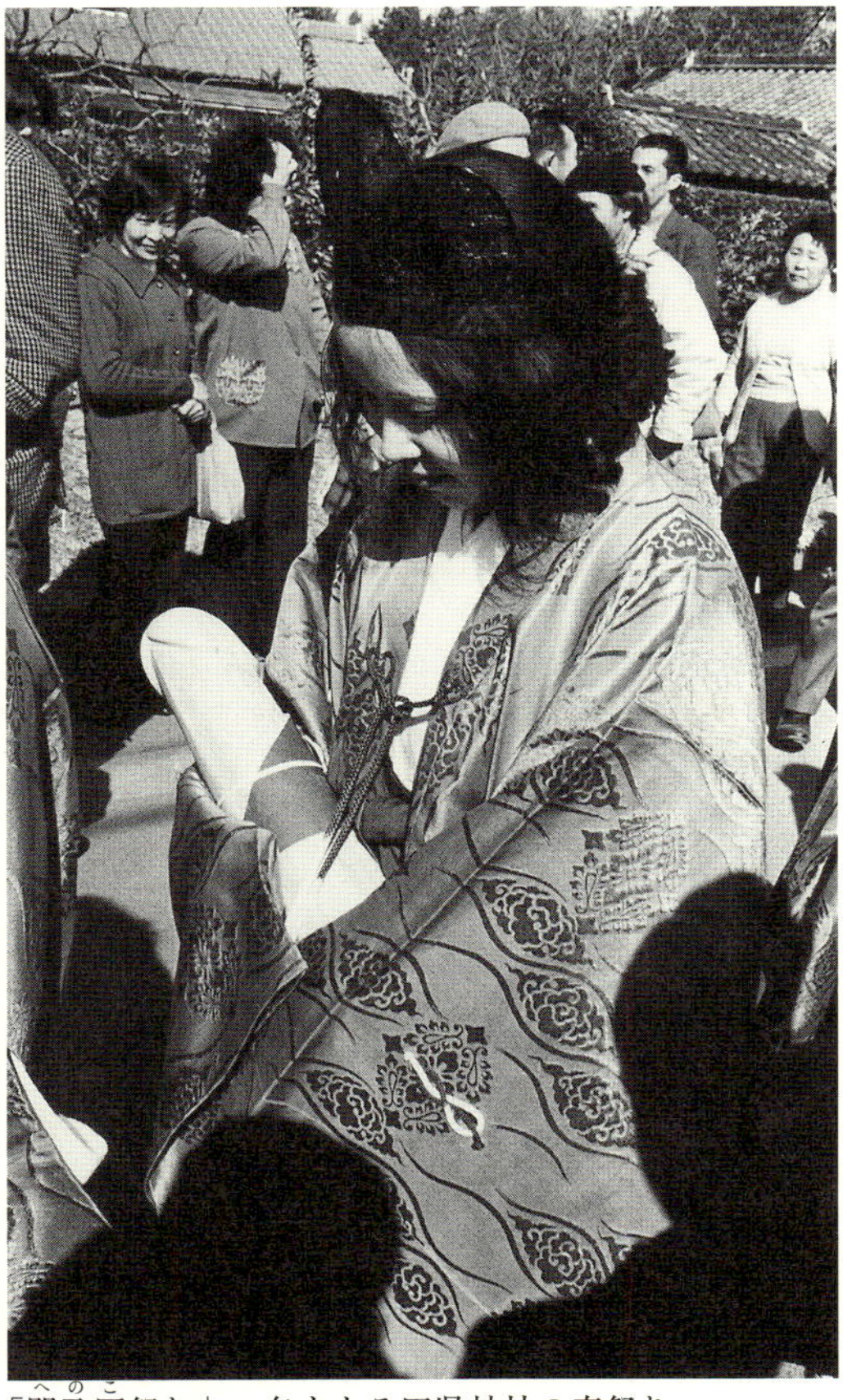

「閉乃固《へのこ》祭り」の名もある田県神社の春祭り。
愛知県犬山市。昭和48年（1973）　撮影・須藤　功

山の畑と木に登って遊ぶ子。上村下栗

伊那路をゆく

文・写真　姫田忠義
写真　須藤 功

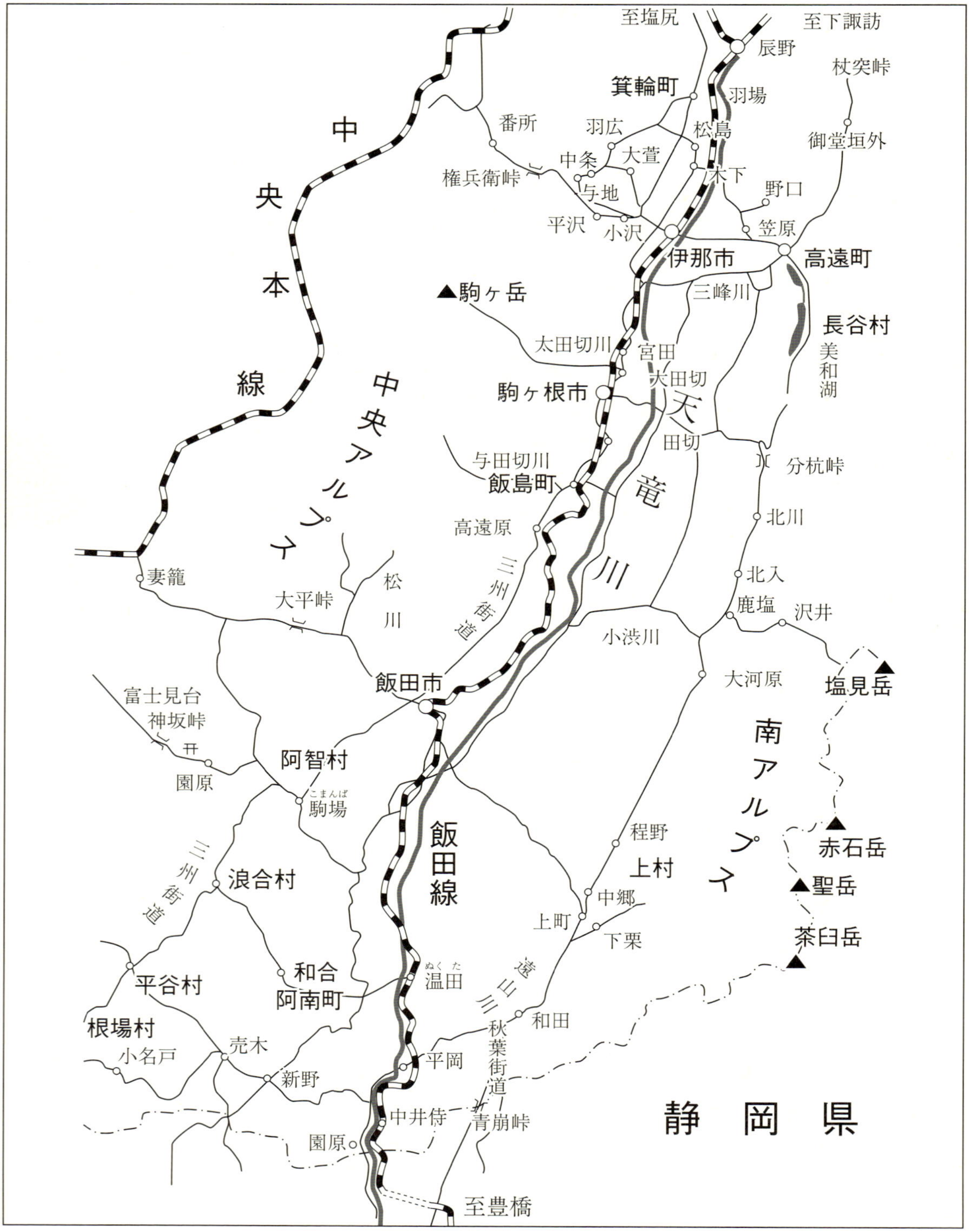
至塩尻
至下諏訪
辰野
杖突峠
箕輪町
羽場
番所
羽広
松島
御堂垣外
中条
大萱
権兵衛峠
木下
与地
野口
平沢
小沢
笠原
伊那市
高遠町
三峰川
駒ヶ岳
長谷村
太田切川
宮田
美和湖
駒ヶ根市
太田切
天
竜
川
田切
中央本線
中央アルプス
与田切川
分杭峠
飯島町
高遠原
北川
三州街道
北入
妻籠
松川
大平峠
鹿塩
沢井
小渋川
大河原
塩見岳
飯田市
富士見台
神坂峠
阿智村
南アルプス
園原
駒場《こまんば》
程野
赤石岳
飯田線
上村
浪合村
聖岳
中郷
上町
下栗
茶臼岳
和合
平谷村
温田《ぬくた》
阿南町
遠山
和田
根場村
売木
秋葉街道
小名戸
平岡
新野
中井侍
青崩峠
静岡県
園原
至豊橋

麦畑に土入れをするお爺さん。向こうの南アルプスの雪は、ほどなくここまで飛んでくる。上村下栗

里はまだ秋たけなわの十月初旬、伊那をかこむ南アルプスや中央アルプスの峰々は、早くも冬のたたずまいを見せはじめる。一番雪、二番雪……、三番雪が降れば、山はもう完全に冬である。

雪におおわれた南アルプス、中央アルプスの山々。それは、この伊那の風土の厳しさを象徴する。

わたしがはじめて伊那を訪れたのは、その厳しさの最たる時期であった。今から十三、四年前の二月。

しかもそのときの目的地は、南アルプスの雄峰、仙丈ヶ岳（三〇三三メートル）を間近に仰ぐ標高一一〇〇メートルの高地の部落であった。上伊那郡長谷村浦、戸数二十数戸。天竜川の支流である三峰川の流れをはるか眼下に見る渓谷斜面上のこの部落の気温は、夜になれば零下十五、六度にまで下った。瀬戸内海ぞいの兵庫県神戸に生れ、山国らしい山国も雪国らしい雪国も歩いたことのなかったわたしには、かって経験したことのない寒さであり、厳しさであった。

なぜ人は、こんな厳しいところに住むようになったのか。わたしは、まずそのことを疑問に思った。

谷を流れる八重河内川沿いの田。畑と家は切り拓いた山の斜面にある。南信濃村

伊那はふしぎな山国である

以来今日まで、わたしは度々伊那を訪れるようになった。清冽な雪どけ水の流れる季節もあった。陽かげは涼しく、陽なたは強烈な光と熱にあふれる季節もあった。そしてまた新しい疑問をもつようになった。

なぜ伊那は、こんなにも人臭いのか。

伊那の中心地で、ふつう伊那谷とか伊那盆地とか呼ばれている天竜川の本流沿いの地帯は、これが日本で最も高く嶮しい山岳群にかこまれた山国かと疑われるほど谷も広く、人臭い。たとえば天竜川本流に沿って走る国鉄飯田線の各駅、殊に伊那、駒ヶ根、飯島、飯田などの主要駅の朝夕は、ちょっとした都会なみのラッシュである。いや、それだけではない。天竜川の本流から遠い、交通も不便で住む人も少ない山間部でも、妙に人臭いのである。

前者はともかく後者の方をも人臭いとは一体どういうことか。或るときわたしは、友人からそう聞かれたことがある。そしてこう答えたことであった。人臭さというのは、何も今、目の前に人がいるということだけではない。あれ、こんな山のなかにと思うようなところにも、かって人が往来したらしい、また住んだらしいということ。そしてその痕跡がずいぶんたくさんあるということ。そういう人のにおいというか、歴史のにおいが強いんだよ。海からは遠いし、都からは遠いし、おまけにまわりは北アルプスとならんで日本で最も高く嶮しい山岳地帯である南アルプスや中央アルプスにかこまれているが、どうもそういうにおいが強い。わたしはそんなことをしゃべった。そしてこうつけ加えた。それにね、ボソボソひとりで伊那を歩いていたり、伊那を離れて伊那のことを考えたりしていると、クォ・バ・ディス、つまり人間よ、どこへ行くんだ、という想いがしきりに頭に浮んでくるんだよ。伊那の、殊に天竜川の本流沿いの地帯以外のところになると、それが激しくなるね。

　伊那は、そういう人間にとって本源的な問いを、旅するものに抱かせるところでもあるようである。

峠は霧につつまれていた

　つい最近、わたしは伊那を訪れ、神坂《みさか》峠を越えた。飯田市の西、長野県と岐阜県の県境にある、標高一五九五メートル（実際は一五七〇メートルだという）の嶮しい峠である。

　この峠の名は、すでに万葉集の歌にあらわれる。

知波夜布留美佐賀爾奴佐麻都里伊波布伊能知波
意毛知知我多米
（ちはやぶる　神のみ坂に　幣《ぬさ》まつり　斎《いは》ふ　生命《いのち》は
母父《おもちち》がため）

　これは、万葉集巻二十に納められている神人部子忍男《かんとべのこおしお》という人の歌で、天平勝宝七年（七五五）二月、子忍男が防人《さきもり》として九州の筑紫に派遣される途中、神坂峠を越えたときにつくったものである。古代の日本人は、これという峠を越えるときは、必ず峠の神に幣を捧げ、道中の安全を祈ったというが、そのときつくる歌もまた神への捧げものであった。

　この神坂峠に、古代から中世（鎌倉・室町時代）にわたる祭紀遺跡があり、それが昭和四十三年八月に発掘されたとわたしは聞いていた。心ないものたちに荒らされるのを憂えて、遺跡は再び土のなかに埋められたという。が、せめてその辺りのようすだけでもわたしは知りたかった。

　朝七時少し前、宿を飛び出した。国鉄飯田駅前から、神坂峠の登り口である阿智村園原へ行く一番バスに乗るためである。途中、阿智村の中心地である駒場《こまんば》で乗りかえ、約一時間後に園原に着いた。園原のバス停留所の手前辺りは、神坂峠の下を貫ぬく中央高速道路のトンネル工事のため、すでに早朝から人やブルドーザーが動いている。曲りくねった駒場からの山道をバスにゆられ、眠む気のぶり返していたわたしの眼には、それがひどくまぶしく、異様に見えた。

　バス停留所の上に小さな食堂と、日用品や駄菓子を売る店がある。朝飯を食べていなかったので、早速食堂に飛びこんだ。が、呼んでも誰も出て来ない。貼紙に、食事は十時からとある。仕方がないから、下の店で牛乳でも飲もうと思ったが、これも無し。駄菓子を二袋買ってリュックに放りこんだ。「その恰好でかね」と店のおっさんが聞いた。半袖にショートパンツのわたしの恰好のことで、神坂越えの山はすごいあぶがいるから気をつけろというのである。が、真夏の八月である。峠へ上りきるまでに、わたしは半袖を脱ぎ、ランニングシャツも脱いだ。暗い杉木立のなかの急坂で黒い蛇には出逢ったが、あぶには大して悩まされなかった。

神坂神社。人々はまず神に祈り、長く険しい峠への道を登った。阿智村園原

バス停のはるか上方にある園原部落には、神坂越えの人の難儀を救うために、伝教大師最澄が、弘仁六年（八一五）に設けたという広拯院《こうじょういん》跡があり、現在は月見堂というお堂が建っている。神坂峠の向う側、岐阜県中津川市の霧ヶ原部落には、同時に設けられた広済院の跡があるが、そちらは記念碑があるだけであった。

園原部落から二、三十分上った神坂《みさか》神社から、谷が急に狭く、嶮しくなる。なるほど神社というのは、大事なところにあるものだとひとりうなずく。谷の水の音も急に高くなった。谷に面した拝殿横から、杉木立におおわれた旧道が上っている。記念にいつまでものこしておきたい道である。

峠への道は、いよいよこれからである。巨大な花崗岩の塊が散乱する崩落部分があり、冷や冷やしながら渡った。そしてやがて道は谷を離れ、神坂山の山頂である富士見台へ上る長い急坂と尾根道になる。峠は、この神坂山と、南の恵那山から下って来た稜線の合わさるところで、富士見台の頂上から少し下った鞍部にある。富士見台の山頂附近は、なだらかな草地になっていて、その下方のぶなやだけかんば或いは赤松の立ち並ぶ林地とともに、大きい放牧地になっている。

この富士見台の山頂附近で、わたしは大失敗をした。のどが乾き、沢へ下りたついでに、そこから当てずっぽうに峠へ出ようとしたりして二時間近くもうろうろしてしまったのである。そしてたまたま行き逢った若い恋人たちに、握り飯の施しを受けるというおまけまでついてしまったが、とにかくその二時間のおくれが致命傷になった。霧が立ちはじめ、神坂峠でゆっくりするどころか、峠そのものに出るのに精いっぱいという状態になってしまったのである。富士見台までの道標はあるが、神坂峠への道標がなかったことも、そういう状態に追いこまれる原因になった。

霧は、岐阜県側から吹き上げて来た。そして見る見るうちに、山頂をつつみ、わたしをつつんでしまった。峠を探すのは止め引返そうと何度も思った。が、地図を見、資料を見、霧の間隙をのぞきしながら、とうとう峠へ出た。車の上れない長野県側とちがって、岐阜県側には幅の広い自動車道路ができていた。暗灰色の霧を透して、その白々した姿を見たときの嬉しさ。助かった。思わずわたしはそう声に出した。岐阜県側の登り口である霧ヶ原部落に下り着いたのは、午後四時半ごろ。せいぜい四、五時間で着くだろうという計算は完全に狂ってしまっていた。

　昔の神坂峠の道がどんなようすであったかわたしは知らない。多分、神坂神社の横にわずかにのこっていた旧道らしいものと同じように、うっそうとした木々におおわれ、熊笹におおわれ、人一人、馬一匹がやっと通れるような山道であったにちがいない。そして今昔物語にある信濃国司・藤原陳忠《ふじわらののぶただ》の話のように、馬もろともてん落しそうな断崖の場所がいたるところにあったにちがいない。またわたしと同じように、霧に悩まされた人もあろう。そのほか雨、風、雪、雷、蛇、毒虫……、そうだ。神人部子忍男が越えたのは厳冬二月だ。霧のなかで何度も途方にくれたわたしには、幣を捧げ、歌を捧げた彼らの気持ちが、おぼろげながらわかるような気がする。

神坂峠を美濃（岐阜県）側から望む。

　この神坂越えの道は、京都から東北へ通じる古代日本の幹線道路・東山道《とうさんどう》である。そのころ東海道はあるにはあったが、渡るに渡れない大河が多く、主力は東山道であった。東海道が栄えはじめたのは、はるか時代の下った江戸時代である。その東山道が、実際はどんなものであったか。神坂峠は、それを偲ぶ一つの手がかりである。

　また神坂峠の祭祀遺跡からは、玉類や剣形品などの石製模造品、管玉、ガラス玉などの石製品、土師器《はじき》や須恵《すえ》器《き》など上・古代から中世にいたる色々な種類の土器片、陶製馬、鉄鏃《てつやじり》や刀子《とうす》などの鉄製品、日本の早期古墳などから出土するといわれる青銅製の鏡（き鳳鏡《ほうきょう》）の破片などおびただしい出土品があったという。また阿智村の駒場から園原へ上る古道にある小野川や昼神という部落などには、やはり神坂越えのための祭祀遺跡があり、相当数の出土品があるという。残念ながらわたしはまだそれらの実物を見ていないが、ざっとリストを見ただけでも大へんなものである。

古代の道

　神坂峠から下って来た東山道は、天竜川西岸の段丘台地を通り、伊那北部の善知鳥《うとう》峠を越えて、古代の信濃の国府であった松本へ向う。この東山道の通る天竜川西岸の段丘台地は今は伊那で最も人の多い、しかもなお広々とした田園風景を失なわない伊那の心臓部である。

そうだ、あの広い台地があったからこそ東山道は伊那を通るようになったんだ。神坂峠から東京へ帰ったわたしは、或る日、突然そんなことを思った。そして何か重大な発見をしたように感じた。

信濃は山国という思いを払拭する天竜川本流沿いの広々とした台地。伊那市

そのときまでのわたしは、少くとも江戸時代までは東日本で最重要な道であった東山道が、なぜ伊那を通っているのかを考えてみたことがなかった。東山道は伊那を通る、それはもう考える余地も何もない自明のことであった。が、道には道の、それがそうつくられた理由があるはずである。こと東山道に関しては、天竜川西岸の段丘台地が、その決定的な理由であろう。たとえば木曽

手前は天竜川本流。右が台地を行く者を遮った田切り地形。飯島町

谷には、こんな長大な幅広い台地はない。

ただ、この天竜川西岸の台地には、一つの大きい障害がある。田切り地形である。田切り地形というのは、中央アルプスから流れ下る天竜川の支流が、激しく台地を削ったもので、天竜川の本流に近づくほど田切りは深くなり、高さ数十メートルもの断崖が両側に立上るようになる。そしてその田切り地形が、ぜんぶで十数ヶ所も口をあけて、台地上を行くものを遮っているのである。

飯田線の電車のなかからでも、この田切り地形を見ることができるが、バスに乗ればもっとよく田切り地形のようすがわかる。バスは、台地上から斜に田切りの底へ下り、川を渡り、また斜に台地へ上って行く、それをくりかえすからである。最もそれが顕著である。駒ヶ根や飯島など台地の中央部辺りで、最もそれが顕著である。大田切川、与田切川という名前や、大田切、田切などの地名も、駒ヶ根や飯島辺りにある。

祭りの日には馬と一緒の参詣者でにぎわった「羽広観音」。伊那市・仲仙寺

東山道は、現在の国鉄線路や自動車道路のはるか山よりのところを通っていた。山すそに近い方が、田切りを渡る苦労が少ないのである。

ところで、そういう古い時代のこの台地上のようすはどうだったのだろう。今でこそ天竜川の川原や、台地の低い方にずいぶん田がひらけているし、台地の上の方には、見わたすかぎりの畑地がつづいていたりするが、少くとも東山道の人の往来があったころは、こんなに田も畑もひらけていまい。

飯島の南に高遠原という広い台地があるが、ここなど昔は文字通り荒涼とした原野だったという。今は美田になっている駒ヶ根の町なかもつい三、四十年前までは、共同の草刈場であった。

伊那市の北にひろがる台地も、土地の老人に聞くと、その人たちの小さいころまではやはり茅《かや》などの生い茂る原野と、樹木におおわれた山野がつづいていたという。

現在伊那に生きている人たちの記憶のなかにも、そういう荒涼たる風景がある。ということは、はるかな東山道時代は、多分われわれの想像を絶したものであったにちがいない。

　冬。そのわれわれの想像を絶した荒涼の世界が雪に閉される。そして膚を裂く寒風。伊那、特にこの天竜川ぞいの地帯が、雪よりもむしろ風の厳しいところであることは、温暖な瀬戸内海育ちのわたしが最初に感じたことであった。標高が高く、しかもアルプスを越えて吹き下して来る寒風の厳しさ。

　そうだ、神人部子忍男が、神坂峠を越えたのは二月だ。彼は、どんな服装で風と雪を防ぎながら、このどこまでもつづく荒涼の世界を歩いて行ったのだろう。

　夏。古代の都人にもてはやされた望月の駒もここを通ったはずだが、そのときここはどんなようすだったろう。毎年八月十五日、都の紫宸殿で行なわれる駒牽《こまひき》の行事におくれないように、信濃の牧民たちにひかれて行った数十頭の望月の駒。

　古代から中世にかけて、信濃は名馬の産地であった。延喜式には、御牧《みまき》（勅旨牧）という官設牧場のことが載っていて、甲斐三牧、武蔵四牧、上野九牧、信濃一六牧、計三二牧とある。つまり信濃は、御牧の半分を占めていたのである。そのうち伊那には、辰野に平井弖《ひらいで》（平出）の牧と宮所《みやどころ》の牧があった。後になると伊那市の笠原（上牧）や宮田（下牧）などの牧場ができるが、延喜式のできた延喜七年（九〇七）ころは辰野の二つの御牧だけであった。御牧から都へ毎年送られる馬の数は、信濃八〇疋、甲斐六〇疋、上野・武蔵は各五〇疋。信濃の牧で最も大きい望月の牧からは、八〇疋のうち二〇疋が出されているが、その望月の牧の駒の名が、信濃馬の代名詞になって、都人たちの恰好の歌材になっていた。

　相坂《おおさか》の関の清水に影見えて
　　今やひくらん望月の駒

　都人は、望月の駒を賞でた。が、それを育てる信濃の牧民に対する一片の想いもなかった。「牧場の駒が、公用の定数を欠いたときは、弁償させる。牧子（牧民）はその苦しみに堪えず、競って他郷へ逃亡する。信濃が最も甚だしい」。天長二年（八二五）の太政官布告には、こんな意味のことが書かれている。馬一頭が逃げると、そこで働かされている牧民は、良田一町歩分の収穫に相当するものを弁償させられたが、その日その日を生きるのに精いっぱいの牧民には、もう逃亡するより他に方法がなかったはずである。そうして育てた望月の駒を、伊那の牧民もはるばる都へひいて行ったのである。

　後に一括して辰野の牧といわれた二つの御牧は、いずれも現在の国鉄辰野駅のすぐ近くにある。

　望月の駒とともに、古代の信濃から都へ納められたものに布がある。関白藤原道長が、寺社に詣るとき、誇らしげに人々に播き与えたという信濃布である。それもまた、東山道を運ばれて行った。

天竜は水を与えなかった

　伊那市の西に権兵衛峠がある。伊那の北部から木曽へ越える重要な山道の、伊那と木曽との境である。わたしがそこへ上って行ったのは、木曽へ越えるためではなく、そこから伊那市から北の天竜川西岸台地をうるおしてい

天竜川東岸の台地に伸びる用水路。伊那市

る用水路を見るためであった。

　このときは、神坂峠のときとはちがって、快晴の夏であった。伊那市の町なかからバスで平沢というところまで行き、それから約三時間、歩いて権兵衛《ごんべい》峠へ上った。羽全体がびっくりするほど鮮やかな黄色の蝶が、盛んに舞っていた。汚れきった東京の都心部で、灰色がかった紋白蝶を見ることはあるが、そんな鮮やかな、美しいものがあるのをわたしは忘れていた。

　明治のはじめ、伊那市から北の天竜川西岸台地に住む旧箕輪《みのわ》三ヶ村の人たちは、懸命になって、筑摩県々属・本山盛徳に、用水開発を嘆願した。

　口火を切ったのは、与地部落の人たちであった。彼らは、明治になる前は、同じことを奉行所へ訴えていた。幕府の奉行所が、世の激動に浮足立っている間に明治になり、与地の人たちの相手が変ったのである。水が欲しい、何とか水を得て田をつくりたい。これは、与地の人だけではなく、天竜川西岸の台地に住む人たちの多年の宿願であった。

　東山道の通る天竜川西岸台地、ここは実は非常に水の乏しいところである。田切りを流れる川に水はある。が、台地の上には、水はなかった。この台地そのものが、中央アルプスの山々から流れ出して来た土砂でできた扇状地で、土地そのものに水を貯える力がない。水が出るのは、台地とアルプスの山の裾とが合わさるところである。したがって、この台地上の古い部落は、全部が全部、水の湧き出す山裾に沿ってできている。台地の先、天竜川の本流に近い方にできているものは、おしなべて新しいといっていいのである。

　台地の下にも水は出る。そしてここにもまた古い部落がある。箕輪町の松島や木下がそうで、古くからひらけた田があり、古墳さえある。

　そうだ。古墳といえば、南部の飯田の山ぎわ地帯から伊那最南部の泰阜《やすおか》村温田《ぬくた》にかけての山地帯には、おびただしい数の古墳がある。古墳時代に先立つ弥生時代の遺物の出土地も多い。天竜川西岸台地でいえば、伊那市の南にある宮田の山ぎわには、古い湿田があり、弥生時代の遺物が出ている。つまり水のあるところには、日本の他の地域と同じように水田がひらかれ、それを背景にした弥生時代の生活があったのである。ただ、そういう条件のところが、伊那のような自然の厳しい山国では非常に少なかった。そしてちょうどこの天竜川西岸台地の人のように、明治以後、いやもっと最近になってはじめて田をひらき、米をつくることができるようになったところが非常に多いのである。

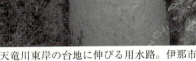

この台地の上を歩いていると、あちこちでよく粟どっこの話を聞く。どっこというのは石のことで、石のようにカチンカチンになった粟飯のことである。またヒエ飯のことも聞く。人々は、そういうものを食べながら生きてきた。いわゆる貧乏人だけではない。大きい屋敷を構えたものもである。

駒ヶ根の南割《みなみわり》羽《は》場下《ばした》というところに羽場という屋号の大きい屋敷がある。江戸時代、この辺りが旗本の知行領

幕末の食事のようすを記した記録のある羽場家。駒ヶ根市

だったころには、代官のような役目をつとめた有力者の家だが、ここに幕末（文化・文政ごろ）の食事のようすを書いた記録がある。何百俵も米が入る蔵をもちながら、日ごろ食べているのはヒエ飯で、米の飯が食べられるのは年に十回ぐらいであった。蔵に米がなかったのか、あっても万一のときを考えてそうしたのか。天明、天保の大飢饉の惨苦の記憶がまだ生ま生ましかったであろう幕末である。米はあっても、警戒したかもしれない。

有力者がそうであった。とすれば、ないものはよけい必死な気持ちであったはずである。旧箕輪三ヶ村の人たちの用水開発は、そういう必死なものを感じさせる。開発が一段落した後、各部落の主だったもの二二人が、賄賂を本山に贈ったということで投獄されているが、これなどその一つのあらわれであろう。本山は、仕事の出先々で賄賂をとり、結局失脚してしまっている。

はじめの与地部落への用水路が成功すると、他の部落もいっせいに願いを出し、次々に用水路ができて行った。殊に与地から中条、上戸《あがっと》、大萱《おおがや》へとつなぐ用水路は、その水源を権兵衛峠の向う側、木曽の白川に求め、それを峠を越してこちら側に導いて来るという大へんな工事であった。白川から権兵衛峠までは三里。その間を樋で導き、峠を越えたところでこちら側の北沢川（小沢川の上流）に水を落す。そして途中に三段構えの分水桝を設けて水を導き入れ、樋とトンネルで各部落までひいて来るのである。

この辺りの山は、伐り払うのに非常に厄介なへえじく（笹かずら）が一面に密生している。それを払いながら

桑の葉を摘み入れる竹籠を背負って立ち話。伊那市

水路を掘り、トンネルをうがたなければならない。トンネルの全長は一里半にもなったという。

北沢川は、今年（昭和四五年）六月の水害で大きな被害をうけ、目下護岸工事や小さなダムの建設中であった。そして残念なことに、夫々一キロほどずつ離れて設けられている三段の水桝の全部がやられてしまっていた。もちろん一日も欠かすことのできない用水路である。石ころで堰をしたり応急の板樋を設けたり散々である。ただ最下段の大萱方面への桝の辺りが、素朴な昔の分水の方法がうかがえて面白かった。

権兵衛峠の水路は、現在ではトンネルになり、小沢川とは別の沢である南沢へ水を落している。峠に立つと、その水音が聞えた。峠ですぐ足元に水音が聞えるなど珍らしいところである。また峠から見やる木曽の山々と谷すじの景観に、わたしは強い感傷をもった。が、それは今は書かない。

中央アルプスの向うの、しかも天領という管理のやかましい木曽の山の斜面から、ノミや槌を頼りの素朴な技術で峠越しの水をひいたこの用水路開発は、色々な意味で快挙である。一体誰が、峠ごしに水をひこうなどと考え出したのか。わたしは、色々な人に聞いてみた。よくわからないということであった。

この天竜川西岸の北部台地では、その後（明治末期から大正にかけて）、山すそにトンネルを掘って地下水をとり出す横井戸掘さくが盛んに行なわれている。すべての井戸が、木曽駒ヶ岳に向った西、乃至西南西であり、古老たちは横井戸を掘る人たちに「岳（駒ヶ岳）に向って掘れ」と言っていたという。多分その古老たち乃至はそれ以前の台地の人たちは、たえず営々として水への試掘をやっていたにちがいない。でなければ、まるで専門の山師が言うような端的さで、水という自然の在り様を言い当てることはできないはずである。

諏訪湖の南、伊那谷の入口辺りで天竜川本流の水をとり入れ、天竜川西岸の北部の台地へ水を送る西天竜用水ができたのは、確か昭和に入ってからであった。それまで、天竜川本流はもちろん、中央アルプスからの多くの支流の水は、ぼう大な広さをもつ天竜川西岸台地の人々にとっては、ほとんど益ないものだったのである。

今までふれなかった天竜川の東の支流たちは、何かというと山を崩し、洪水をおこし、もっとあらわにそこに住む人たちを苦しめ、おそれさせている。北から三峰川、小渋川、遠山川。いわゆる中央構造線の谷をつくる川である。

砂礫の谷

どうしてこの谷は、こんなに荒れているのか。はじめて伊那を訪れ、仙丈岳を間近に仰ぐ三峰川渓谷奥の部落へ向ったわたしは、まずそのことをふしぎに思った。おびただしい量の砂礫が川を埋め、それが何ともいえない荒れた感じなのである。峡谷の斜面も砂礫も、雪におおわれていたせいもあった。

伊那市から天竜川をこえた東にある高遠《たかとう》の町までの三峰川は、まだおおらかな表情である。そして伊那市から高遠の町へ向いながらふりかえると、雪におおわれた中央アルプス北部の山々、殊にその盟主である木曽駒ヶ岳（二九五六メートル）が悠然と浮び上っている。いつまでも見あきない姿だが、特にその夜の表情がすばらしい。神秘的である。伊那を訪れるまでは雪山らしい雪山を見たことのなかったわたしは、はじめその姿を見たとき、何とも言えずずうなった。

もろい南アルプスの山。水と砂礫の脅威に見舞われてきた。南信濃村

夜空に浮ぶ雪山の神秘さにはじめてうたれたのは、三峰川渓谷奥の部落で、真夜中に宿の外で仙丈ヶ岳を見たときである。恥かしい話だが、その瞬間までのわたしは、雪の山が夜の闇のなかでもはっきりと見えることを知らなかった。それだけに仰天した。同じように雪をかぶりながら、渓谷の対岸に迫る仙丈ヶ岳の前山は闇にかくれているのに、その上の仙丈ヶ岳だけがまるで幽鬼のように青白く、満天の星空のなかに浮び上っていたのである。高遠から見る木曽駒ヶ岳は、どっしりと裾をふんばったかたちでその全容が見えるが、仙丈ヶ岳は、ふわりと空に浮ぶ感じであった。

高遠は、何か忘れがたいたたずまいの町である。いかにも中世の山城らしい高い段丘上の城趾や、そこから見下す町家のたたずまいが、飯田のような都会的な活気とは対照的な或るしっとりとした落ちつきを感じさせるのである。江戸時代の高遠は、城下町であるとともに、三

江戸時代には上伊那地方の中心だった城下町の高遠。右方を三峰川が流れている。

州街道と秋葉街道の交さする商人の町であった。三州街道は、古代の東山道を利用しながら、飯田から南は三河へ、伊那市から北は高遠を通って甲州へつないだ道で、秋葉街道は、高遠から南へ中央構造線の谷を通り、秋葉山を通って駿河へ抜ける道である。前者は武田信玄が整備し、後者は秋葉信仰の伝播とともに発達した道である。

おもしろいことに、この高遠の領地を境にして、甲州側は鎌倉文化、伊那側は京・大阪の文化の影響が強いという。たとえば、一里という距離の単位が、甲州側は鎌倉流の六〇町、伊那側が京・大阪流の三六町。高遠は、その接点だというのである。距離的には鎌倉に近いはずの伊那が、文化的には京都に近いのは、やはり古代からの京都とのつながりが深かったからであろう。如何にも雪国らしいどっしりとした柱や梁をもちながら、せんさ

密通の罪で流刑となった絵島の墓がある蓮華寺。高遠町

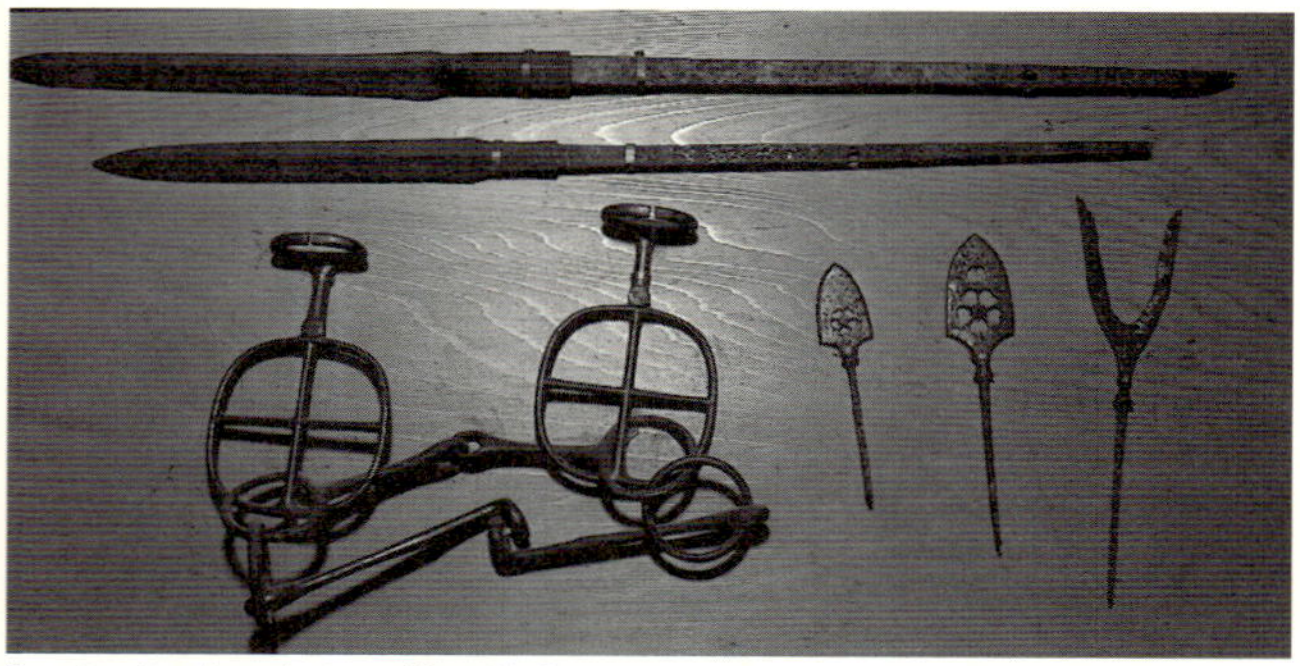

「ゑちごや」に伝わる槍の穂先など

馬の餌を煮た「ゑちごや」の竈

高遠と茅野を結ぶ杖突街道筋で問屋を営んでいた「ゑちごや」。高遠町

いな京風の障子や帳場をもつ宿屋が、バス停留所の近くにあったりするのもそのせいであろうか。

　高遠は、三峰川渓谷の出入口である。その町のはずれから、三峰川の流れをせき止めてつくった美和湖がつづく。道は、それに沿った崖や低い段丘上の部落を通りぬける。美和湖ができる前は、おそらく深く鋭い峡谷であったのだろうが、今は平凡な谷の風景である。ただ、除《よけ》だとか非持《ひじ》だとかいう珍しい部落の名や、石を置き並べたそぎ葺屋根の家などが、同じ伊那でも天竜川本流ぞいとちがった山国らしさを感じさせる。そしてこれは、分杭峠を境にして三峰川の谷の南にのびる大河原・鹿塩の谷（小渋川の谷）や、さらにその南の遠山川の谷に共通する感じである。美和湖が終り、いよいよ砂礫の谷があらわれる。

　わたしが、砂礫の谷の異様さを、最も強く感じたのは、大河原・鹿塩の谷であった。ここへ入るとき、わたしは天竜川本流ぞいの国鉄飯田線の飯島駅からのバスに乗った。天竜川本流と南アルプスとの間に南アルプスと平行して南北に走る伊那山地を越え、大河原・鹿塩の谷に下りて行くのだが、谷を眼下に見下す地点に出てギョッとした。川を埋める砂礫が、渦巻くような異様な縞模様をえがいているのである。それは、明らかに猛烈な力で、砂礫が暴れまわったことをあらわしていた。

　大河原・鹿塩の谷は、昭和三十六年六月の梅雨前線豪雨で、谷全域にわたって大被害をうけたところである。

殊に大河原市場は、瞬間的な集中豪雨で山裾が大きく崩れ、民家二十数戸と中学校などが壊滅し、中学校の先生など二十余人が死んだ。また鹿塩の谷の一番奥にある北川や北入部落は、完全に壊滅してしまった。

大河原・鹿塩に近い中川村四徳では、八十戸ほどの部落が壊滅し、二、三十人の人が死んだ。そのほか駒ヶ根市の落合などそう広くないところに集中した豪雨がこの辺りの人を徹底的に傷めつけたのである。

中央構造線の谷は、たえずこういう危険にさらされているところである。三千メートル級の高峰がそば立ち、しかも谷の両側の土質がきわめて水にもろい破砕帯になっている。したがって、いったん雨が降りはじめると、いたるところで山が崩れ、その砂礫を巻きこんだおそろしい鉄砲水が、あっという間に家や畑、或いは川に近いわずかな土地にひらいた田を押し流し、砂礫で埋めてしまうのである。中央構造線の谷の人々は、天竜川ぞいの台地の人とはまた別な水の悩み、水の脅威にさらされているのである。

中央構造線の谷は、天竜川の本流ぞいの地帯から見れば奥地である。ということは、日本でも最も山深い奥地だということだが、一方地勢の上からいえば、北の日本海から南の九州・五島列島に到る日本最大の断層線の一部である。つまりこの谷の向うは、北は日本海、南は紀伊半島、四国、九州につながっているのである。そして、ただ単に土地がつながっているというだけではなく、住む人の歴史や文化も、多分つながっているのである。たとえば、この谷に住む人の家や部落の遠望は、紀伊半島の十津川《とつかわ》や四国の祖谷《いや》、九州山地の椎葉《しいば》や五家荘《ごかのしょう》などとよく似たところがある。

「いやあ、こりゃあネパールだ。ネパールの部落そっくりだよ」。遠山川の谷にある上村下栗部落の写真を見たネパール帰りの連中がそんな嘆声を上げたことがあった。「これじゃあネパールに行くことなんかないなあ」、連中はそんなことも言った。似ているのは、祖谷や椎葉などだけではないのである。

下栗部落は、遠山川の支流の溪谷斜面上にある典型的な高地性の山村である。標高は八八五〇から一〇〇〇メートル。高さではもっと高い部落はあるが、傾斜度の強さや谷までの深さでは中央構造線の谷のなかでも最も印象的なところである。

下栗へは、遠山川の中心地である上村《かみ》から上る。遠山川の渓流を見下しながらの急な山道である。人とバイクだけが通れる道。その道を上りきったところに小さな部落があり、それから先は山の等高線をたどった長い尾根下の道である。上町を出て約一時間半、はるか谷の正面、眼の高さの位置に、中央アルプスの茶臼岳辺りが見え、下栗部落があらわれてくる。

谷底から見れば、よくもまああんな危なっかしいところに住んでいられるものだと見え、そこまで上ってみると意外に広々としたすばらしい眺望の世界がある、下栗はそういう感じの部落である。ただし馴れないうちは、どこを歩いても危なっかしく、しょっちゅう体が傾いて

セイタ（背負子）で飼料の麦を運ぶ80歳のお婆さん。車がはいる前の下栗では、背負子や天秤棒などの運搬具が活躍した。
上村下栗

いて、どこからでも見える谷底の方へひきこまれそうな感じに悩まされる。が、部落の人は、もちろん平気な足どりである。わたしの訪ねたときは、麦まきの準備に、畑に草を入れる時期であった。ゆっくりと、しかし確かな足どりで、女たちが畑と山を往復する。細い棒切れを立て、それに長い横木や横板を渡しただけの簡単な土止めをした急傾斜の畑が、谷に墜ちるかと思われるほど下の方までつづく。そしてその上の方に、家が点在する。そんなにあるとは思えないのに、戸数は約百戸。家の上方に、また少し畑があり、学校があり、山の神さまの祠があり、猪垣がある。そしてその上は、尾根まで林になっていて、明らかについ先年まで焼畑をしたらしい造林地もある。

胡桃沢《くるみざわ》平人さんという人の家に泊めていただいた。屋号を「井戸端」という宿屋さんが一軒あるのだが、胡桃沢さんの子どもさんがその人の教え子だという或る人に、胡桃沢さんを紹介していただいたのである。「井戸端」なる宿屋さんは、オオヤとも呼ばれ、下栗一番の地主ということであった。

御主人は山仕事で留守、奥さんが家におられた。早速話を聞かせていただいた。焼畑のこと、病気のこと、山の神さまのこと、まつりのこと、ブエンさま（無縁墓）のこと、風来坊のこと。夜は、御主人も加わり、猪などの狩りの話も出た。心に沁みる歌があるように、心に沁みる話があり、心に沁みる時間があった。

下栗をふくめた遠山川の谷は、毎年十二月中旬、盛大

封書に切手代を載せて日役を待っているお爺さん。日役とは、用件を聞いて、下の郵便局や役場に用足しに行く当番をいう。まだ細い山道だけで車が登れなかったころの下栗では、日役が歩いて山をくだり、依頼の用事をした。上村下栗

な遠山のまつりを行なうところである。このまつりについては、すでにこの「あるくみるきく」でもとりあげられているので簡略にするが、要するに一年の豊穣を神に感謝するまつりである。下栗では、もとは十二月十二日に行なっていたが、第二次大戦後、まつりと年越しをいっしょにするのは経費の上で負担が大きいということで、一月一、二、三日に、正月の祝いとまとめて行なうようになったということであった。

まつりと芸能の宝庫

遠山のまつりと並んですぐ思い出されるものに、伊那最南端の坂部《さかんべ》部落で行なわれる霜月のまつり、坂部の西北部にある新野《にいの》の雪まつりなどがある。新野には、有名な盆踊りもあり、新野の北方にある阿南町の和合《わごう》部落に

雪で縞模様になった上村下栗の麦畑

長木を立てた上村下栗の門松

聖岳（3011メートル）の右肩に昇る月

耕耘機に乗って山をくだる花嫁の一行

も古い盆踊りがある。また同じ泰阜村の温田《ぬくた》には、江戸時代盛んに伐り出された榑木《くれぎ》に因んだ榑木踊りがあり、同町早稲田部落には、古風な神事と結びついた人形芝居がある。そのほかこの遠山川の谷をふくめた伊那南部の山間部には、実に多彩なまつりや行事があり、伊那はもちろん日本でも珍しいまつり地帯をなしている。そしてこの伊那南部のものが、山つづきの三河（愛知県）や駿河（静岡県）のまつり地帯とつづいているのである。

ただし今挙げた地帯は、その生活の条件や歴史を細かく見ていくと、夫々ちがったものをもっていて、決して同一に語れないのだが、ただ、一見不便な奥地であり、他の村他の部落とは隔絶しているかに見えるこれらの山間地部落が、現在はもちろんはるかな昔においても何らかのつながりをもちながら生きてきたということを言いたかったまでである。そしてそういうつながりをもたらす背景になったのが、東山道とは別な山間部の道だったのである。遠山川の谷から南の秋葉山に通じる秋葉街道、飯田から南下して、阿智《あち》、浪合《なみあい》、平谷《ひらや》、根羽《ねば》、そして三河へ抜ける三州街道。また遠山川の谷から、天竜川を越え、新野から売木《うれぎ》、小戸名《おどな》、そして根羽へ出る道もあった。また根羽から木曽へ出る道もある。ただし、これらの道から外れた無数の山褶があり、その山褶にひっそりとくらしている部落も多いのである。

売木から小戸名にかけての道は、山越えの淋しい道で、小戸名もまたほとんど旅行者などの訪れない小さい部落である。ところが、ここの山の畑から縄文時代後期の土器が出たと聞いて驚いた。伊那では北部の箕輪町から東へ天竜川を渡った丘陵や、伊那市の野口、或いは南部の飯田市背後の山地帯に、縄文期の遺物が出ていることは聞いていた。伊那市の野口では土器の破片とともに、大量の焼けた人骨が出ているということであったが、小戸名という部落の名は全く聞いたことがなかった。

また泰阜村温田の天竜川から少し上った山に、古い田があると聞いて行って驚いた。道路に沿った山ぎわに畳五、六枚分ぐらいの小さなものがたった一つポツンとあり、冷たい湧水があった。田は田でも、第二次大戦中まではヒエをつくる田だということであった。それから気をつけて見ると、飯田から南の伊那南部の山間部では、どこへ行っても田が見られた。源平の合戦で有名な熊谷《くまがい》直実《なおざね》が隠れ住んだという最南端の坂部部落でも、はるか眼下に天竜川の渓流を見下す隔絶した高所であるにもかかわらず見事に田がひらけていた。中央構造線の谷では田があっても川に近い低いところの部落である。鹿塩の東方の小沢井は標高一三〇〇メートルというびっくりするような高さのところに田があるが、これなど例外である。

田をもたず、焼畑や狩り、或いは後世（江戸時代）になって盛んに榑木を伐り出すなど、文字通り山を相手にくらしてきたのは、下栗やその奥の大野など、中央構造線南部の谷や伊那山地に点在する人たちであった。

中世のころ、伊那にはいくつかの荘園があったが、その多くは田のあるところであった。飯田の辺りの伊賀良《いがら》之庄《のしょう》、郡戸《ごうど》之庄、伴野《ともの》之庄、伊那最北部の箕輪・小河内の辺りの蕗原《ふきはら》之庄などだが、遠山川の谷も遠山之庄と呼

数百年にわたり受け継がれてきた伊那谷の冬のまつりは、神事や舞に元の形を色濃く残している。
阿南町新野　天龍村坂部　上村下栗

ばれる荘園であった。遠山之庄というのは、今の遠山川の谷だけでなく、遠山川から根羽の方へ通じる天竜川の西の山間部もそうではなかったかといわれている。古くは、その辺りも遠山と呼ばれていたということである。

鎌倉時代以後、伊那は、様々な外からの勢力にかきまわされた歴史をもっている。南北朝時代、伊那では南朝方の勢力が強く、北朝方の小笠原氏も手が出せなかったようであるが、激しい南北争乱の渦がここにも及んでいたのである。南朝方の中心人物とみられる宗良《むねなが》親王をまつる信濃宮が、大河原の谷かげにまつられている。そのほか関氏の抬頭と滅亡、武田信玄、徳川家康、織田信長、豊臣秀吉など戦国群雄の兵火など、これという時代の動きには、相当敏感に反応している。そして江戸時代には、日本の東西を結ぶ重要地点に大きい勢力が育つのをおそれた徳川幕府によって、伊那はズタズタに分割され、さらに明治以後は、東西から天竜川に流れこむ小渋川と松川を境に、上と下（北と南）に分割され、今日に到っている。伊那を一つに貫ぬく古代以来の道、或いは天竜川という川をもちながら、伊那はまだ江戸時代以来の分割統治の幣から脱けきってはいない。明治時代以後の一時期、猛烈に中央構造線の山の木を伐り、伐りっぱなしにして、谷の荒れる大きい原因をつくった製紙会社なども、外からの暴力であった。

飯田市内の家並と行商人

山は、何か人間にとって大事なものをつつみ、はぐくむ力をもっているんじゃあないかなあ。遠山川の谷、下栗の胡桃沢さんを紹介して下さった人が言った。言葉について話しているときであった。

伊那では、上伊那は関東風、下伊那は中京風の言葉を話すといわれているが、遠山川の谷辺りには、伊那生れの伊那育ちであるその人にもいまだにわからない言葉が大事に保存されているという。それがどんな言葉か。たとえば、古い時代の狩人たちの言葉ではないか。もしそうだとすると、或いは万葉時代のものではないか。古い狩人の言葉は、万葉言葉だといわれているが……。九州山地の米良《めら》のことなどをわたしは、想い出した。米良のまつりで行なわれる狩りの所作事で使われる言葉は、まだ万葉言葉をのこしている。そしてそれを使う人たちの飾り気のない明るさ、素朴さは、汚れきった都会の空気になじんでいるわたしや友人たちにとって、今もなお語り草になっている。

下栗では、いまでもフラリとやって来て、しばらく畑などで働かせてもらった後、またフラリと去って行く風来坊が来るという。そういう人のことを下栗の人は風来坊というのだが、少くとも胡桃沢さん夫妻は、そういう人間を黙ってうけとってくれる人だとわたしは感じた。風来坊の話は、泰阜村の温田でもわたしは聞いた。

遠山川の谷には、九千山の神とか弓箭《きゅうせん》山の神とかいう石碑や幣の立っている場所がいっぱいある。山で、遭難した人などをまつったものだが、下栗ではブエンさまという無縁仏の墓が、どの家の墓所でもある。そしてその家の人が墓へ詣るとき、必ずブエンさまにも詣るという。ナム・ブエンボトケさま、まつりはずしがあるとも、うけとりはずしがないようにおうけとりください。そういう唱え言をしてだと、胡桃沢さんの奥さんは教えてくれた。ブエンさまというのは、家の絶えた人や、下栗で死んだ風来坊もいるということであった。

中央構造線の谷は、また南アルプスの長野県側の登山基地でもある。北から仙丈ヶ岳、間ノ岳、農鳥岳、塩見岳、荒川岳、赤石岳、聖岳など三〇〇〇メートル級の高峰がそびえ、その奥に、富士山に次ぐ日本第二の高峰・北岳（三一九二メートル）がそびえる。が、夏になると、おそろしい数の登山客でにぎわう北アルプスはもちろん、それよりもはるかに少ない中央アルプスの登山者よりもなお南アルプスへのそれは少ない。かっては、そこから塩をとり、海からは遠い谷の人の命を養なったという小渋川の鹿塩の鉱泉も、いまは知る人が少ない。

しかし、飯田から南アルプス西麓にいたる林道の開設、神坂峠をくぐる中央高速道路の建設が着々と進んでいる。またそれと平行して飯田から岐阜県中津川へ走る鉄道も計画されているという。まるで古代の東山道が新しく復活しつつあるようである。そしてこの山深い村々がいまもう一度脚光をあびようとしているのである。

左端の小さな石碑がブエンさま。上村下栗

伊那谷では、路傍や小さな広場などにさまざまな石碑が見られる。

伊那谷

向山雅重

逆さ徳利

諏訪盆地の水を集め湛える海抜七〇〇メートルの諏訪湖を源にする天竜川は、中央アルプス木曽山脈・南アルプス赤石山脈と、三〇〇〇メートル級の両山脈が南北にならび走る間を、その山々から流れ出る水をうけて、いわゆる伊那谷を形づくりつつ南に流れ、やがて天竜峡の峡谷をすぎて、遠く遠州灘に注いでいる。

この伊那谷は、木曽・赤石の二つの山脈から流れ出る川の形づくる扇状地と、天竜川ぞいの氾濫原とが、ほどよく開かれて、畑となり水田となり、そこが人間居住のところとなっている。気候も程よく、そこは、古くから、米どころ・お蚕どころとして栄えてきたところ。そして、近年は二十世紀梨の産地。光学や弱電などの工場の盛んになってきたところである。

天竜川の源の諏訪盆地は、早く世界に知られた製糸都市岡谷から、近年は光学・機械、それに信州味噌など、工業の発達したところ。

このようにみると、一般にいって河川の流域は、下流にいくほど開けていくのが普通であるのに、天竜川は反対に、上流の諏訪盆地・伊那谷が広く開けていて、下流にいくとあたかも酒徳利のくびが細くなるように狭まり、河口にいたってふたたび三角洲が広くなって、徳利の口のようになっているのに見立てられる。

言わば、天竜川は「逆さ徳利」みたいなもの、その徳利の太く酒を湛えているところの大部分が伊那谷だということになる。

川で野菜を洗う。南信濃村。昭和42年（1967）
撮影・須藤　功

○桑の中から、小唄が洩れる
　小唄聞きたや　顔見たや
（伊那節）

とうたい、また勘太郎月夜唄で「伊那は七谷　糸ひく煙…」とうたわれる七谷八谷からの水をあつめる伊那谷は

○木曽へ木曽へと
　つけ出す米は
　伊那や高遠の　余り米
（伊那節）

米どころ、お蚕どころとして栄えてきたのである。

防人《さきもり》の道

この伊那谷は、古く京から、東北へ通

中馬を描いた大絵馬。飯田市北方・育良神社　撮影・須藤　功

ずる東山道《とうさんどう》の通路であった。

美濃の坂本駅から、木曽山脈の南部を、神坂《みさか》峠の険を越えて伊那郡の阿智《あち》の駅。ついで育良《いくら》、賢錐《かたぎり》、宮田、深沢の駅をすぎ、善知鳥《うとう》峠を越えて、松本の国府へ出、さらに碓氷《うすい》峠を越えて上野の国へ向うのがその道。

駅に駅馬《えきま》や伝馬《てんま》を置いて公用の旅人の用をはたし、貢物を遠く京に送る用をなしたのであるが、この道はまた、信濃から召されて、遠く築紫の守りにつく防人の道でもあったのである。

　ちはやぶる　神のみ坂に
　幣《ぬさ》まつり　斎《いは》ふ生命《いのち》は
　母父《おもちち》か為め
（万葉集巻二十、四四〇二）

これは、主帳埴科《しゅちょうはにしな》郡神人部子忍男《かんとべのこおしお》が、天平勝宝七年（七五五）二月、防人として築紫に遣われる道、神坂峠で、神に手向けして、道中の無事を祈った歌である。

この東山道は、後に岐蘇路（木曽路）が栄えるようになって廃れたが、今ものこる神坂峠の道。その登り口にある園原の神坂神社には、この防人の歌を石に刻んで、いつの世にも変らぬつわものの出で征く思いを、ひとびとに訴えつづけている。

中馬《ちゅうま》の道

伊那谷を南北に通ずる道が、しっかり整えられたのは、戦国の世に、甲斐の武田信玄が信州を経略し、さらに京《みやこ》に向う野望捨て難く三河に討って出たことによるらしい。幾度もの出陣に甲信の兵がこの道を通った。天正元年（一五七三）野田城の攻略中、病を得ての帰途信玄は駒場に死に、子勝頼は天正三年長篠の一戦に破れ、後、武田勢振わず、ついに天正十年（一五八三）織田勢の攻撃にあい、甲斐の田野に勝頼は自刃し、武田氏は亡びたが、この、武田勢の往来によって、道が整えられた。

それを基として、江戸時代にはいると、塩尻から小野に入り、伊那部《いなべ》（現伊那市）を通り、飯田をすぎ、南の国境根羽《ねば》に到る伊那街道の宿駅が整備された。

根羽から左へ向う道は新城《しんしろ》をすぎ吉田（豊橋）。右へ向う道は足助《あすけ》にいたり、ここから名古屋へ向う。足助から左へ分れて岡崎。

宿駅には、伝馬を置いて公用の人や荷を運んだが、それには関係なく、百姓が自分の馬に荷をつけて運ぶ中馬が盛んになっていった。

畑作の麻苧《あさお》や葉煙草を馬につけて、遠く、名古屋までも何日ものキャラバンをつづけていくといった大きいものから、二泊ぐらいの近くへ、また、日帰りといったものまで、中馬追いにはいろいろあった。

信州は山国で塩がない。その伊那谷へはいってくる塩は、北の高遠は甲州の鰍《かじか》沢《さわ》からの鰍沢塩、南は、岡崎から足助へ運ばれたものが、ここで俵装を替えて送られてきた足助塩が主であり、吉田からのものも少しは入ってきた。

信州は寒くて木棉《わた》が作れない。ふるくは、畑に大麻《あさ》を作って衣料としていたのであるが、綿の温かさを覚えたものは、どうしてもそれがほしい。その綿が、北の高遠は、甲州から、南は尾張、三河から、中馬で送られてきた。

このように、中馬の道は、伊那のひとびとになくてはならない塩の道・綿の道であった。ひとびとは、この塩を買って手づくりの大豆を煮て味噌をつくる。大豆を煮てつぶした味噌玉を一ヶ月ほど吊し、それに大豆一升に塩五合を入れて、桶に仕込んで、寒土用すぎるとうまい味噌になる。人ひとりに大豆一斗。その味噌を毎日の食事に、みそ汁にしてたべる。蛋白質と塩分の貴重な源である味噌を粗末にはせぬ。「阿呆の三杯汁」といって多く食べるを嫌い、「焼味噌すれば恵比寿様がいやがる」といって、その量の多く要るを嫌う。

それに、菜や大根を漬物にして、冬春の大切な食べ物にする。

このように大切な塩も、飢饉の年は雨が多いから塩の入ってくるのが少く、価が高くなって手に入らない。貧しい者は食い継ぎの味噌もなくなってしまい、漬物もない。それでついには、イロリの周りに敷いてあるムシロを刻み、煎って嘗めるといった事態にもなる。そのムシロには、いつか、味噌汁がこぼれたりして塩分がしみ込んでいるからである。

天保の飢饉の折には、こうした事例が多く、また、蒼黒い顔をした乞食が、「塩をほしい。漬物の汁をほしい。炊事のあとの洗い物の水でもいいからほしい」と言ってくる。「その声が甚だ哀れである」と、伊那部（現、伊那市）の医師須田経徳がその手記にとどめているほどである。

中馬で運ばれてきた繰綿《くりわた》を、綿打ちし、これを女子供が、よりこ（撚子・篠巻）に撚る。このよりこを店から手に入れて、糸に紡《と》る。夜業《よなべ》までして一日に三十匁、二百匁附きの木綿一反の機糸を作るに七日はかかる。それを紺屋《こうや》へやって紺に染めてもらい、草木などを使って茶や鼠に染めて、縞を織る。そうして家の者に着せるのが女の仕事であった。

よりこを買えないものは、白木綿を織って店へ持っていき、よりこと交換する「織替《おりかえ》」によって、辛うじて自分使いのよりこを手に入れて、織ったのであった。

塩という食の根元と、ぬの（麻布）よりも温い木綿——山国の暮しになくてはならないものの運ばれてくるのが、この中馬の道であった。

それと共に、この伊那街道は、遠く、南のお伊勢様（伊勢皇太神宮）への伊勢参りの道、また、北の善光寺様への善光寺詣りの道でもあった。

今も残る道しるべの立石に、南へのしるべには「いせ道」、北へのしるべに「ぜんこうぢ道」と彫られてあるのは、この道をたどった善男善女の息づかいをそのままに伝えている思いがある。

暮しの窮乏に堪えかねて、道々食を乞いながら善光寺詣りにきた人が、村の人の情をうけてそこに居着いたといった言い伝えも多く、現に、その後裔の家なども所々に見られる。

幕末、すでに新しい夜明けのいぶきを感じとった大衆のうごきである「おかげまいり」——「ええじゃないか、ええじゃないか」と、お札の降るのにあわせて踊り狂い、お伊勢様へと抜けまいりのひとびとが歩んでいったのもこの道である。

この道は「いせ道」、「ぜんこうぢ道」と、信仰の道でもあったわけである。

米の道・助郷の道

木曽谷・伊那谷―この間を限る木曽山脈を越えての交流は、南から神坂峠・清《せい》内路《ないじ》峠・大平《おおひら》峠・鍋懸《なべかけ》峠・牛頸《うしくび》峠であった。

なかでも、そのほぼ中央の鍋懸峠は、伊那部（現伊那市）から、木曽の宮の越へ越える山路で、僅かに人の通る道だけであった。木曽は木山、尾張藩領で五木《ごぼく》（ヒノキ・サクラ・アスヒ・ネズコ・コウヤマキ）を保護し「木一本に頸一つ」ときびしい禁止。その山の間の僅かな地に生きる人々は、米が乏しく、ソバ・ヒエを主食としている。それに加えて、木曽路は中山道として旅人の往来が多く、米の需要が多く、米を他から移入する必要が多かった。

木曽神谷《かみや》の牛方権兵衛《ごんべい》はこれに着眼し、木曽十一宿の問屋と語らって、この鍋懸峠を、牛馬の道に改修することを伊那側に交渉し、ついに元禄九年（一六九六）六月、それに成功した。今まで人の肩でわずかに運ばれていた米が、木曽の牛方、伊那の馬方によって木曽へ運ばれるようになり、権兵衛のその功績を称えて、この峠はいつか「権兵衛峠」とよばれるようになった。

その頃、高遠藩は財政が窮乏していたので方々から借財していた。木曽の山村代官、それに商人達からの返済に、秋の取入れがすむと、年貢米を百姓達に木曽へ送らせた。すでに雪のきた中央アルプスを越える峠道。それを麓の村の百姓は馬を追って日帰りで神谷まで運ぶ。その「木曽づけ」の往来の途にうたい覚えた唄。

わしが心と　御嶽山《おんたけ》の
　みねの氷は　いつとける
みねの氷は　明日でとける
　娘島田は　寝てとける
（おんたけやま）

その「おんたけやま」の明るいメロデーがひとびとに喜ばれ、それはいつか酒座の唄にもなっていって、いつか伊那谷を代表する唄となり「伊那節」とよばれて、ひろくうたわれるようになっていった。この伊那節は、ナカノリサンの「木曽節」にくらべていかにも明るい。それは木曽谷と伊那谷の姿の明らかな対比でもある。

権兵衛峠は、木曽への米の道であったが、また伊那の百姓にとっては、木曽谷十一宿のうち福島・上松・須原の中三宿への助郷《すけごう》を課され、それに往来する嘆きの道となった。

一日の奉仕に往復三日を費す課役を嘆いて、減免の嘆願は、幕末まで続いたが、ついに効なく明治になる迄苦しんだのであった。

山かげの道

赤石山脈の西麓、その前山の伊那山地との間を走る中央構造線に沿う渓、そこから流れ出る遠山川ぞいの遠山、小渋川ぞいの大河原・鹿塩、三峯《みぶ》川ぞいの入野《いりの》谷《や》・藤沢。その谷中にある峠、南から青《あお》崩《くずれ》峠・地蔵峠・分杭《ぶんぐい》峠・杖突《つえつき》峠、この峠を越え谷中を通ずる一本の道は、いわば伊那街道の裏道ともいうべき道。

この山かげの道を踏んで、伊那の主要な地を北朝方に占められた南北朝の代に、南朝の宗良親王は往来して、南朝のため画策、三十五年を大河原の奥釜沢の地に潜まれた。

われを世に　ありやと問はば
　信濃なる　いなと答へよ
　　峯の松風
（李花集）

この道はまた、木樵りの道、山深く入って熊、猪、羚羊《かもしか》を狙う猟師の道、岩魚釣りの道、木地師の道。そして世をしのぶ隠れ人の道でもあった。

山住みの安らかさとともに、どことなく、わびしさ、うらがなしさのしみじみ身に沁みる道である。

小笠原：開けゆく

BONIN ISLANDS

文・写真　姫田忠義
写真　伊藤碩男

父島、大村の協会と絵をかく子どもたち。

戦時中に魚雷を受けて座礁した濱江丸《ひんこうまる》の残骸。魚礁のようになっていて、この船の下にはたくさんの魚がいる。境浦

J君、新年おめでとう。いよいよ卒業も間近になったね。

この前、君に逢ったのは、去年の十月末、ぼくの三回目の小笠原渡航のときだったが、あのとき君や君のお父さんから、君が高校卒業と同時にアメリカへ渡り、アメリカ国籍を取るつもりだと聞かされて、ぼくは非常にショックをうけた。シーザーの科白じゃないが、J君、君もか、そういう感じだった。

君の二人の兄さんや、その他何人もの小笠原の青年が、先にアメリカ人になって小笠原を去っているものね。

もともと欧米系の人の血をうけた君たちがアメリカ人になるのは、いわば先祖返りをするようなものでごく自然なことかもしれない。また、人間どこに住もうが何国人になろうが自由なんだから、いまさらぼくがとやかく言うことはできない。

でも、せっかく知り合った君が、日本人であること、いや日本人になることを拒否してアメリカへ去って行くのはとても残念だ。ぼくは日本人だからね。

J君。小笠原というところは、日本では他に例のない独得の歴史をもったところだ。君たちのように欧米系の血をうけた人と、八丈島や日本内地から移住した根っからの日本人とがいっしょになってひらいてきた島であること。殊に、今から百四十年前までは全くの無人島であった小笠原に一番最初に住みついたのが君たち欧米系の人の先祖だったことや、それから今日まで終始一貫して小笠原に住んでいたのもやはり君たち欧米系の人たちだったことなど日本では他に全く例のないことだ。

つまり小笠原には、数は少ないがいつも君たち欧米系の人の姿があった。それも外国人としてではなく、日本人として生きる姿があった。小笠原というのはそういうところだった。

ぼくにはそれが、たとえようもなく貴重なことに映る。なぜってぼくたち根っからの日本人は、この日本のなかに、そういう歴史の地をもっていないからだ。君が去って行くのをぼくが残念がる一つの大きい理由はこのことなんだよ。

どうして君が日本人になることを拒否し、君の先祖とは逆に小笠原を去って行くのか。ぼくはまだそれを君からはっきりと聞いていない。

小笠原は、そして日本は、どう君を失望させたのだろう？

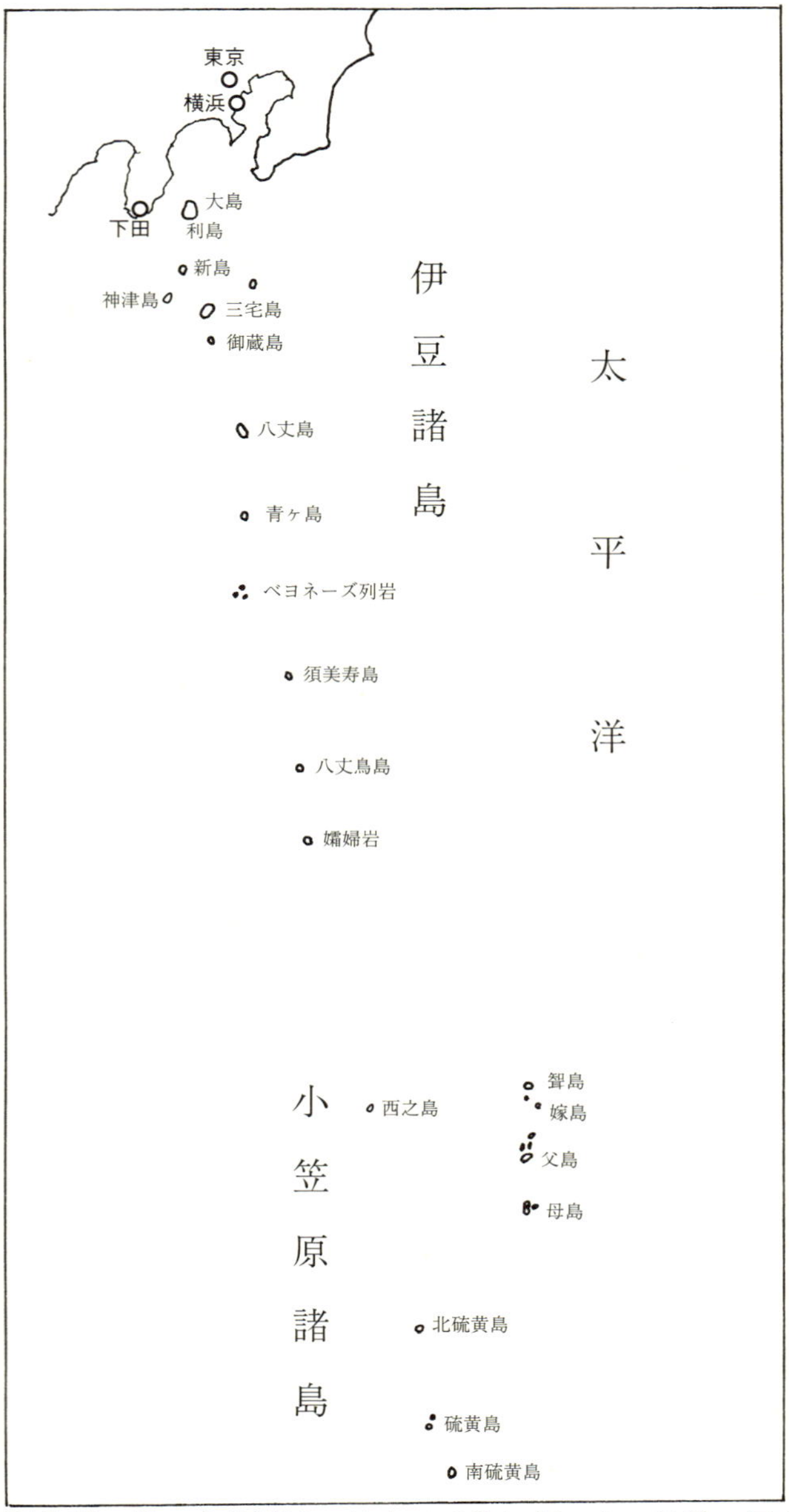

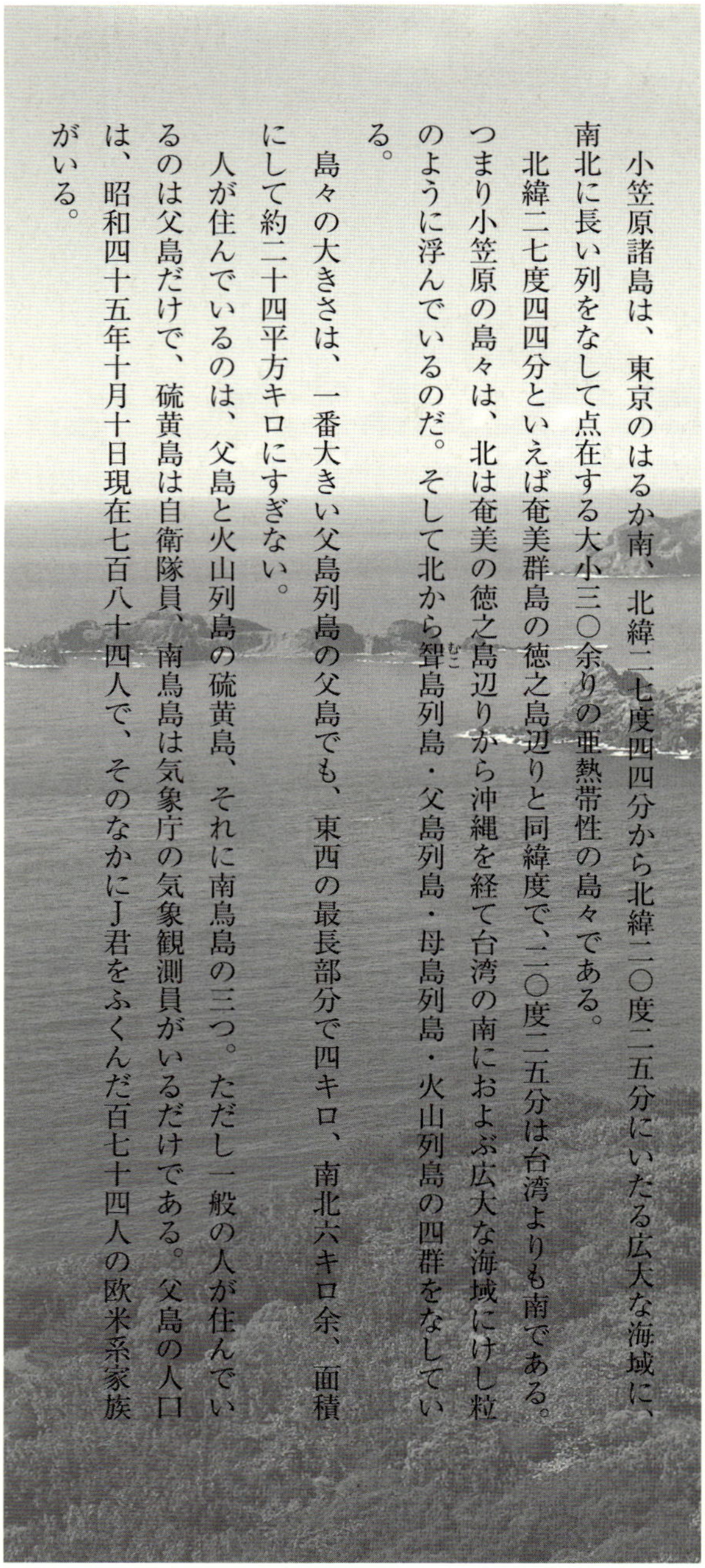

小笠原諸島は、東京のはるか南、北緯二七度四四分から北緯二〇度二五分にいたる広大な海域に、南北に長い列をなして点在する大小三〇余りの亜熱帯性の島々である。

北緯二七度四四分といえば奄美群島の徳之島辺りと同緯度で、二〇度二五分は台湾よりも南である。つまり小笠原の島々は、北は奄美の徳之島辺りから沖縄を経て台湾の南におよぶ広大な海域にけし粒のように浮んでいるのだ。そして北から聟《むこ》島列島・父島列島・母島列島・火山列島の四群をなしている。

島々の大きさは、一番大きい父島列島の父島でも、東西の最長部分で四キロ、南北六キロ余、面積にして約二十四平方キロにすぎない。

人が住んでいるのは、父島と火山列島の硫黄島、それに南鳥島の三つ。ただし一般の人が住んでいるのは父島だけで、硫黄島は自衛隊員、南鳥島は気象庁の気象観測員がいるだけである。父島の人口は、昭和四十五年十月十日現在七百八十四人で、そのなかにJ君をふくんだ百七十四人の欧米系家族がいる。

亜熱帯の島・小笠原は、日本では他に例のない独特の歴史の島である。アメリカ系、スペイン系、ポルトガル系、イギリス系、カナダ系など世界各地の民族の血をうけた人たちが日本人として生きてきた。セボリ家（日本名、瀬堀・奥村）、ゴンザレス家（日本名、岸・小笠原）、ワシントン家（日本名、大平・木村・池田）、ゲレ家（日本名、野沢）、ウエップ家（日本名、上部）、国際色豊かな南国の島である。

父島の中心街の大村

孤独な島・岩

何度通っても小笠原は遠い。東京の竹芝桟橋から父島の二見港まで約一千キロ、船で約二昼夜である。

もっともこれは、東京都のチャーター船に乗った場合の話で、小笠原への渡航が自由になるはずの今年の六月からは、もっと速力のある船が出るだろうから、時間的には何時間か短縮できるだろう。けれどそれにしても四十数時間という船旅は決して短くはない。時間的には、東京から沖縄までの船旅とあまり変らないのである。

船が、伊豆七島に沿って南下しているときはまだいい。昼なら、それぞれ特徴のある島々の姿をじっくり眺めておれるし、夜なら、眠っていればいい。問題はそれからである。東京を出てから十数時間、伊豆七島の南端である青ヶ島の島影が後方に消えると、もう一望の海原である。三百六十度、茫々とひろがる太平洋の波と空だけ。

海と空が、急速に青さを増してくるのがこれからである。けれどそれもお天気しだい。機嫌の悪い太平洋には、よほど船に強い人でも閉口する。

単調な小笠原の海にも、ときおり思いだしたようにあらわれて、船客の眼をたのしませてくれるものがある。ベヨネーズ列岩・鳥島・孀婦《そうふ》岩である。

ベヨネーズ列岩は、海面に群がり出た岩礁。

鳥島は、もと測候所のあったところで、昭和四十年の噴火後は無人島である。島の南から東にかけて噴火の傷跡が生ま生ましく、島の西側に測候所やその附属施設が残っている。この鳥島測候所の閉鎖のおかげで日本の気象観測網に一つの大きい穴があいたことをぼくはこの小笠原の海で少々手荒く知らされた。去年の十月の小笠原からの帰り船であったが、父島を出るときは鳥島から晴れるという予報だったのに、実際はその逆に鳥島辺りに低気圧が発生していて、そのためにだいぶ船がゆさぶられた。全く狐につままれたような感じだったが、つまりそれほど伊豆七島から小笠原までの海が広く、鳥島の測候所が大事だったというわけである。この海はまた低気圧の発生地で、小笠原はまた台風の発生地である。

嬬婦岩は、鳥島から八時間ほど南下したところに忽然とあらわれる高さ百メートルほどの柱状の岩である。三百六十度何もない海中にひとり凝然と突っ立っているこの岩の姿は、実に奇妙でふしぎで孤独である。一体この辺りの海の深さはどれくらいだろう？　おそらく二千メートルはあるだろうか？　そしてそこにかくれているこの岩の基部はどんなかたちをしているのだろう？　海が干上ったら、北アルプスの槍ヶ岳の頂上よりももっと奇妙な危なっかしい恰好で、この岩は立っているんじゃないだろうか。これが陸上の山なら、とっくの昔に折れてしまっているだろう。とにかくふしぎな、そして孤独な岩である。

この嬬婦岩から小笠原の島までの十数時間は、もう何も現われてくれない。

顔ぶれが変った

はるかな水平線上に、一つ二つ三つ、小さな点の島影が見えはじめた。小笠原最北部の聟島列島の岩礁群である。どれもこれもギザギザの鋸の歯のような奇怪なものである。長い船旅に疲れたものを迎えるにふさわしい劇的な姿ともいえる。そしてやがて聟島列島の主島・聟島も見えて来る。

つづいて兄島列島の島々。やはり妙にギスギスした稜線をもつ見るからに荒れた無人島群である。

兄島につづく父島もまたはじめは同じ無人島のつづきとしか見えない。が、二見湾の入口に近づくにしたがって急速にひと気があらわれる。湾口の山に立つ父島測候所のウェザーステーション、湾口の浮標灯台、そして船。入港が午後であれば、カヌーの走るのが見えたりする。まるで水面をすべる水すましのように軽ろやかに、しかも相当な速さで走るカヌーは、亜熱帯の島にふさわしい役者の一人である。

小笠原で最大の、そして最良の天然の港である二見湾は、静かな明るさにみちた港である。湾の左岸にある人家の少ないこと、山が低いこと、空が高く青いこと、そして太陽が強烈であること。

父島の小・中学校で絵を教えている先生が言った。

「ここの子どもは、ほとんど例外なく太陽を赤ではなく黄色で描きます。はじめてそれを見たとき、全員色盲じゃないかと思ったほどでした。自分で生活してみてわかりました。確かにここの太陽は黄色いのです」

その子どもたちが、大人たちに混って船着場へ来ている。入港が早朝でも、午後でも、必ず彼らの姿がある。

東京からの定期船は、月に二回しか来ない。彼らは、そして小笠原の人たちは、それを待ちこがれているのである。小笠原に必要な生活物資が来る。建設資材が来る。そして外の空気をにおわせた人間たちが来る。「定期船の入港日は、まあおまつりの日ですな」、或る人がそう言った。船客たちが下りはじめると、狭い船着場は忽ち人と車とにぎやかな交歓の声でいっぱいになる。

ぼくがはじめてこの船着場へ下りたのは一昨年、昭和

東京からの船が着くとにぎわう二見港

四十四年（一九六九）七月。二回目が去年の三月、三回目が十月。

その間、この船着場の風景は変らない。

いや、変った。一回目は、子どもたちは欧米系の子どもばっかりだったのに、今は内地から来た子どもがだいぶいる。大人も、内地組が圧倒的に多くなっている。船着場のこの顔ぶれの変化は、つまりは小笠原の変化なのである。

ひとしきりにぎわった船着場は、やがて再び静かになる。人びとがそれぞれの場所へ散って行ったからである。人びとの家は、二見湾に向って左岸から湾奥にかけてある。湾口の方から大村、清瀬、奥村の三区域に分かれる。大村には、東京都小笠原支庁や小笠原村役場、小笠原小・中学校をはじめ測候所、診療所、警察などの公立施設や、電々公社、東京電力などの出張所、海上自衛隊などが集中している。それらにかこまれた広い土地がメリケン松をあしらったグリーンの芝生の広場になっていて、テニスコートやソフトボール場、ゴルフの練習場も設けられている。広場の端にしょうしゃな教会があり、小・中学校の横にアメリカ式の野外映画劇場がある。グリーンの広場もこの野外映画劇場も、第二次大戦後二十三年間つづいたアメリカ軍占領時代の名残りだが、広場に沿った山際や広場から清瀬、奥村に通じるメインストリートに沿った山際に人家がある。いずれもアメリカ式の平屋住宅で、それぞれ家のまわりに椰子やバナナ、パパイヤ、ガジュマルなどの亜熱帯、熱帯性の木を植え、

小笠原で唯一、生活用品が買える生活協同組合の売店

ハイビスカスやカンナなどの草花も植えたりしてなかなかきれいである。

清瀬には、いくつかの建設会社の事務所と飯場があり、アメリカ軍引揚後の小笠原復興のための土木や建設の主力になっている。民家はやはりアメリカ式の平屋住宅だが、ただ一軒だけ二階建の家がある。電々公社に勤めるIさんの家で、小笠原で唯一の二階建民家である。図をかき、ノコをひき、釘をうち、すべてIさんひとりの力で建てた家だというが、なかなかどうしてりっぱなものである。小笠原へ渡る度に、ぼくやぼくの仕事仲間たちは、このIさんの家に宿をとらせてもらっている。Iさんもまた欧米系の人の血をうけていて、奥さんは九州の唐津出身の人である。このIさんの家から山の方へ入ったところに二棟の新しい鉄筋コンクリートづくりの東京都営アパートがあり、内地から赴任してきている学校の先生や役場の職員が住んでいる。ほんの半年ほど前に完成したもので、これも新しい変化の一つである。

奥村には、二見湾を見下す高いところに、一昨年から開校した都立小笠原高等学校があり、海ぞいのところには、もと学校の先生たちが住んでいた平屋住宅と、二棟の新しい鉄筋コンクリートづくりの都営アパートがある。いずれも、小笠原がアメリカから返還された直後に内地から渡って来た漁師の人たちが住んでいる。この人たちは、第二次大戦末期まで小笠原に住んでいた人か、それと関係のある人たちで、小笠原では元島民と呼ばれている人たちである。アメリカ軍の占領時代もずっと小笠原に住んでいたJ君やIさんなど欧米系の人のことを

昼なお暗いガジュマルのトンネルの道

旧島民というのと対比させたいい方である。奥村にもアメリカ式平屋住宅の民家があり、大村や清瀬と同じように欧米系の人が住んでいて、それに漁師の人たちは、小笠原返還後渡って来た学校の先生や役場の人、それに漁師の人たちは、新しい鉄筋コンクリートの都営アパートに入っている。奥村には、返還後渡って来た漁師の人たちを中心にしてつくっている漁業協同組合の事務所や冷蔵庫がある。

さて、以上が現在の小笠原村の概略である。第二次大戦までは、奥村のずっと南に扇浦というところや、そのほか父島のあちこちに点々と人家があったらしいし、父島から船で約三時間ほどの南の母島に沖村と北村の二集落、それに硫黄島の集落などがあったのだが、それらはすべて第二次大戦末期の強制内地引揚以後廃村になり、現在では小笠原村というと、この父島二見湾ぞいの三つの集落しかないのである。

いずれ将来は、母島の村が復活するらしいが、現在のところは、その日のための港湾設備の建設がはじまっているだけである。硫黄島の村の復興については聞いていない。

二見湾ぞいの集落から南に向い、父島中央部の山をめぐる自動車道路がある。そこに次々につくられている水源地やダム、浄水場、それに東京都の農業試験場との連絡道路で、第二次大戦中、父島にいた日本軍の使っていた道路を活用しているところが多いのだが、これがまたすごい道路で、雨でも降ると忽ちジープでも通れなくなるところだらけである。父島の海岸線は、いたるところに小さい入江があり、美しいサンゴ砂の浜や断崖の場所があるのだが、今のところ自動車でそれらの場所へ行くことはできない。船で海から上るか、或るところまでジープで行って後は自分の足で歩かねばならない。二見湾ぞいの集落内以外の交通路は、まだこれから開発というところである。

父島にしてそうである。まして現在は無人化した母島では、道路も旧村落跡もジャングル化してしまっている。父島でも猛威をふるっているギンコオカイという木が、猛烈に繁殖している。もともと人の住まなかった他の無人島など、現在もまだその自然のままの姿である。

シオマネキ

オガサワライトトンボ

ムニンヒメツバキ

オガサワラツクツク

小笠原諸島で身近に見られる
昆虫・魚介・植物・鳥など

カツオドリ

卵を抱くアナドリ

タコの木

人の手の加わらない無人島というものがどういうものか。それを知るには、何も遠くまで行く必要はない。清瀬の集落から山に上り、すぐ北隣の兄島を見下せば一目瞭然である。

父島と兄島との間の水道は、わずか数十メートルの幅しかない。それだけに潮の流れが早く、また美しいサンゴが密生しているのが、眼下に見える。が、目を上げて兄島を見るとどうだ。やや赤みがかった荒々しい岩肌が全面に露出し、足下の美しいサンゴの海とはおよそ不似合いな対照をなしている。もしもぼくが絵描きなら、思いきってそのふてぶてしさをキャンバスにたたきつけるだろうが、とにかく何ともいえない荒れすさんだ感じなのである。しかもそんなやつに、まるでお慈悲を乞うてでもいるかのようにしがみついている草がある。そしてそれがこれまた何ともいいようのない斑らさかげんで、ふてぶてしい岩肌に景をそえているのである。

兄島は、将来その尾根部分を平らにして、飛行場をつくろうという計画のある島である。兄島に飛行場をつくり、父島との水道に橋をかけ二見湾ぞいの集落につなぐという計画だが、もしそれができたとしたら、おそらくこの兄島の景色も一変するだろう。つまり今は、人の気配を感じさせる小道一本、小屋一つないために、その岩肌のふてぶてしさが生きているのだし、いかにも無人島という感じなのである。

今日の日本では、たとえばどこそこの無人島だとか、山奥だとかいっても、そこには必ずといっていいほど細い山道とか植林した木だとか小屋だとか電線だとかがひっかかって見える。そういう余計なもののない原始の自然そのものなんて見たくても見られなくなっている。ところが、現在の小笠原にはそれがあるのだ。しかも頭一つ回らせば、眼下に二見湾ぞいの集落が見える。そういう場所に、である。

飛行場も大事だ。それがあれば、どんなに小笠原の人も助かるか。でも、何も兄島をとは言わないが、この原始ともいえる自然の姿をいつまでも残しておいてほしいものだ。

小笠原は、南米のガラパゴス諸島に匹敵する貴重な自然があるという。ガラパゴスの場合は、動物固有種、つまりガラパゴス固有の動物が多いというが、小笠原の場合は、生物、特に植物の固有種が多いという。そしてこれは、世界的に貴重なことだというのである。

残念なことに、ぼくは植物についての知識が全くない。だからどれが、どういう意味で貴重な植物なのか見当もつかない。専門の学者の人たちが調査されたものの名前だけでも別紙に書いておこう。植物だけではなく、鳥類、動物、昆虫、地質の方も加えておく（次頁）。

小港海岸の岩壁

小笠原動植物ガイド

日本列島から直角に太平洋に延びる伊豆—マリアナ島弧の中央に位置し、年平均気温二二・五度の亜熱帯性気候。島によって成因のことなる複雑な地史と地質、このような環境条件が小笠原諸島の生物相にいちじるしい影響を与えている。

動物では鳥・昆虫・陸産貝類に固有種が多く、しかもそれらの分布が一つの島に局限されているものが多い。また植物ではシダ植物、種子植物は約四〇〇種といわれているが、特に種子植物は五四・三%の固有率を持ち、日本での最高率を示すばかりでなく世界的にも有数のものである。

以下に諸島中で特徴のある生物相をあげる。

父島⇩八瀬川河口地帯⇩枕状《ちんじょう》溶岩の大露頭、浜砂・湿地植物群落。中央稜線地帯と東斜面⇩鮮苔、鳥・昆虫の種類多く優れた生態系、稀産種ムニンツツジ。南崎および南島⇩石灰岩地形、更新世半化石のヒロベソカタカタマイマイ。**北之島**⇩オオアジサシ・カツオドリ繁殖。**母島**⇩御幸浜・南京浜・鮫ヶ浦⇩貨幣石、貝化石を含む露頭、干潮時に露出するサンゴ礁。乳房山南側の樹林⇩メグロ（小笠原特産種の鳥類として絶滅をまぬがれた唯一のもの。天然記念物）、オガサワラオオコウモリ（昼間でも活動する。天然記念物）。中央稜線地帯⇩セキモンノキ、ウドノキ、オガサワラクワ等の固有種を含む小笠原諸島唯一の原生林。**向島**⇩メグロ棲息。オオハマキキョウ、ムニンノキ等の低木林。**平島**⇩サンゴの風化した白色砂礫の砂浜。ココヤシ、クサトベラ等の海浜植生。**鰹鳥島・四本岩**⇩カツオドリの繁殖。**南硫黄島**⇩全島が原始状態を保つ唯一の島。アカオネッタイチョウ、ミズナギドリ類等の繁殖。**北硫黄島**⇩熱帯気候支配の生物相。

大洋島の生物相は、他と隔離されていることで様々な固有種を生んでいるが、それだけに破壊されやすく、外来種の侵入を受けやすい。固有の自然植生を守ることによって外来種の侵入を防ぎ、小笠原の自然と景観を長く保ちたいものである。

絶滅したもの

オガサワラマシコ
オガサワラガビチョウ
オガサワラカラスバト

動物

天然記念物

オガサワラオオコウモリ
メグロ
アカガシワカラスバト
オガサワラシジミ
オガサワラタマムシ
オガサワライトトンボ
オガサワラトンボ
シマアカネ
ハナダカトンボ

要天然記念物指定

アオウミガメ

陸産貝類

カサガイ
オカヤドカリ
オガサワラアメンボ
オガサワラゼミ
オガサワラセスジゲンゴロウ
オガサワラクマバチ
オガサワラアオイトトンボ

植物

要保護

セボリヤシ
オオハマキキョウ
ワダンノキ
ムニンビャクダン
ムニンツツジ
ムカンリュウビンタイ
ユズリハワダン
ヒメタニワタリ
オガサワラシコウラン
オガサワラクワ

開拓者たち

今から百四十年前まで、小笠原諸島は無人島であった。

父島の大村の人家の後の山に、鳥居だけしか残っていない神社の跡がある。小笠原諸島の最初の発見者だといわれている小笠原貞頼をまつった小笠原神社である。貞頼が発見したのは一五九三年（文禄二年）だといわれているが、ちゃんと人が住みはじめたのは、一八三〇年（天保元年）である。ハワイから渡って来た欧米系の人たちであった。ナサニエル・セボリ、アルディン・ビー・チャッピン（以上アメリカ人）、リチャード・マイルドチャンプ（イギリス人）、チャールス・ジョンソン（デンマーク人）、マテオ・マザロ（イタリア人）が名前のわかっている人で、その他にハワイのカナカ系の人もいっしょに来たという。総勢二十数人。

鳥居だけが残る小笠原神社跡

その後、一八五三年（嘉永六年）にアメリカのペリーが、艦隊をつれて父島にやって来たときには、父島には三十一人の人がいた。三、四人のイギリス人とほぼ同数のアメリカ人、ポルトガル人一人、あとはカナカ系の人とこの島で生れた子どもたちだった。最初に移住して来た人たちとはだいぶメンバーが変っているようで、ナサニエル・セボリは残っていた。この人たちは、畠を耕して甘藷、トウモロコシ、カボチャ、タマネギ、タロ芋などをつくり、スイカ、バナナ、パイナップルもつくっていた。豚も飼っていた。そして当時盛んに往来していた捕鯨船にそれらの作物を売ってくらしていた。

一体その畑は今のどこか。色々聞いてみたが、どうもよくわからない。

そのうち、宿をしてくれていたIさんが、父島のあちこちの入江についている名前のことを話してくれた。ワシントン海岸、グラネ・ビーチ、久吉海岸、高橋海岸、ジニ・ビーチ、ジョン・ビーチ、コペペエ海岸、ギヘイ岩など。それぞれの海岸の名は、そこに住みついた人の名である。

聞きながらぼくは父島の略図を書き、それにIさんの話を書きこんだ。次頁の図がそれだが、書きながらおもしろいと思った。一八三〇年の最初の移住者の数は、よ

小笠原・父島の概略図

1. ウェザーステーション
2. 大根山墓地
3. レストハウス(予定地)
4. 宮ノ沢(海水浴)
5. 電々公社
6. 村営宿泊所
7. 海上自衛隊
8. 気象庁
9. 村立診療所
10. 小中学校
11. 消費生活協同組合(B. I. T. C)
12. 東京電力
13. 釣浜展望台
14. 小笠原高等学校
15. 都営住宅
16. 漁業協同組合
17. 第一水源
18. 境浦海岸(海水浴)
19. 第二水源
20. 第三水源
21. 扇浦浄水場
22. 連珠谷ダム
23. 農業試験場
24. 小曲ダム予定地
25. 洲崎旧飛行場
26. 小湊海岸(海水浴)
27. 支庁(村役場)、総合事務所

キリスト教、仏教、神道の墓標が入り混じる墓地

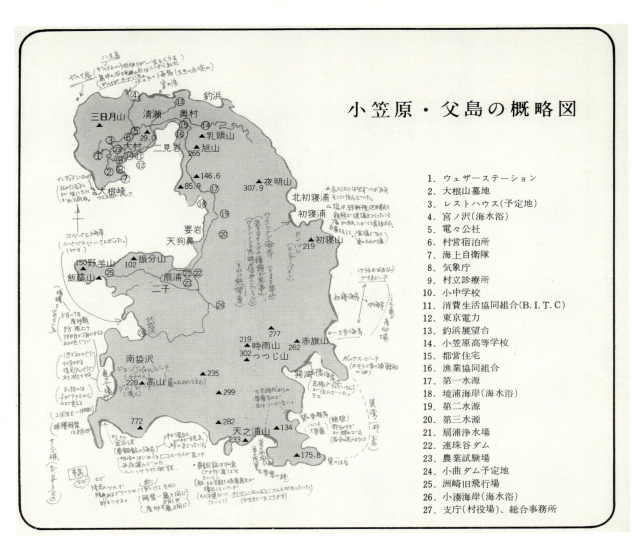

く本にも書いてあるし、よく話にも出た。ところが、そのときつくられた畑というのはどこだなど具体的なことになるとわからない。ところが、ここでは、ちゃんと場所がわかる。それがとてもおもしろかった。Iさんの話は、イギリス人の牧師でビショップ・チャムレという人が書いた「ヒストリー・オブ・ザ・ボニン・アイランズ」が元になっていた。ボニン・アイランズは小笠原のことだから、小笠原の歴史というわけである。

Iさんは、チャムレ牧師の本をよく覚えていた。そしてそのことを両親やおじいさん、村の人の話と照らし合わせたり、チャンスがあるとそこを歩いたりして確かめていた。

それらの人たちの住んだ入江には、必ず飲み水にできる小川が流れ出ていた。そしてワシントン海岸は、色々な種類のサンゴや熱帯魚が豊富だし、グラネ・ビーチや久吉海岸をふくめた初寝海岸やジニ・ビーチ、ジョン・ビーチなどは、海亀の産卵場所だった。つまりワシントンさんやその他の人は、サンゴや海亀の卵を捕ってくらしたのである。

ナサニエル・セボリたちは野菜をつくり、果物を実らせ、豚を飼い、それを捕鯨船に売ってくらしたというから農業者であった。そして右の人たちは、そういう農業者たちのなかから離れるか、乃至は全然別なところからやってきて、寂しい入江の奥のひとり住いをはじめたのである。コペペエ海岸でくらしたコペペエおじいさんは、タコの木の実だけを食べてくらしたということである。

タコの木というのは、まるでタコの足のようにたくさんの根が地上に出ているいかにも亜熱帯の島のものらしい木で、小笠原の島にはいたるところに生えていて、昔は誰でもその実を食べたり、それで味噌をつくったりした大事なものだったという。またタコの木の葉で帽子やハンドバッグ、根で草鞋をつくって内地へ売りに出すことが、昭和のはじめごろまで盛んに行なわれたという。タコの根の草鞋などとてもよい値で売れたそうである。一体誰がそんなことをはじめたのか。ハワイから来たカナカ系の人であったコペペエおじいさんのような人か。それとも、カナカ系や欧米系の人におくれて小笠原へやって来た日本人たちか。島の女子衆を傭ってそういうタコの木の細工物をつくる授産場を経営していたのは、母島では武市という人だったが、武市といえばおそらく土佐の人であろう。

父島にも授産場はあったという話である。

ミイはアメリカ人だ

小笠原に、日本人が移住して来たのは、一八七六年(明治九年)であった。もっともそれ以前にも一度、一八六二年(文久二年)に徳川幕府が四十何人かの人を小笠原に送ったことがあるが、その翌年には全員引揚げさせている。幕府の動乱期で、幕府もその方に手がまわらなかったのである。

それを考えてみると、自分たちの国から遠く離れた小笠原で頑張ったナサニエル・セボリらはえらかった。ペリーがやって来たときには、一番はじめのメンバーがほとんどいなくなっていたというが、そうなる最大の原因

開拓者の末裔。手に持つのは山刀とタコの実

欧米系の人と結婚した初期の人、おすて婆さん

は、やはり小笠原という大海の無人島の開拓が苦しかったのだろう。そしてそのあげく、一八六二年、小笠原が日本領であることが国際的に認められたため、日本人になって小笠原にとどまるか、それを拒否して小笠原を去るかの選択を迫られたのである。彼らは、全員日本人になり、小笠原にとどまった。そしてその年渡って来た日本人移住者といっしょになって小笠原をひらいて来たのである。

歴史は繰返すというが、それから約一世紀経った今日、もう四代近くも小笠原で生きて来た欧米系の人たちは再び日本人になるか、アメリカ人になるかの選択を迫られた。第二次大戦で日本が負け、一九四五年（昭和二十年）から一九六八年（昭和四十三年）までの二十三年間、米軍の占領時代がつづいた後、突然小笠原返還の話が決った。戦前の、日本人としての生活を体験している大人たちはともかく、米軍占領時代に生れ、学校ではお前たちはアメリカ人だと教えられていた子どもたちには、それこそ驚天動地であったにちがいない。一九六八年六月二十六日、学校のポールに日の丸が揚がり、日本からやって来た先生に、お前たちは日本人だと聞かされた子どもたちが、「ノオ、ミイは日本人じゃない、アメリカ人だ」と泣いて叫んだという。ぼくが最初に小笠原へ渡ったのは、その一年後で、子どもたちに或る落ち着きがでてきたころであったが、それでも彼らの反応は厳しかった。そしてその後、親しくなったJ君は、とうとうアメリカへ去るというのである。

もちろん苦しいのは、彼らだけではない。戦争末期に、ほんの二、三ヶ月という約束で殆ど無一物で内地へ強制疎開させられ、しかも二十三年間、小笠原へ帰ることを待ちこがれてくらして来た七千数百人の日本系島民も苦しんだ。なれない内地生活のなかで彼らがどんなにもがき苦しんだか。ぼくは、おりにふれてそれを聞かせてもらっているが、しかし、その人たちは、日本人であることを止めるかどうかという選択まで迫られることはなかった。かって朝鮮人が日本人になることを強制され、しかも日本人として遇されることなく差別され、卑しめ

兄島より西島を見る。湾内には旧日本海軍の戦艦５隻が沈んでいる。

られたような、そういう体験はなかった。

明治九年に日本人になったナサニエル・セボリらは、その後ふえつづける日本系日本人のなかで、どんな気持ちで、どんなくらしをして来たか。そういうことは誰も語りたがらない。ただぼくらは、日本人になった後の欧米系の人たちの一部が、父島だけではなく母島の方にも生活の場所をきずいたことがあったが、やがて父島に帰り、帰化人部落と称せられる奥村の一角に集められて貧しくくらしたことを知っている。開拓の大先輩である彼らを、誰がそうさせたのか。大正、昭和と、時間が進むにつれて、小笠原を要塞化して行った日本の軍部なのか。それ以外のものに責任はないのか。

沖縄の問題とはまたちがった、非常に重要な問題を、小笠原はもっているのである。

小笠原に住む欧米系の人たちは、多くの人が、今でも日本名とアメリカ名の二つをもっている。そしてふだんお互いに呼び合うのは、アメリカ名の方である。

風と亀とサンゴと

毎年二月、小笠原では強い西北風が吹きつらなる。八月末から九月いっぱいの間、いつ来るかわからない台風とともに、小笠原では一番厄介な相手である。

小笠原の台風はタチが悪い。内地の方なら、台風というものは何だかだいいながら通りすぎて行くものだが、小笠原ではデンと居坐ってしまうことがある。長いときは一週間ぐらいも坐っている。そのため戦前の小笠原の家は、金のある家はフンドン、一般の家はヂゴクという

方法で家が飛ばないようにしていたという。去年、昭和四十五年（一九七〇）の十月、ぼくが小笠原へ渡ったのは、そのひと月ほど前に五、六十年ぶりという台風が来て、風速五十二メートル（風速計がそこで壊れてしまったので、実際はもっと吹いただろうという）で暴れまわったと聞いたので、被害のようすを見に行ったのである。

戦前は、二見湾の沿岸に、大きいタマナの木や桐の木が生い茂っていて、海からは村の家が見えないぐらいで、台風のときなど大いに防風林として役立っていたというが、戦争のときのアメリカ軍の爆撃や何かで伐り払ってしまい、今は全く見はらしよくなってしまっている。見はらしがいいということは、風通しがいいということで、今度の台風では、新しくつくったばかりの中学校のプレハブ校舎二棟が木っ葉微塵になっていた。また大きいタマナの木は、昔は絶好のカヌーの材料木になったというが、それもダメ。戦争は、色々なところで被害を与えているのである。

二月いっぱい吹き荒れた台風と同じように厄介な西北風が終ると、「亀曇り」と呼ばれる曇天の日がつづき、小笠原の海は非常におだやかな凪ぎの海になる。内地流にいえば春の到来だが、ぼくの経験でいえば夏の到来である。だって去年の三月に渡ったとき、ぼくはその年の小・中学校の卒業生たちとコペペエ海岸のすぐ南隣にある小浜という美しい自然の海岸にピクニックに行ったが、男の子たちがわれ先に海にとびこんで行ったのにびっくりした。ときおり小雨のぱらつく膚寒い「亀曇り」の日で、しかもその三、四日前の東京は、近来稀な大雪が降り、その余波で小笠原行きの船が一日出航を延ばしたぐらいだった。ところがその子どもたちには、もう海のシーズンだったのである。

ところでこの「亀曇り」は、三月から四月にかけてつづくが、それが終るといよいよ亀の産卵期である。

海亀の産卵を、ぼくはまだ実際に見たことがない。去年の七月は、ぜひ見たいと思ったのだが果せなかった。亀は、夕方から浜に上りはじめ、一匹で二十個ずつぐらい、約四〇分ほどかかって生み終るという。そしてテッパ（後足）で立ち、前足で卵に砂をかける。それこそ大粒の涙をこぼしながら卵を生む亀の顔のクローズ・アップのフィルムをぼくは、いつかどこかで見たことがある。

剥製の亀

新しい生命を生むあの厳粛な亀の営みを、いつか自分の目で見たいとぼくは思っている。

卵は、三十八日目に孵化し、かわいい子亀たちが海へ返って行くという。白いサンゴ砂の浜を、ひたむきに海へ向かって這う子亀の群れ。考えただけでもほほえましい状景である。

現在、産卵期の親亀の捕獲は禁止されている。亀たちの産卵の終った八月一日が解禁日である。

海亀の産卵期は、またエビの産卵期である。

エビの産卵も、捕獲解禁も海亀と同じで、兄島列島の弟島がその最も盛んな場所だという。

弟島には、第二次大戦後二十三年間、小笠原を占領統治していたアメリカ軍が引揚げるとき放したバッファローが猛烈に繁殖している。一日、ぼくは船で海からそれを見に行ったが、一体何を食べているのだろう? あっちの尾根に二、三頭、こっちの谷に数頭、遠目にもその巨大さがうかがえるたくましいバッファローが悠々と歩いているのが見えた。

エビの産卵は、亀とちがったこまやかな技で行なわれるという。雌エビが、後足の爪で、腹にあるグリーンのノリをとって岩にこすりつけ、それに卵をつけるというのである。

小笠原は、またサンゴの繁殖地である。ただし、本サンゴといわれるものは、二百五十~三百尋の深いところにある。

かつて小笠原では、猫もしゃくしも本サンゴとりに熱中した時期があったという。昭和初期の話である。当時は父島だけではなく、母島にも二つの村があり、農業を主にしてくらしていたが、この母島からも大挙してケイタ島(聟島)へサンゴとりに行った。もちろん船のないものは、他人の船に傭われてである。ぼくがこの話を聞いたのは、現在内地に住んでいる母島からの引揚者だが、そのころ十七、八歳だったその人も、他人の船に傭われて行った。とったサンゴのうち赤サンゴは、全部イタリアへ輸出したということであった。本サンゴにはボケ、モモ、赤、白の四種があり、ボケが最高品であった。

その後十年ほどして第二期のサンゴブームがあったが、このときは、父島に三軒、母島に七、八軒ほどの船主ができていて、その船が中心になってやったらしい。父島の三軒のうち二軒は八丈島出身者で、一軒は東京出

白サンゴを洗う。

身者ではないかということであった。母島の船主で大きいのは三軒で、それぞれ八丈島、遠州、四国（高知?）の出身ということで、船に乗りこんで活躍したのは高知県の人が多かった。ここでもまた土佐の人があらわれる。

現在の小笠原には、本サンゴとりを専門にやっている島民はいない。内地から来た船だけ。島民がとっているのは、かっては網喰いといわれた海の浅いところのものである。

本サンゴとりには、それ独得の道具と方法があり、その変遷の歴史があった。また本サンゴとりにまつわる様々なエピソードや苦労話もある。が、それを語るには、それだけで一篇をつくらねばならない。本サンゴとりの仕事は、土の上に居て何かの片手間でやれる仕事ではない。海を漂泊し、いつかかってくれるかわからない深い海の宝物を探し歩く一種の漂泊生活なのである。その人たちと話していると、かつての小笠原が、世界中の捕鯨船やオットセイ・ラッコ船の寄港地であったことを思いだす。捕鯨船もオットセイ・ラッコ船も、海の動物を追う漂泊生活者であった。小笠原の人たちは、彼らを迎え、また或るときは彼らに加わることによって収入を得て来たのである。

戦後は終ってはいない

「小笠原の人たちは、今どうやって食ってるんだい?漁業の方もうまくいかないというし、農業はぜんぜんやっていないというし……」

小笠原に行ったことのない人から、よくこう聞かれる。

返還の年の九月、ということは返還行事が行なわれた二ヵ月後ということだが、内地から六十一人の元島民が帰り、現地の欧米系島民十四人と協力して漁業協同組合をつくった。が、間もなく欧米系島民は、数人を残して組合を去った。米軍占領時代は、個々バラバラにカヌーを操ってサンゴをとり、亀の卵をとり、魚をとりしてくらして来た欧米系の人にとっては、ムロアジやカツオを集団化して追う内地流の漁業にはついて行けなかった。しかもそれがすぐに成果をあげれば別だったろうが、何しろ二十三年も離れていた海である。思うように漁獲が上らず、せっかく獲った魚も、市場である内地へ送る輸送手段や冷凍手段などの用意が杜撰《ずさん》だったために収益を分けるどころか、組合の借金はふえるばかりであった。欧米系の人たちが不安がるのも無理はなかった。

が、最近は、ぼつぼつ軌道に乗りはじめたムロアジのクサヤ加工もはじめたしね、と或る漁協幹部が言った。組合へ復帰したいという意向をもらす欧米系の人も出はじめたということであった。

朝夕、二見港の岸壁や、二見湾ぞいの道を歩いていると、漁に出て行く漁協の船や、漁から帰ってくるカヌーの姿を見る。もしカヌーがなければ、そういう漁船の行き交いの姿は、伊豆七島や内地の漁港風景と変りはない。ただ船の数が少ないかなという程度のちがいの感じ方しかできない。今年の六月には、今までのような渡航や移住の制限がなくなれば、船もぐっとふえるだろう。いや、そうなるかどうか、今ぼくらが言うべき筋合いではない。

そのとき、あのカヌーたちはどうなるだろう? カヌーは、少々の波など平気で走る。沖へ出る度合いが少なかったからだろうが、とにかく小笠原では、海で遭難したカヌーはないという。

農業の方は、これは全く未知数だ。戦前は、母島を主力にして盛んにサトウキビをつくり、昭和八、九年ごろからは値のいい冬野菜をつくって盛んに内地へ売り出した。平均気温二十二・五度という亜熱帯性の気候を利用して、野菜の乏しい冬の東京へ売った。

が、現在は、母島は完全にだめ。父島では都の農業試験場があれこれ試みているだけ。おおまかな方針として、やはり亜熱帯性の気候を利用した観葉植物などに活路を見出そうということらしい。

で、島民の収入は？　そういつも問い直される。

小笠原返還後帰島した漁業者たちは、今、開拓者の苦しみに耐えている。そして欧米系の人たちは、返還後の特別措置として役場や公社などに採用され、奥さんたちも食堂などで働いている。

が、昨年、昭和四十五年（一九七〇）四月、欧米系の人たちは、日本政府をはじめ関係各方面にこんな要望書

カヌーは小笠原の漁業を担っている。

を出している。

「我々は、昭和十九年日本軍の命令により旧島民と同時に退島し或者は縁故者のもとへ、或者は公営施設へと分散入居した。そして日本内地の厳しい生活条件の中で苦しみ耐えている折、昭和二十一年十月、米軍の指示により帰島希望者二十数家族が父島へ帰島を許された。爾来十有余年文字通りの開発で明け暮れた。即ち帰島時は村落の跡形すらなく無人島も同然で立会の米軍人一人とグワム島民二人のみであった。住居は米軍のカマボコ型兵舎及び残存した建物を利用した共同生活で閉鎖された社会が四年以上いたずらに経過した。その後米海軍分遣隊が駐屯し曙光が見えはじめ、生活の糧として一部の者はサイパン、グワムに出稼に、大部分の者は魚を干物に加工して三ヵ月に一回就航する航路に合わせて南方へその販路を求めていた。この時点からようやく生活の歯車が廻りはじめたといえる。このような原始生活から脱却するために自主的に医学、電気技術を修得し、米軍より建築資材の支給を受け原野を切り開いて、個人個人の住宅の建設に着手した。その傍ら義務労働に従事し道路の補修、水源池の改修等公益事業に役務が課され、何らの対価も得ることがなかった。これらの事業はすべて自力で行い建設機械の乏しさも手伝って塗炭の苦しみを味わっている。再建途上三回にも及ぶ台風に見舞われその困難さに拍車をかけた。他の島の現状と対比してみれば自ら明らかなように荒れるにまかせる状態でありその辛苦は言語を絶するものであった。

返還以後当局のお骨折により再就職の斡旋が行なわれたが、労働時間の延長によってようやく返還前の水準に匹敵するのがやっとという状態であって……（中略）……それに引換え旧島民は、東京都より生業資金三千五百万円、政府より講和発行前の見舞金として約千七百万円、アメリカ政府よりの小笠原関係配分金約二十一億円を受領しており、開拓に心血をそそいだ我々に何らの措置も施行されていないのは不合理といわなければならない。（中略）諸般の事情を御考察の上特段の配慮をされんことを要望する」

小笠原の人にとって、戦後はまだ終っていないのである。

算数を勉強する小学生

J君。地図をひらくと、小笠原は、北の日本列島につながっているだけではなく、南のマリアナ諸島、そしてミクロネシアの島々につながっている。

小笠原初期の開拓時代、小笠原に住みついた君たちの先祖や日本系の人の先祖が生きついで行けたのは、そういう南の海や島といつもつながっていたからだ。

おすておばあさんの話を聞いたことがある？

小さいときに八丈島から小笠原へ連れて来られたおすておばあさんは、ラッコ猟の名手だった英国系の御主人について北海道の函館まで行った。

そしてわずか三年で御主人を失なわれた。ラッコ漁の最中に御主人は嵐に襲われたとぼくは聞いた。そのときおすてさんは十九歳だった。その後、とぼくは聞いたが、おすてさんは南方へ働きに行った。今でもおすてさんがチャモロ語を忘れないのは、おすてさんが生きるために、懸命になってチャモロ語を覚えたからだと思う。

ぼくが、おすてさんの話を、おすてさんの家の前にある巨大なガジュマルの木蔭で聞いていたとき、ぼくはある人に怒鳴りつけられた。いや、ぼくがじゃなくておすてさんが怒鳴られたのだが、ぼくには同じことだった。「どうしてそんな昔話を、誰にでも彼にでもするんだ。それでお前はいい気になってるんだ。」その人はそう言った。ぼくが聞きたいと言ったんだからぼくが悪いんです、おばあさんを許して下さい。

ぼくはそう言った。そして宿へ帰った。

J君。おすておばあさんが結婚した時代は、日本人が外国人と結婚するのを非常にいやがった時代だ。事実おすてさんは、いろいろ言われたらしい。が、おすてさんは後へひかなかった。あの人は思いやりがあったからわたしは結婚した、とおすてさんは言った。ぼくはそれが一番大事なことだと思う。それ以外に顔も言葉も考えもちがった国の人がいっしょにくらすなんてことはできないものね。

今年の六月から、小笠原への移住や渡航の制限がなくなる。そして、もとの島民の人や旅行者がたくさんやって来るようになる。そういう外からの人と小笠原の人が、思いやり深くつき合っていけるかどうか。どうかそうであってほしいとぼくは思っている。

「私の小笠原」

瀬川清子

小笠原諸島は東京から五三十浬（一千キロ）の南、北緯二十三度以北の太平洋に散在している一群の島嶼であります。私がこの諸島に行ったのは、昭和六年（一九三一）の夏でしたから、四十年前の昔になりました。

七月二十一日、東京の芝浦で二千頓のチーフー丸に乗って、四日目につきました。

碧色の絹を張ったような空と海の国――太平洋に浮んだ岩島が父島でした。山を負う耕地が赤くみえたのは、土壌が熱帯の雨に酸化したのだそうです。内地ではみなれないヤシやシュロや防風林のタマナやハマギリの葉が、白砂に濃い影をおとしているのは、如何にも南洋らしい風景です。

けれども、そこに住んでいる人々は白ズボンに白シャツで、都会の人と少しもかわらない。時雨にぬれた流人の島を想像したり、南洋植物のような人の生活を憬れて行った私は、がっかりしてしまいました。

当時（昭和六年）、父島には小笠原支庁がありました。日本の南海の門としての要塞司令部、日本の気候の鍵を握る立派な測候所、無線電信所などがあって、公務員が百人近くも居ったのですし、英・米・イスパニア・カナカ系の異人さん、十三家族八十数人が住んでいたのですから、白ズボン白シャツもやむを得なかったろう、と思います。

それから四十年たちました。

あの時は不満足でしたけれども、今日、あの島――小笠原諸島を思いやると、なんとも胸がいたむような気がいたします。みてきたどんな島よりも忘れがたいものになりました。どういうわけで、という説明はむずかしいのですが、あそこに住んでいた人たちの話をお伝えしたら少しはわかっていただけるかと思います。

明治十四年、十四歳で、東京の神田小川町から移住したという宮崎さんのおばあさんは次のように話しました。

「品川から帆前船で一週間の予定のものが、風がわるくて十二日かかりました。切符の裏には航海が一週間以上になったら食費を申受ける、と書いてありましたが、食事どころか船の底にうっぷし通しだったのです。その頃島庁は扇浦で、勧農局が農業の指図をして居りました。はじめは天産物（自生している産物）が主で、シュロ板を切ると四国の土佐から溝淵という人がホマエ（帆船）で買いに来ました。異人さんは島のあちらこちらに住んでいて、今の洲崎と北袋沢の間にはコベベという人がいるのでコベベ海岸、南崎はジョン海岸などといいました。大村のブラボーが有力者でした。母島の主《ぬし》はロースでした。

私は島庁の役人をしていた伊勢（三重県）の人と一緒になりました。その頃は船が年に四回来ましたが、米を三俵ほども注文しておかないと、欠航の時にはとても困りました。異人さんはモロコシを石灰でたいて、石で粉にしてウドン粉と混ぜて油であげたものや、亀の塩漬を食べていました。亀一頭一円ほどでした。異人さんは日曜には働いてはいけないそうで、扇浦に集って飲んでうたって踊っ

砂糖絞場。昭和6年（1931）撮影・瀬川清子

ていました。亀をとる方法やバナナのテンプラなどを異人さんから教わるので、外国の言葉も少しは覚えました。

　子供が多くなったので、役人をよして開墾しました。政府から七十五円貰って、開墾して検分してもらえば土地が自分のものになったのです。異人さんも七十五円貰って開拓して帰化人になりましたが、異人さんはラッコ船に頼まれて行くと大金が入るので土地を大事にしませんでした。沢山とれたお金を横浜でつかい果してくる人もあれば、ローベさんのように奥さんと半分わけしてドイル銀行に預ける人もありました。

　大村は草ぼうぼうの所でしたが、所長の南さんの力で波止場ができて島庁を移しました。南さんの奥さんは日本語のできる米国人でした。

　阿波（徳島県）の人が来て泥藍を植えたこともありましたが、儲からなくってよしました（明治二十一から二十五年、渋沢栄一等の製藍会社）。棉もよいのができましたがくらしにならず、キングバナナを京浜地方に出しました。九人めの子が腹にある時に、夫が酒をのみすぎてなくなりました。その頃（明治四十五年）からバナナの萎縮病がはやってこれもだめになり、砂糖黍《きび》を多くつくったわけですが、大正八年には今まで一斤十五銭だった砂糖が一気に二十五銭になりました。父島第一の耕地である袋沢村は三十戸の人家の他に砂糖絞《しめ》場が方々に建って、砂糖絞めに使う牛があちらでもこちらでもモウモウと鳴き、どこの山をみても砂糖の葉がそよそよとなびいていました。男達はさかんに砂糖酒をのみました。その砂糖が大正十年には十五銭にさがってしまい、翌年もその翌年も、待っても待っても二度と高値にはなりませんでした。バナナの病気が研究の結果なおった時には、台湾バナナに市場をとられてしまったのです。残ったものは借金ばかり。村の人は硫黄島や南洋のサイパンに逃げていき、今は五・六軒残っているだけです。私も開墾した五町の畑さえなければ、と思いますが、亡くなったつれあいの思いもあろうし、九人の子供を育てた所だによってよう捨てきれん」

　昭和六年は不景気のどんぞこで、島民全体がうき足だっているところでありました。板子一枚下の地獄よりも、十月の低気圧よりも不景気が恐ろしい、といっています。

　もう一人のおばあさんは、

「この島はおかみで監獄にするつもりでした。私のつれあいは看守長だったので、清浦大臣から『小なりといえどもこれをつつしめ』という額をいただいてこの島に来ました。その額を私がさげて来たので船の中でもひどく大切にされました。ここははなれ島ですから監獄や感化院にはもってこいなのです。船がめったに来ないから逃げることもできないでしょう。秀斎学院という感化院もありました。今はどっちもないが、おかみの方針が変ったのでしょう」と話しました。

米のできない小笠原諸島の日本人の生活は、最初から自給自足の生活ではありませんでした。私が空想したような孤島の生活ではなかったのです。五百浬もむこうの東京や横浜を対象にして、儲かりそうなものを、と、つぎつぎにかえていきました。天産物・バナナ・砂糖・冬野菜・鑑賞植物など、農業の種目をかえてみました。大海のまんなかにあっても、大きな漁船とはやい運搬船がないことには漁業もなりたちません。一時珊瑚とりの景気ができましたが、島民の一部をうるおしたにすぎませんでした。不景気、不景気で、南洋通いの船が二見港にはいる毎にパラウやサイパンに移住する人が四十人、六十人のりこみました。小学生もどんど減りました。

島の人たちにとっては、北は八丈島、南はサイパン・パラウがひとつの生活圏であるようにみえました。当時日本の委任統治地帯でもありましたが、島の人たちは島をわたりあるくことしか考えない心の習慣があるように思われました。

十五頓の郵便船で、南太平洋の土用波の中を母島にゆきました。ロース岩の創掘者だというおじいさんが、ペルリが来た時に放していった豚の歯だ、というものなどを旅行者にみせていましたが、

「はじめはキクラゲを採って輸出するつもりで来たが、桑の大木があったので伐り出したらおかみで禁止した。そこで火をつけて焼き払って畑を開拓した。今はその時焼いた桑の根っこを払いさげして細工物をしている。惜しいことだった。そもそもこの島は海の底の火山が隆起したり沈没したりすること七度に及んで、火山岩と水成岩がかさなったから貨幣石ができるのだ」

と、説明しました。

七度というリズミカルな言葉に魅せられて、砂糖の値ばかりか人口ばかりか、太平洋のまんなかで大地まで浮沈しているかと思ったのでしたが、それから四十年たった去年の夏、私たちの泊った旅館はもちろん、二つあった部落のかげもなく、もとのボーニンアイランド――無人島の静けさにかえっている母島をテレビでみました。

ボーニンアイランド――無人島であったこの島に人が住みついたのは十九世紀になってからのようであります。幕末には英・米の捕鯨船がこの島の近海に百艘ちかくも往来していたそうで、島に住みついた異人さんたちは鉄砲が上手なのでラッコ船や捕鯨船に雇われて大そうお金をとったそうです。アメリカの油船が近海を頻繁に通るので、それと物々交換をしてずいぶん豊かな生活をしていた、ということです。

江戸幕府も江川太郎左ヱ門に命じて、八丈島から四十名移住させたのでしたが、国事多端の際であったので翌年引揚げさせ、本格的な小笠原諸島開拓をはじめたのは明治七年頃からだ、ということです。前に述べたおじいさんやおばあさんは比較的はやい移住者だったようです。その頃異人さんは十四戸七十人ばかりおった、ということですが、昭和六年には大体奥浦に集っておりました。

住宅は海岸のハマギリの林の奥にあるのですが、いちばん古風な家は屋根もまわりもシュロの葉でできていて、内がわからみると肩を並べたようにきれいなものでした。どの家も母屋とコック部屋が二、三間はなれて二棟になっておりました。

ベンジャミンさんの厨房にゆくと、風邪をひいて教会にも行かぬ、といって火吹竹で火を吹いておりました。

ラッコ船の時には二、三ヶ月に何百円もとれたが、今はもう駄目だ、と老いた

顔をくらくしています。神戸市で勉強して牧師になって帰った甥のゴンザレスさんが日曜学校をはじめるというのを、生意気だといって、帽子や靴を切ったのはこの人ではなかったか、と思います。瓜をむいて土間の卓に小さな布巾《ふきん》をしいてお茶を出して下さいました。紅毛白皙《はくせき》の娘のジェニーさんが洗濯から帰ってきたので、母屋とコック部屋が二棟にわかれては不便でしょう、というと、

「薪をともしますから、一緒にしては着物も室もよごれてしまいますから」

と、立派な日本語で答えました。畑の瓜を食うという猫は厨房の格子につながれておりました。浜で会ったイサベラさんという四、五歳の女の子がお母さんと来ました。

「上の子がみな弱かったので、米国通いの汽船の船員をしている叔母さんが名づけ親になって、イサベラという名をくれたのですけれど、いやがってトコちゃんといっているのです」という。

「イスパニヤの女王様にそんな名の方がありましたね」というと、

「そうです。女王様の名です。国はイスパニヤの方なんですから」という。

異人さん同志は外国語で話しています。

もうひとつ、昭和六年大村小学校の高等二年生、中村寅三郎という少年の作文を添えます。

「この五、六日前に、東京から大塚キネマの活動写真がきた。それでこの不景気もかまわず大勢の人が金をだしてみにゆくのにはおどろかされる。三時頃キネマの楽隊がふれまわると、六、七時頃には大通りを活動をみにゆく人がお祭かなにかのようにゆく。その時僕は思った。なんという人達だろう。

「あゝ不景気だなあ。政府でもこの太平洋のまんかの島だもの授けてくれればよいのに」といいながら、現在その人達が三晩も四晩もぶっつづけで行くではないか。人に援を求めるならば自分で一生懸命働いて倹約し、活動になど行かなければいいではないか。小学校にあがっている子を持つ人は尚更だ。学校で止められているのだから親もがまんしようと思わないのか。

諸君よ!! 僕等はこの島を背負って立つ人間だ。大人のことなどかまわずなるべく(いやぜったいに)活動などゆかぬようにしようではないか」

それから四十年たったのですから、小笠原諸島を故郷にもったこの少年も六十歳ちかい人になっていることでしょう。

昭和十九年には太平洋戦争が小笠原諸島に迫りました。彼は強制疎開で横浜地区に引揚げたのでしょうか、軍属として島に残ったのでしょうか。

そうして又戦後二十数年間の苦難に堪えてやっと返還された故郷の島にかえって、再起のために奮闘しているのでしょうか。

私の心に刻まれた小笠原諸島は、そういう島でありました。

天水桶とバナナ。昭和6年(1931)
撮影・瀬川清子

屋根の雪をおろすことを、山古志村では「雪掘り」という。その雪掘りの雪で、平屋や二階屋の一階は雪に埋まる。そのため村の多くの家屋は土台が高く、家が大きく見える。二階の戸障子は、冬の明かり取りになった。楢木

宮本常一が撮った写真は語る
新潟県山古志村

宮本常一が新潟県古志郡山古志《やまこし》村を訪れたのは、昭和四五年（一九七〇）九月一三日である。当時の佐藤久村長の講演依頼に応じたものだった。

講演に先立って、村長は車で村内を案内した。写真はそのとき撮った。以後、宮本常一は二度、山古志村を訪れているが、写真を撮ったのはこの最初だけである。

車での案内の経路はわからないが、村内にある二三集落のうち、写真を撮った主な集落は種苧原《たなすはら》と楢木《ならのき》、それに村の景観や小学校である。

山古志村の名が広く世間に知られるのは、平成一六年（二〇〇四）一〇月二三日に発生した中越地震である。それまでは錦鯉と闘牛で一部の人には知られていたが、どちらかというと、世間から忘れられたような村であった。そんな村の名を、宮本常一は師である渋澤敬三を通じて聞いていたはずである。

講演から帰った宮本常一は、美しい村だといった。しかし美しさとは裏腹の、そこに住む人々の大変さについては多くを語らなかった。村の活性化の基礎調査のためと称して、観文研の若い連中をつぎつぎと村に送り、若い連中が自分の目で見て話を聞いて、美しさと大変さを

梶木小学校には山古志中学校の分校が併設されていた。上の写真の校舎が小学校、左が中学分校で、宮本常一が写真を撮ったとき、3学級、38人が学んでいた。卒業式などは、歩いて1時間ほどかかる山古志中学校本校で行なわれた。

確かめるように仕向けた。

「あんな谷底に小学校をおいて、子どもたちのことは何も考えていない」

宮本常一は梶木小学校について、そういって怒った。校名の梶木は、梶金《かじがね》と木《こ》籠《ごも》の集落名の頭を取ったものである。

あとで須藤が梶金の故老に聞いた話では、明治三四年（一九〇一）に学校を建てることになったとき、建築費を出すなら梶金に建ててもよいと木籠からいわれた。でも梶金にそれだけの余裕はなかったので、二つの集落からほぼ等距離の、すり鉢状の谷底に建てたのだという。

一一月末ごろから雪が積もり出すと、通学路沿いの木枝に「なだれ注意」の札がさがる（一七二頁）。それを見ると、確かに「子どもたちのことは何も考えていない」と思うが、子どもたちは屈託がなく、雪の坂道を、小犬が転がるかのように走りくだって登校していた。

怖い思いをしていたのは、むしろ先生たちのほうだった。単身赴任の先生の宿舎は小川を間にした山側にあった。夜中に突然「ゴーッ、ビシッピシッ」と鳴ると、ほどなく「ドスン」と音がして宿舎が揺れた。雪崩である。雪崩は小川で止

梶木小学校のグラウンドで4年生だろうか、体育の時間が始まる。秋の運動会では、左の木籠への坂道が観客席になった。

まるが、宿舎は小川のすぐそばにあるので、本能的に飛び起きるといった。

昭和四五年（一九七〇）にこの梶木小学校には五学級、四四人の児童がいた。児童のもっとも多かったのは昭和三四年（一九五九）で、一一三人を数えた。

児童は減りつづけ、梶木小学校が廃校になる昭和五二年（一九七七）にはわずか二八人、この児童は合併された東竹沢小学校に移った。

（須藤　功記）

山古志村の入口あたりにあった錦鯉競り場の池で、競りの準備をする。競りには1000円払うと一般の人も参加できた。この村の競り場は多額の負債でなくなった。間内平

宮本常一が訪れたときの山古志村役場。道路の舗装はその少し手前で終わっている。宿直者のための風呂場の窓から、夜の棚田と遠い街の燈を眺めることができた。桂谷

山古志村

文・写真　須藤　功

雪晴れの梶金部落

稲刈りのころ、ススキが村をうめる。

ススキにうもれる村

新潟県のほぼ中央にある古志郡山古志《やまこし》村は、南の国の人々には想像もできないほどの大雪が降る。県内でもおそらく一、二をあらそうと思う。それなのに世間にはほとんど知られていないのは、列車の通っていないことも一つの理由だろう。新潟市、長岡市、十日町など同じように雪が降るところでは、大雪で列車が止まると新聞やテレビがその市町村の名を全国に報じてその名を広めてくれる。山古志村ではそんなことはまずない。世にも通じず、また世のことも通じないような雪の下で村はただじっと春のくるのを待つ。

そんな村に私がはじめて行ったのは昨年、昭和四十五年（一九七〇）の十一月中旬だった。そのきっかけは、日本観光文化研究所の宮本常一先生が、村から講演を頼まれて村を訪れたことにはじまる。先生が訪れたのは九月中旬の丁度秋の草花が盛りになるころで、村をおおいつくすススキと萩の花に先生は目をうばわれたらしい。

——あのススキと萩の花をうまく利用して、村全体を箱庭のようにできないものだろうか。錦鯉を生産している村だから、きれいな水を流してはなし飼いにしてもいい。村の人々が掘ったトンネルも見事だ。やりようによっては面白い村になるぞ——

村から帰られた先生は、研究所の私達にそんな話をしてくれた。そして、そのやり方を考えるために、いま少し村のデーターがほしい。さしあたって村の生活を追ってみようか。ということになって、私がカメラをかついで村へ行くことになったのである。

村に行く前に先生から与えられた知識は、二十の村があったため、かつては二十村《にじゅうむら》あるいは二十村郷といわれていたこと、闘牛が盛んだったこと、大雪の降ること、手掘りのトンネルがいくつもあること、一見古めかしい生活をしていること、現在は錦鯉で生きていることなどであった。

話は前後するが、村での先生の講演は「農村の将来はどうなるか」という演題であった。それは村にとっても村の人々にとっても大いに関心のある問題であった。事実、その話のあと、村は何かをつかもうと暗中模索をはじめている。村長はじめ、村会議員、役場の人々、そして一部の村の人が現在のままではいけないことに気がつきはじめているのである。しかし、村が、村人が、本当にそれに目覚めるまでにはまだ数年を要するだろう。

一方私は、村が前向きになろうとしている姿とは逆に、現代の生活を基に過去の生活を探ろうとした。それは、村の人々にとってあまりありがたいことではなかったらしい。村の人々がつかう「古《ふる》しい」という言葉の中には、できる事なら語りたくない、という響きがあった。

村に幾度か通って村の人々と親しくなり、少しずつ古しいことを話してもらえるようになってみると、その古しいことの中に村を考える上で大切なものがいっぱいあることを知った。そして、その古しいことの中から私は実に多くのことを学び、発見をした。といっても、新しいことを学び、発見したわけではない。その多くはすでに誰かの手によって述べられていることである。しかし、私自身が私自身の足で歩き、目で見て、耳で聞いて得たものは、数十冊の本を読んで学んだことよりも生ま生ましかった。

春がくるまで

私が初めて山古志村へ行った日の朝は、冷たい秋雨の降る日だった。そのときは上越線の小出駅から村まで歩いて行った。上りの多い山路は村まで遠く、駅を出発したのは十時頃だったが、村役場に着いたときにはもう日が暮れていた。

途中、雨はやんだときもあったが、十二平という部落を過ぎるころから大きな雨になって、私は全身びしょぬれになった。

村役場には土曜日の午後だというのに、佐藤村長さんと小池総務課長さんが私を待っていてくれた。前日に連絡しておいたこともあるが、うれしかった。そして、そこでいただいた一杯のお茶と、ジーと鳴って赤くなる電気ストーブが、私の山古志村での最初の印象であった。その印象は、私の胸にしみる暖かいものであったことはいうまでもない。

村長室で一休みして、村の概要を聞き、それから虫亀部落まで送ってもらった。村に旅館は一軒もなく、同部落の仕出屋さんでやっかいになるよう村長さんが手配しておいてくれたのである。

それから一週間ほど、私はその部落にいた。部落外にまったく出なかったわけではないが、村を考える上で、そこにいた一週間が大きくものをいった。

山古志村には全部で二三の部落があって、大きく五つの地区にわけられている。

村の一番北にある種苧原《たなすはら》地区は、種苧原、中野、寺野の三部落、私が最初に行った虫亀地区は村の北西にあって、虫亀一部落だけである。

小千谷《おじや》方面から村にはいるその入口にある竹沢地区は、下村、二丁野、向田、大内、間内平《まないひら》、菖蒲《しょうぶ》、山中、油夫《ゆぶ》、桂谷《かつらや》の九部落で、人口、戸数ともわりに少ない部

村の入口にある錦鯉の競り場

山古志村で生まれた錦鯉

村の南東にそびえる、駒ヶ岳（2003メートル）、中の岳（2085メートル）、八海山（1775メートル）の魚沼三山。手前の棚田に青空を映すのは錦鯉の養殖池

蓑笠に藁製の脚絆、かんじきを着けて屋根の「雪掘り」をする。

落で一地区をなしている。

村のほぼ中央にある三ヶ地区は、池谷、大久保、楢木《ならのき》の三部落からなる。虫亀部落のあと、私が腰を落着けることになった梶金《かじがね》部落は東竹沢地区にはいり、木籠《こごも》、小松倉の三部落からなる。

村の総人口四千四百四十六人、戸数千七戸。いずれも昨年、昭和四十五年（一九七〇）十月の国税調査時のもので、現在はそれより減っている。

村は東西七キロメートル、南北九キロメートル、面積約四十平方キロメートル、そのすべてが山である。村には自然にできた平地はまったくないといっても、いい過ぎではない。田も畑も住居地も、すべて山の傾斜面を切り開いたものである。部落は標高百メートルから四百メートルくらいの間に点在する。

村内で一番高い地点は、村が観光開発に力をいれようとしている萱《かや》峠で六七三メートルあるが、そのすぐ北に行政上は長岡市にはいる七一八メートルの山がある。萱峠から少し南に下った猿倉山は六七二メートル、さらにいま少し西に下って金倉山五八一メートルという山がある。山の植林の努力は昔から営々と続けられてきているが、数メートルもつもるという雪のために思うような成果はあがっていないようだ。

村の南東には駒ヶ岳、中ノ岳、八海山という魚沼三山がそびえ立っている。それが村に大雪を降らす原因になっているのだろう。シベリアから流れてくる冷たい風が、日本海の湿った空気を運び、その魚沼三山にぶつかって吹きあげられ、雪となる。その雪もみぞれを少し固めたような重く湿った雪で、一度ころぶと尻はビショビショになってしまう。

冬になると、そんな雪が毎日のように降りつづく。この冬は例年になく雪が少ないといっていたが、それでも積雪計は三メートル近かった。正月、テレビは十二年ぶりに雪のない元旦を迎えた新潟市、と放送していたが、村は元旦

ユキボッチ（藁製の雪帽子）は冬の生活に欠かせない。

も二日も三日も雪であった。

昭和三十八（一九六三）年の豪雪の年にはそれこそ大変だったらしい。

ここでは屋根につもった雪をおろすことを「雪掘り」という。つもった雪をおろすのではなく、雪の下に埋った屋根を掘りだすようになるからである。

豪雪の年にはまさにその通りで、ベタベタと降りつづく雪は、掘っているそばから穴をうめていった。放っておいたら家がペチャンコになってしまう。家中が総出で雪掘りに出て、ただただ、雪の止む日を待つだけだったという。

雪掘りは自分の家だけではない。部落内にある公共の建物もやらなくてはいけない。区長さんが一軒一軒の家をまわって、どうか出てほしいと頼んでも、自分の家だけで精一杯で、思うように人が集まらない。しまいに区長さんは泣きながら部落を廻っていたという。

雪で泣くのは豪雪の年だけではない。この冬には雪のために三人が亡くなった。その心配はこれからもある。

また、雪がつもると普通の車は走れなくなる。雪上車が何台かは入って部落の孤立をふせいではいるが、病人が出るとこれも大変である。

私が小出から歩いてきたとき、雨の降り出した十二平部落は小千谷市にはいっている。地図でみると山古志村の一部落のように見える。それほど村に近いところにあるわけで、冬になると小千谷市街からは完全に孤立する。

冬の日、その十二平部落からスノーボードで運ばれてゆく病人を二度ほど見た。いずれも雪晴れの日で、ボートを曳く男達の額には玉のような汗が流れていた。これが吹雪の日だったらどんなに大変だろう。吹雪のすごさを生まれ故郷の秋田でいやというほどあじわっている私には、人ごとのようには思えなかった。

雪の中の暮しの大変なこと、その事実をまのあたりに見るにつけ、どうしてこんな大雪の降る山中に、暮らさなければならないのかと思った。

それは長い冬が過ぎて、暖いトンネルから抜けでたような春がきたとき、ハハアと思いあたることがあった。

道端のどの草をとってもたべられそうなくらいに豊富な山菜は、かつては食生活に絶対に欠かせないものだったろう。一家の主婦がその時期にせっせと山に通うと、一冬は十分に間に合うほどの保存食（つけ物）ができてしまう。あとは一冬分の主食さえ得られれば、雪の中でも生きていくことができた。

薪ストーブをおいた囲炉裏

囲炉裏のそばに吊るした山芋

田植えのときなどに着ける蓑を編む。

錦鯉の養殖に使うタモ網を作る。

深い雪に閉ざされる冬の間、山古志村の人々の主な仕事は屋根の雪掘りだが、雪溶けとともに始まる米作りや錦鯉養殖のための準備も怠らない。その合間に、雪のない季節にはできない、囲碁や将棋の大会を開く。女の人たちは踊りの講習会を持ったりする。みんなの心をひとつにして、冬を楽しく過ごすこともおろそかにしていない。

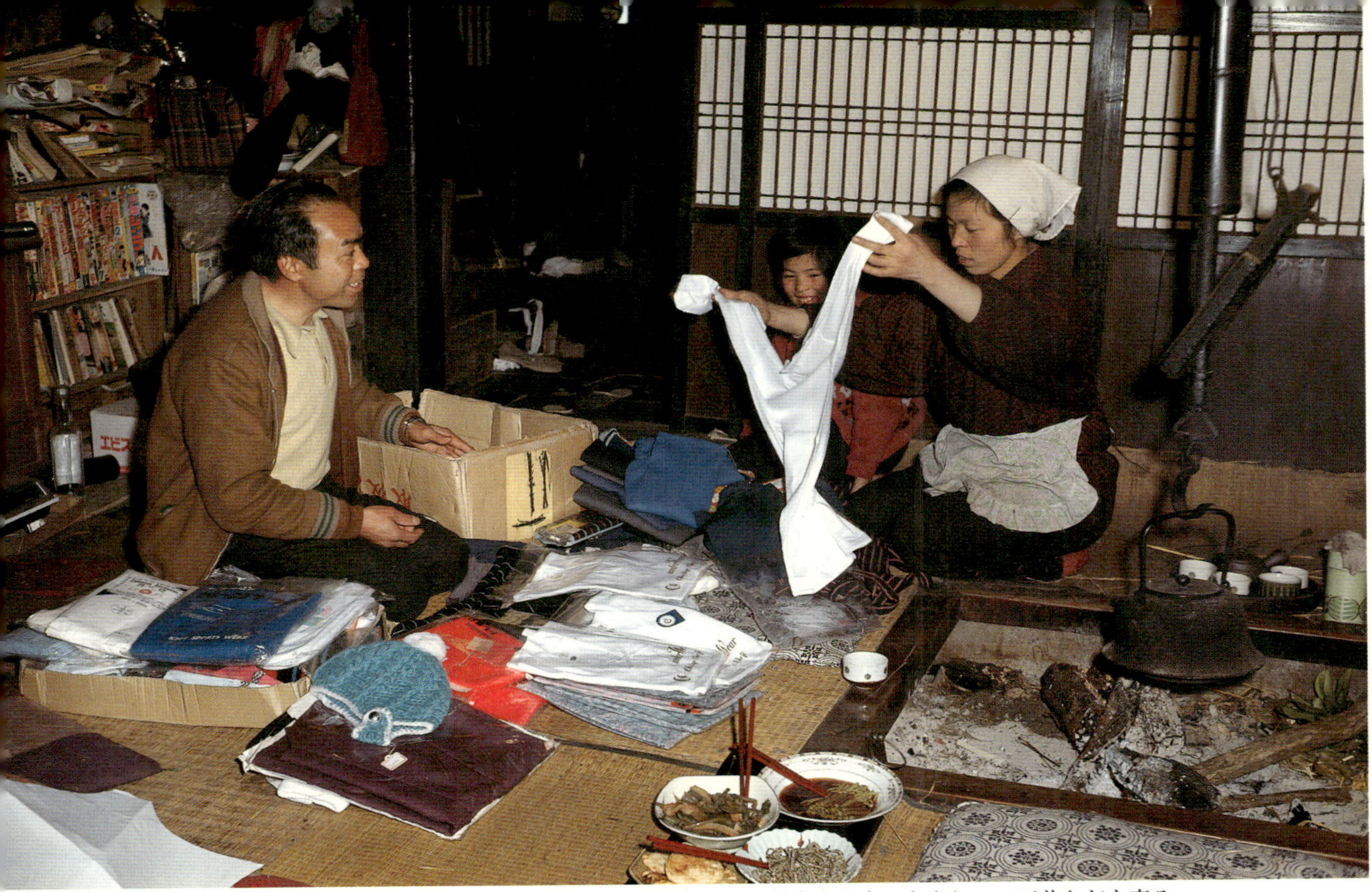

細い雪道だけになる冬には、行商人が家々をまわって下着などを売る。

雪下にある墓石の上に雪洞を作って手を合わせる春彼岸

小正月の神棚。大根で作った花を供える。

私にとって、それは古代人のイメージにつながった。村人がいうように、花の咲いているように生える山菜は、採集生活をしていた古代人の命の糧であった。それが古代人を山に住まわせていたことにもなる。

そういう意味で、春を待つ心は古代人も現代の村人も同じではなかろうか。そんなことを考えながら、春の日の一日、私は梶金部落の浩司君に連れられてワラビとりにいった。浩司君は小学四年生であるが、山の子だけあって沢山ある場所をよく知っている。そのくせ遠廻りしていって、私をじらさせる。

少しずつせめていくと、最後にワッとある場所に出る。その面白さに夢中になっているうちに、私は足を滑らせて転び、右手を木に打って小枝で手甲を切ってしまった。傷は大きく、白い骨が見えた。車で小千谷市の病院まで連れていってもらい五針も縫った。

私にとっては一生消えることのない山古志村の銘を刻んだようなものである。十年後、二十年後、その傷跡は消えなくとも、山古志村は変わるだろう。そのためにも私の見た現在の村の姿と、いまならまだ聞ける古しい村の生活などを語っておこうと思う。

山の子ども

虫亀部落にいたある一日、私は役場の人の案内で村を廻った。東竹沢から南平、種苧原と車でさっと走ってもらったのだが、一日はあっというまに過ぎてしまった。狭いようで村は意外に広かった。

木籠部落と小松倉部落にあるトンネルのあたりにもう萩の花は散っていたが、村中を埋めつくしているようなススキは宮本先生のいっていたように見事なものであった。

案内の道すがら、ハンドルをにぎる案内の人といろいろ話しているうちに、「村の若い人は古しいことを調べられるのをいやがりますよ。錦鯉で前向きになっているから、古しいことは調べてくれんでもいいっていうんです」という。

以前あるテレビ放送がきて、古しいことばかり取材していったために、写された部落のある人などカンカンに怒って役場にどなりこんできた。古いことばかり並べられると、いまでもそんな生活をしているのかと思われる。事実、その放送のためにまとまりかけていた縁談がこわれかかった。理由はそんな村の出身者だったのか、ということだったという。

これから一年、村の生活を追ってみようと思っていた私にとって、それは大きなショックだった。しかも、そのテレビの仕事をしたのは、同じ研究所の先輩だった。そのショックはやろうとしていた気持ちを混乱させて、そんな村ならもうやめてしまおうかと思ったほどである。もう一つ憂鬱にさせたのは、すばらしい風景や可愛らしい石地蔵を写すと、もう写すべき被写体がなさそうなことである。村の生活を写すにはどうしても家の中にはいりこまなくてはいけない。虫亀部落ではそれはできそうもない、という直感が働いていた。

それでもとにかく頑張ってみようと部落の中を歩き廻り、明日は帰ろうという前日の午後、木籠部落のトンネ

学校帰りの小学生たち。私はこの子たちの住む梶金部落に腰をすえた。

ルをもう一度写したいと思って部落まで行った。その帰り道、梶金部落で学校から帰る子供達に会った。

子供達の顔を一目みたとき、ああこれはいい子供達だと思った。都会はおろか、虫亀部落でもみられなかった山の子の顔をしている。おとなしそうで、それでいていたずらっぽい目をした子供達の姿はいかにも元気そうである。その顔をみれば生活状況や環境がわかる。この部落なら面白そうだ、虫亀部落とは違うなと思った。

一つの村にある二つの部落の生活の違いは、旧村時代の名残りと錦鯉によってもたらされたものらしかった。泳ぐ宝石といわれる錦鯉は、この村の生業であり、ここがその発祥地である。こまかくいうと旧竹沢村で生まれた。

山古志村は、旧種苧原村、旧竹沢村、旧東竹沢村、それに虫亀と南平地区の一部からなっていた旧太田村の四ヶ村が昭和三十一年に合併してできた。四ヶ村とも人情や習慣がほぼ同じで、経済など密接な関係にあったが、村と村を結ぶ道路が発達していなかったために、村ごとに多少の生活の違いはあったようだ。

合併後はまず地区を結ぶ幹線道路の開発に力をいれ、いち早く竹沢、虫亀地区の道路が整備された。錦鯉の生産もその道路に沿って伸びてゆき、買い手も車でらくらくいけるその地区に集中していった。当然のように金もその地区に多く落ち、生活状況や環境を変えた。それはまた人の心にも影響をおよぼしたらしく、虫亀地区と東竹沢地区は人の気持にも微妙な違いが感じられる。

子供達との出会いから、虫亀部落以後、私はその東竹沢地区の梶金部落に腰を落着けることになった。幸いなことに、役場の東竹沢出張所の人達や、部落にある学校の先生方が私の仕事をよく理解してくれて、機会あるごとに私の仕事を部落の人々に説明してくれた。私の方も、部落の中に無理矢理にはいるのではなく、部落の人が受けいれてくれるところまで、少しずつはいっていくことにした。そうして次第に古しいことが聞けるようになっていった。といっても、最初のショックを忘れたわけではない。それは、村の予算などからも考えさせられた。

今年の村予算の歳入は二億七千三百万円。うち四十八・三パーセントをしめる地方交付税をはじめとして、ほとんどが交付金でしめられている。村税はわずか五・九パーセントの千六十二万円で、その内分けは固定資産税が四十三パーセント、たばこ消費税が二十八・五パーセントなどで、直接村の人が払う村民税は十五・六パーセントにあたる二百五十一万円である。一戸あたり平均二千五百円の税額である。その収入源は次のようなものである。

錦鯉三億三千万円。米一億四千三百万円。繭三千万円。牛二千四百万円。メリヤスなどの家内工業千五百万円。出稼一億一千五百万円。合計六億五千七百万円。

一戸あたり平均六十五万円で、月額にすると五万円ほどになる。村の平均所帯人数は四・四人で、それだけの家族だったらどうにか食ってはいけるだろう。だが、自動車をもったり、家を新築するだけの金を生みだすのは大変である。錦鯉の収入も一戸あたりにすると三十三万円ほどで、その数字でみるかぎり、はたして村の若い人がいうように、前向きになっているといえるだろうかと思った。

他の地区にくらべ遅れて錦鯉の生産をはじめた東竹沢地区は、その収入も他の地区より少ないと見なければならない。その代りよその人との接触も少なく、外部の影響を余りうけない、村（部落）本来の姿をよく残したところ、といえるかもしれない。そこに腰を落着けた私は、村を見る目も自然、その地区の梶金、木籠両部落を通して見るようになった。同じ地区の中でも、小松倉部落には冬の間ひんぱんに行けそうもなかった。十二月にナゼ（雪崩のこと）があって二人の人が亡くなったため、断念せざるを得なかったのである。

雪の道

小松倉部落でナゼがあったことは新聞で知った。その日の状況をあとでいろいろな人に聞いてみると、大方つぎのようになる。

その日は十二月には珍しく猛吹雪の日だった。東竹沢出張所で造林事業の説明会があって二人は出席することになっていた。途中、吹雪のために先が見えなくなることもあって、とある家で休み、そこでやめようかと迷ったらしい。が、結局出席することにしてでかけ、ナゼにあったらしい。

ナゼの三十分ぐらい後に郵便物を運ぶおじさん（冬は小松倉部落に郵便局員はいかない。郵便物は梶金部落の人が運ぶ）がそこを通っているのだが、吹雪のために人が流されていることに気づくはずがなかった。

一方、出張所の方でもくるのを待って、幾度か家の方に電話をかけた。そのたびに子供がでて、とにかくでかけたという。二人はすでにナゼに流されていたわけで家に帰るはずがなく、でかけた、いやまだだ、といっているうちに日が暮れだした。おかしいということになって、郵便のおじさんに連絡してみると、テングのあたりでナゼがあったという。

それから半鐘がなって、東竹沢地区の人々総出で探してみると、二人はナゼで川まで流され、つめたくなっていた。

小松倉へ行く冬の道は、夏の道と川を一つ隔ててできる。夏道は片側が山になっているため冬はナゼがでる。二人が亡くなったテングのあたりは、それまであまりナゼが起きたことのないところだった。

谷底にある、山古志中学校分校も一緒の梶木小学校

テングというのはテングヒラともいい、天狗様でなければ通れないようなところをいう。ところが、そんなところを人間様が通っているのである。

ナゼで亡くなった人の話はそれまでであるが、部落の人々には、あそこを通るときには気をつけよう、というだけではすまされない新しい問題がおきつつある。

村に三階建ての立派な中学校舎ができて、来春四月には待望の中学統合がなされる。これまでは分校形式をとって勉強していた。竹沢に本校をおき、中学校舎のある種苧原を除く、虫亀、南平、東竹沢の各地区にある四つの小学校の教室を借りて授業していた。

新しい校舎ができると分校は廃止され、冬がくると通学の難しくなる小松倉、木籠両部落の生徒は寄宿舎生活を送るようになる。生徒は土曜日には家に帰り、日曜日にはまた寄宿舎にもどるようになるだろう。

一週間に二度、小松倉部落の生徒はナゼの危険に身をさらすことになる。これまでは一冬に一度、卒業式のときだけあぶないところを通って本校に行けばよかった。これから中学の子をもつ親は、身をけずられる思いで冬を越さなければならなくなる。

ナゼの危険は小松倉だけではない。梶金と木籠両部落の子供達が通う梶木小学校は、それぞれの部落のはしから計ったら丁度そこになったというすりばち状の谷底にある。両部落の子供達は、朝、急な坂道をころがるようにして登校し、帰りはあえぎあえぎ坂道をのぼる。

雪がつもりだすと、梶金部落から下る坂道の百メートルぐらいの間に、「なだれ注意」という赤い字の札が三ヶ

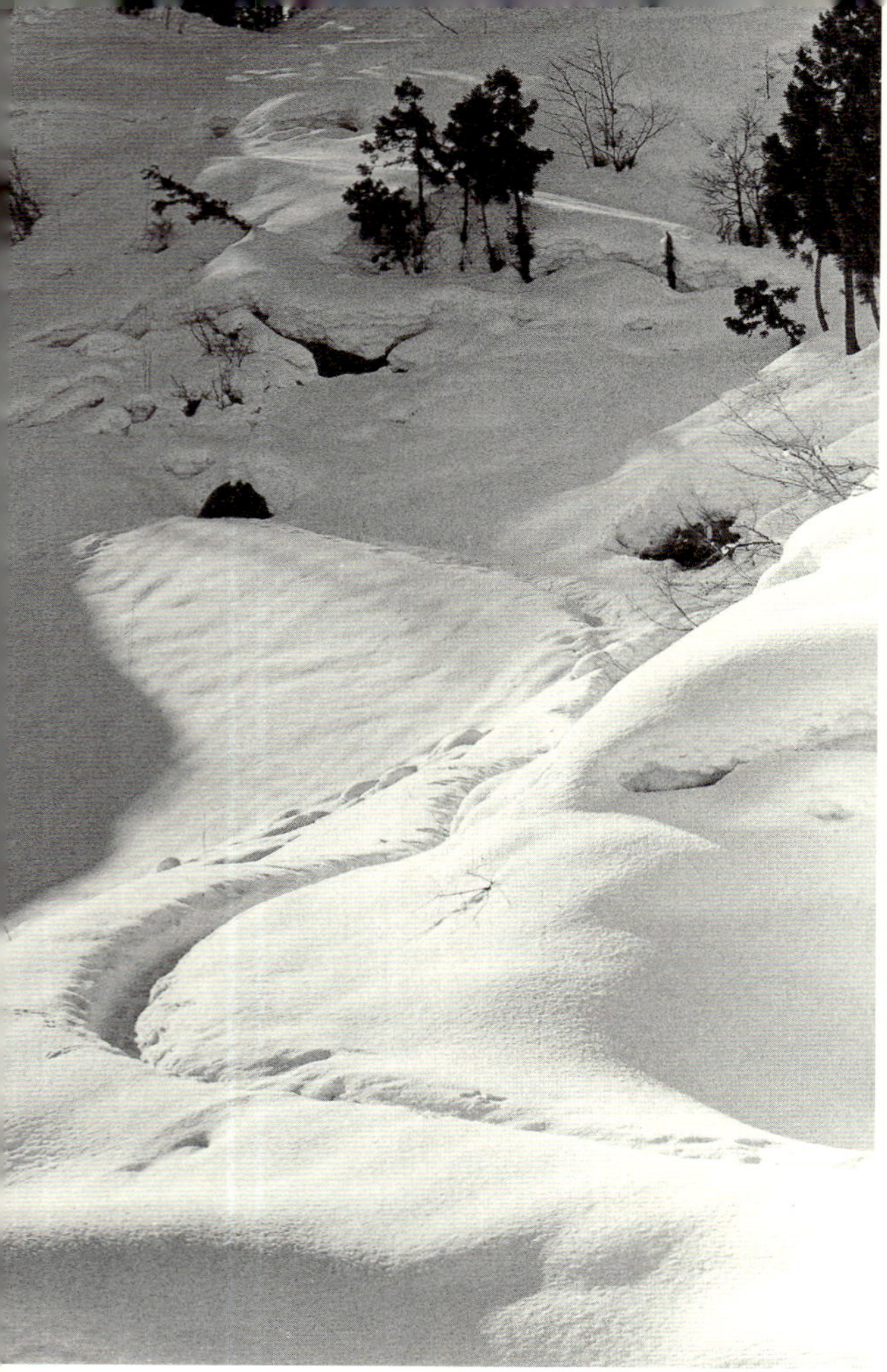

通学路とトンネル。村に多いトンネルは、雪の山道の危険を避けるためだった。

通学路の上に吊るされる「なだれ注意」の札

所にぶらさがる。初めかなり高い木の枝にぶら下がっていたその札は、ナゼと積雪で次第に間隔がちぢまり、二月頃には足下に札を見るようになる。

「なだれ注意」という札は、国道などでみかける「落石注意」の立て札とよく似て無責任なものである。しかし、ここでは現在それ以外になすべき手がないのかもしれない。

不思議に児童が通るときにはナゼが起こらない、と先生方はいう。だが、いつも起きないという保証はない。もっとも、この二、三年の間に車の通れる広い道ができるらしいから、そうしたら安全になるだろう。

村やその周辺の市町村にいくつもあるトンネルは、やはりナゼをさけるためのものだった。村の地質は凝灰岩が粘土化したものでやわらかい。トンネルも掘りやすかったのだが、その地質はまた村を地すべり指定地域にさせている。

山村に生きる

ナゼを防ぐために、かってはダンキリというのをやった。山の傾斜をけずって平にし、二、三段の段をつくるもので、滑り落ちる雪をその段でくいとめてナゼを防いだ。一つの段の奥行は最低四メートル必要で、それ以下だと役にたたなかった。

ダンキリは雪のくる前に部落総出でや

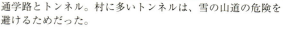

トンネル内で出会った学校帰りの女子中学生たち

り、ついでにカヤも刈り取った。秋には美しいカヤ（ススキ）も、雪がのるとすべり台のようになってナゼをひきおこす。部落総出の仕事は報酬のないのが普通で、それは部落の中で生きてゆくための当然の義務であった。

そのダンキリから想像されるのは、冬、ナゼの防止に役立てたその段を、夏、ただ草を生やしておいたろうか、ということである。奥行四メートルもあれば、少し奥行をひろめれば、いい田圃ができたはずである。

山の中腹まで重なっている村の田圃は、そうして拓かれたのかもしれない。田圃が高い場所にできると、用水池も当然それより高いところに造らなければならない。用水池は個人のものだから、ダンキリのように部落総出というわけにはいかない。

話は一寸別になるが、村の各部落は、大きく三つぐらいの姓でなっている。梶金部落の場合戸数四十一戸（教員住宅戸数をのぞく）のうち、関姓十六戸、五十嵐姓十戸、藤井姓十一戸、川上姓三戸、鈴木姓一戸（もとは五十嵐姓であった）あって、同姓をまとめていうときには「○○マキ」という。各マキには本家があって、その家には内鎮守がある。かっては年始はその本家に集って行われていた。寺はマキごとに異なり、葬式の道具もマキごとにもっている。戸数の少ない川上姓は五十嵐マキにはいっている。同姓が多いために名は現在も屋号で呼ばれる。村では「エ」といっている結《ゆい》（労働交換）もそのマキが中心である。

用水池を造る作業はそのマキを中心に「エ」でおこなわれた。田圃の面積に応じて、それに必要な水量を貯え

葬式の準備は死者のマキの人たちが行なう。

山古志村には集落それぞれに火葬場がある。車が普及していなかった時代には、冬とはかぎらず、町の火葬場まで行くことができなかったからである。葬式は昔からのしきたりをきちんと守っている。

ヒタイガミをつけて葬儀に参列する死者の近親者

火葬場のある山の頂きで、檀那寺の僧侶が諷誦文を読経して引導を行ない、縁者は最後の別れをする。

火葬場の煙突から出る白い煙とともに、死者はあの世に昇る。

春近い日、ポカポカと暖かいトタン屋根の上で遊ぶ子どもたち

るだけの大きさのものをつくる。まず必要な深さの穴を掘り、その底に山から良質の土をもってきて三十センチメートルの厚さに敷く。敷いた土を五人持の土俵で半分ぐらいになるまでつき固める。半分になるとまたつんでつく。そうして固めて厚さ四十センチメートルほどの底をつくる。ふちはそれ以上に大事で頑丈につくらなければならなかった。弱いと水圧でくずれてしまう。

大きな用水池だと二年三年かけて造った。秋の取入れを終えての仕事で、みぞれの降る冷たい日もあって、ワラジ履きの足は感覚がなくなることもあったという。

その話は虫亀部落で聞いた話で、いまはとてもできないという。仕事だけではなく、用水池の修理さえ手がだせない。莫大な金がかかるためで、人を頼むと日当は千五百円だが、料理をとって一杯のませないといまは承知しない。そのために二千五百円ほどかかってしまうからだという。

そういえば、仕出し屋はいつも大繁昌だった。結婚式や葬式が毎日あるはずがないから、仕事を頼んだ人にだすのだろう。虫亀部落ではもうすでに「エ」がなくなっていたのだなと気づいたのは、春になって、梶金部落で家をほぐすのに「エ」でやると聞いたときである。

農山村の大きな民家はいずれも結で建てられたことはすでに教えられていたが、さらにそれとは別のことに私は気がついた。

それは労働交換の結の組織がくずれ、それが金に変えられたとき、大きな民家も用水池も造られなくなる、ということである。

ダンキリは「エ」ではなかったが、いまではそれを頼むと当然賃金を払わなければならない。豊かでない村の財政ではそこまで手がまわらず、「なだれ注意」の札がぶらさがることになる。

結はまた大きなものを造るだけではない、村の中の弱い人を助けてきたようである。

小さな子を残して夫に先だたれた主婦が、「この部落

山古志村全図

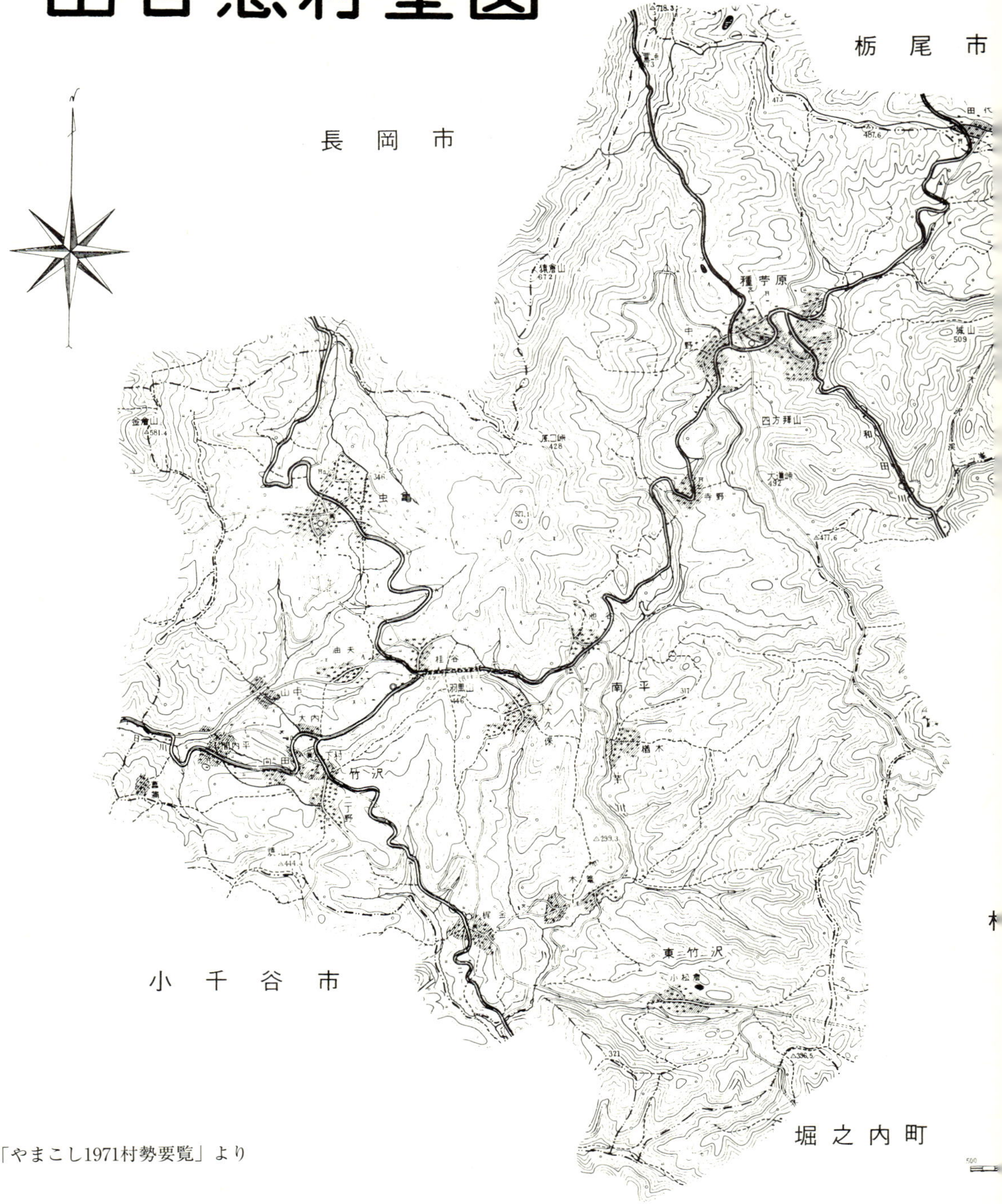

「やまこし1971村勢要覧」より

発祥地の村の錦鯉は人気がある。

にいたからこそどうにかやってこれたんだとつくづく思います」と話してくれた。女の手では男の半分も仕事はできなかったろうが、とにかく「エ」にでておくと、自分の家の手伝いもらくらく頼めた、お茶菓子もつけ物といり豆ですんだ、という。

それが金で払うとしたらどうだろう。その主婦はたちまち路頭に迷わなければならなかったろう。金を得るためにはどうしても村外にでなければならなかった。

出稼ぎというのは、案外そういうことからはじまったのかもしれない。逆に出稼ぎが結をこわしたともいえる。

また、結は必ずしもいいことばかりではない。多くの人が協力してものをつくるので、常に平均的なものを要求される。民家など大きさに多少の違いがあっても、その生活は部落の水準を越えることはない。

村には畳のない家が非常に多い。一つには囲炉裏《いろり》だったこともあるが、新築したのに畳をいれない家がある。畳をいれることが部落の水準に反するとは思わなかったろうが、そこには長い村での生活意識が無意識のうちに反映しているように思える。新築の家に旧態依然とした薪かまどというものもある。

村はまずそういった日常の生活をどうして高めていったらいいかということを考えないと、いつまでたっても古しいことを隠していなければならないだろう。

錦鯉のはなし

雪の下でのくらしは苦労が多いが、その苦労が産み出した風景は美しい。どこでもいい、少し見はらしのよいところに立ってみると、棚田が谷底から山の七合目あたりまで重なっている。秋になるとそれが美しい黄金色に光る。そのところどころに青い杉の木立があり、それが林になっているところに家がある。家はかなりの間隔をおいてバラバラにある。家のまわりを少し片づけて萩を植えたり、ダリア、菊のようなものでも作れば、部落がそのまま公園になるようなところである。

高い尾根の上に立ってみると東は起伏する山の波、西はひろびろとした越後平野の向こうに青い日本海が見える。秋晴の日などすばらしいながめである。

眼下に重なる稲田に点々として多くの池のあるのは錦鯉の養魚池で、近頃はその数がずっとふえている。

日本の錦鯉はこの池で生れた。用水池に放した食用の鯉が突然変異を起して現在みる錦鯉の原型をつくったと

品評会のあとの宴。思いのほか注文のあった人、なかった人、それぞれである。

いう。それはいつのことか、確かなことはわからない。故老の語り伝えとして、天明年間にはすでに相当数の鯉がいた。それは、日本全域を襲った天明の大かんばつと、それにつづく大飢饉のとき、仙竜池に郷内の鯉を移してどうにか日干しをまぬがれたというい伝えからの推察らしい。仙竜池は村に近接した小千谷市の塩谷部落にあって、大かんばつのときにも水が絶えなかったという。

本によると、突然変異で生まれた鯉は緋鯉《ひごい》、浅黄《あさぎ》、鼈《べっ》甲《こう》などで、それらから進化したと思われる白鯉に緋鯉を荒廃し、白鯉の腹部に緋色の斑色のある鯉をつくりだした。文化文政のころで、品種の改良はそれ以後もつづけられた。明治七、八年（一八七四〜）ごろには、更紗《さらさ》、浅黄、黄写《きうつし》などの優秀品を生みだし、当時の価格で一尾五十円という高値で売って、その暴利に県当局から大目玉をくった。大正三年（一九一四）に東京の上野で開かれた大正博覧会には二十八尾の錦鯉を出品した。

優良な錦鯉をつくりだした人には、紅白・広井国蔵、黄写・大正三色・星野栄三郎、昭和三色・星野重吉、黄金・青木沢太らの名があげられ、広井氏以外は旧竹沢村の人である。

村の錦鯉生産がどのようにして伸びていったのか、その点についてはまだ聞きだしていない。村の統計でみると戦後三十五年ぐらいまでは五年単位で養殖戸数が百戸ずつ伸び、三十六年以降は急速に増えている。

米どころ新潟県で、減反や米の買上げ制限は死活問題でもある。ところが、この村では減反割当に対して減反率が軽く百パーセントを超え、その多くは養鯉池に転地されている。昨年から今年にかけての現象で、減反問題のために現在はほとんどの家が錦鯉に手をだすことになった。ただその説明から村の田圃全部が養殖池になっていると想像されると困る。利用されている村の土地は、山林＝七百八ヘクタール、田＝三百二十九ヘクタール、畑＝七百五十二ヘクタール、宅地＝三十二ヘクタール、池沼＝二十六ヘクタール、その他＝二千八百一六ヘクタールで、錦鯉の飼われている沼（用水池、養鯉池を含むが、用水池にも鯉は飼われているとみて）は田圃の七パーセントでしかない。昨年は二十九・一ヘクタール減反（達成率百四十パーセント）し、その多くを養鯉池に転換しているので、そのパーセントはもう少し増えると思う。それにしても田と池沼の比率は大きいが収入の面では錦鯉の方が米の倍以上あった。

だからといって楽観視しているわけにはいかない。政府の生産調整対策の中には、養魚池への転換にも奨励補助金を出すとある。それに目をつけた他地方でも錦鯉をはじめたからである。これまでも、広島県とは生産高で新潟県と一、二をあらそってきた。

生産の条件もこの二、三年の間に変ってきている。これまではつくりさえすれば売れたのが、姿、形の美しいものでなければ売れないようになってきた。量から質に変り、量で売る錦鯉はもうかるような額ではない。質の良い錦鯉は元の鯉からして高いから、金のある人でなければ飼うことができない。

村は錦鯉の発祥地である、という一つのよみはあっても、雪はまたそれを差引いてしまう。せつかくいい錦鯉を育てても、越冬の不安から秋のうちに売ってしまう。雪で死なせるよりはましなのだ。

冬、ある家の主人が亡くなって、葬式がすんでから山のいけすに行ってみると、春になったら売ろうとしていた大きくないい錦鯉がみんな死んでいたという話もある。

隣の家で細々と飼育している錦鯉を仲買人が二階の窓から眺めていた。時期を見はからって目をつけていた錦鯉を安く買いとり、買値の数倍で売りはらってしこたまもうけた、という話も聞いた。

村には漁業協同組合、県錦鯉公社などの錦鯉をあつかってくれる組合はある。いずれも個人のものを売り買いする窓口の役割をしている。それはそれでいいとして、村が錦鯉を本気でやるのなら、いま少し組織化しなくてはだめだろう。さしあたって越冬用の設備をみんなで協力して造る必要がある。

技術的には可能な協同飼育も、この村ではおたがいの感情問題で不可能にしているようなところがある。

東竹沢地区には農協がない。少し前まではあったのだが、一寸したことからつぶれてしまった。春、沢山とれる山菜をまとめて売りにだしたいが窓口がない。また、農協の集まりなどには区長さんが代表していくのだが、いつもまま子あつかいで、とこぼす。こぼしてはいても、さて、もう一度その窓口をつくろうという動きはなさそうである。村の人には他力本願なところがあって、だれかがやればついていこうという魂胆である。先にたって悪人役を引受ける人はいないみたいだ。いない間は平穏無事でも、それでは進歩もない。

茅葺屋根の家屋の解体。マキの人たちが協力して作業をする。

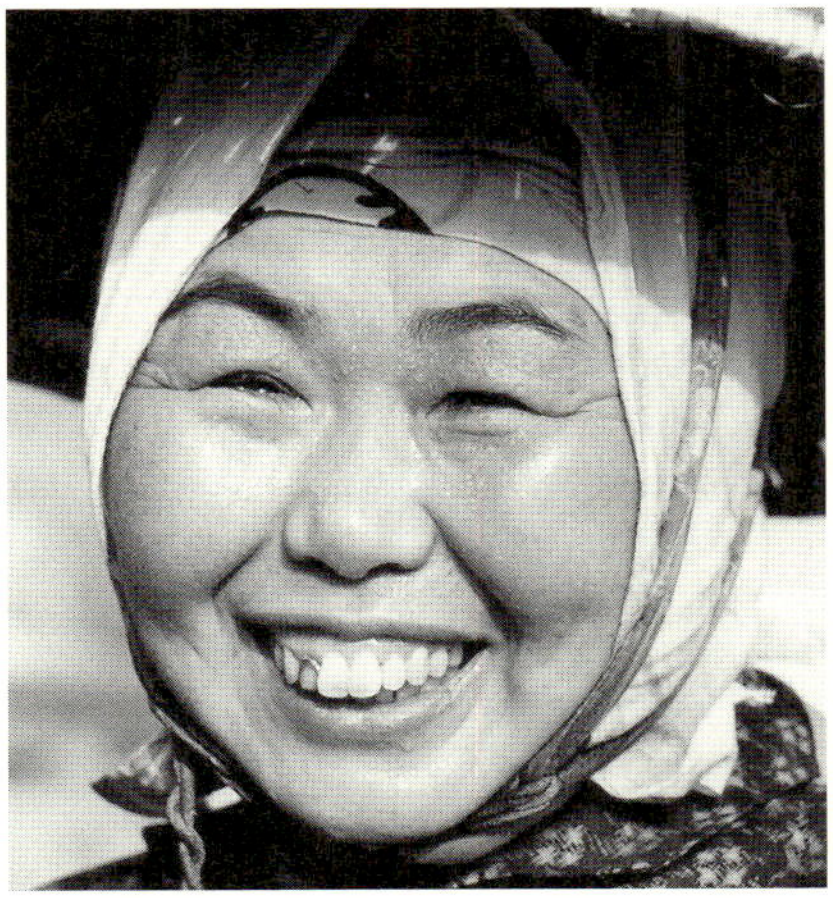

解体作業をしたマキの人たち。男たちの顔は煤だらけ。

マキの力を感じる煤の顔

柱だけになった家屋。つづいてこの柱も倒す。

村の闘牛と若者

かつては非常に盛んだった村の闘牛は、牛がいないために現在はできない。闘牛のことをここでは「角突き」

滝澤馬琴著『南総里見八犬傳』に描かれた二十村（山古志村）の闘牛図

といい、そのありさまは滝澤馬琴《たきざわばきん》の『南総里見八犬傳』の中にもでてくる。

『北越雪譜《ほくえつせっぷ》』をかいた鈴木牧之《すずきぼくし》と馬琴は親交があって、馬琴の求めに応じて牧之は二十村まで角突きを見にきた。そこで見たありさまを馬琴に書き送り、馬琴が八犬伝の中に書いた。

角突きは五、六年前までやっていた。角突き場は村の社交場のようなもので、着ていく蓑も、仕事に着る藁蓑ではなく、ヒロロで編んだ上等なものを着た。

角突き場は村内では竹沢、虫亀、池谷、小松倉などにあった。近村では塩谷、荷頃《にごろ》、小栗山など全部で十ヶ所にあって、一ヶ所一年一回としても、それだけの数があるとたびたび開かれていたような感じがある。

角突きの牛は南部牛で、普段は運搬や耕作に使っていた。はじめから闘牛として育てる人もいた。南部牛は現在の岩手県が産地である。車のない時代には会津を通って村に運ばれてきたのだろう。それと一緒に文化もはいってきたことが想像される。言葉の中にも東北の訛りを強く感じることがある。

角突きの日になると、闘わせる家で門出祝いをする。面綱、鼻綱、祝酒などを神前に供えてまつり、牛には力がつくよう餅を与えた。角突き場まで一里以上ある場合は、若者の手配で牛宿をきめ、一日前にそこにはいる。牛を疲れさせないためで、牛引きの人もその家の正客として迎え、もてなしを受けた。門出祝いもその家でやってくれた。

どの牛とどの牛を取組ませるか、それは大変な作業だった。牛の力量もあるが、持主同士、村同士（旧村での）の関係をよく考えなくてはいけなかった。金は賭けなかったからその問題はなかったが、勝負に力がはいりだすと持主同士、村同士の対抗になる。あらんかぎりの声を発して自分の村の牛を応援し、ときには人間の方のけんかもおきた。逆にあまりの熱戦に見物人はただじっと見守ることもあった。

　角突きの手には相撲と同じようにいろいろな手があった。一番多いのは〝押合い〟で、角を突きあわせた二頭が、両脚を踏んばって一歩も動かんと頑張る。眼は次第に血走り、汗が流れる。ここでは徹底的に勝負させなかったから、機をみて足に綱をかけ引分けにする。利巧な牛になると、足に綱がかかって相手の牛が一寸ひるんだとき、ドドッと押しこんでいく。そのため牛を引分けるのは非常に難しいことであった。それをうまくやるのが若者の腕であった。

年末までに作り、正月に飾った藁細工

　角突きの全責任は村の若者に負わされていた。開催日の確認、牛宿の依頼、牛宿に送る飼料、宿泊所の案内、来賓の接待、取組の編成、会場整備、争いがおきたときの仲裁など、村の若者がよく一致協力してきぱきとかたずけていかないと、とんだことになる。支障なくことが運ぶのがあたりまえで、そのために村は若者を必要としたし若者も村にいる意義があった。それは一つの例で、村と若者の結びつきはそのほかにもあったことはいうまでもない。

　正月の仕事初めのときには、父と息子が荷縄を綯《な》って、床間にかけておく。綯いながら父と息子は会話を交し、綯い形がわからないと聞いたり教えたりした。一月十四日の小正月の夜は夜ナベで一日分の仕事をする日だった。男は藁仕事を、女は苧績《おうみ》（麻つなぎ）をした。若い者は一軒の家に集まって競争のようにして一日分の藁仕事をした。おわるとみんなで村の主だった家（財産のある家）を廻り、奥座敷で牛が代かきする真似をしてあばれ、その家の繁昌を祝った。迎えた家では来てくれたことを心から歓迎し、酒さかなでもてなした。

　村の中での若者の位置がちゃんとあったわけで、若者もそれに自信をもってこたえた。

現在はどうだろうか。村は若者を必要とするとはいいながら、必要な位置においてはいないようにみえる。村に若者が余り残っていないこともあるが、若者もかげの薄い青年会の役員にはなりたがらない。かつて若者がもっていた覇気は見られなくなったと村の故老はいう。豊かな心も失われているようだ。なにがそうさせているのだろうか。

村にも暑い夏がきて、じりじりと照りつける最中の田の草取りもすみ、錦鯉も順調に育って、ご先祖さまをわが家に迎えたお盆の一夜、鎮守の森に太鼓の音が響きわたった。

その日は朝から部落の若い者がでて、やぐらを組んだり幟を立てたりして盆踊りの準備をおえた。陽が落ちると、鎮守の森には子供達が投げる爆竹の音がしはじめて、しばらくするとよせ太鼓が打出された。その太鼓を合図に部落の人々は三三五五集ってきて、やぐらのまわりをとりかこんだ。

やがて、声自慢の男達が音頭をとりはじめ、太鼓も力がこもっていった。しかし踊る人はいない。青年団と書いた提灯を持った若い人が見ている人を盛んに誘ってどうにか踊りの輪はできた。が踊るのは年配の五、六人で、若い人はただ歩いているだけ。あるいは踊れなかったのかもしれない。

これまで他の地方でいくつか盆踊りをみてきたが、これほどひどいところはなかった。村の若い人はゆかたも着ていない。昔とくらべたら今の若い人にはうんと時間の余裕があるはずだし、踊りの練習もできたはずだ。ゆかたを買うくらいの金を持たないはずがない。

昔は踊りの上手下手が部落の中で人望を集めるか否かにつながることもあった。特に娘たちの人気を得るためには下手ではまず話にならなかった。

村あるいは近村の部落ごとに盆踊りの日が違っていて、今日はこちら、明日はあちらと廻って歩いた。他部落の仲間にいれてもらうときには、若い者同士それなりの挨拶があった。挨拶をして仲間にはいるとなると、下手では恥しい。

部落を廻ってあるくとき、娘たちを誘い、また終ってから提燈の燈で送りとどける道行がなんとも楽しかったという。晴れた夜なら当然まるい大きな月がでていたはずで、月明りに見る上気した娘の顔のなんと美しく見えたことか。その夜、そっとみそめた娘の姿を胸に秘めて、来年こそもっと上手に踊ってやろうと思ったに違いない。

それがいまはどうだろう。自動車でプーときてプーと帰る。ハンドルをにぎるから酒ものめないし素面ではテレくさい。それよりも何よりも村の生活に自信をなくしてしまっている。盆踊りを見ていて、そんな気がした。

美しい村である。美しい鯉もいる。他所者にとっては心をひかれるところである。村人があたたかく心をひらいて迎えてくれるなら多くの人たちはきっとこの地を訪れ、深い印象を心にのこすだろう。だが盆踊りをみると若い人たちの心はとざされているような気がしてならなかった。

少年は山芋を上手に掘りあげた。

山古志の昔話

水沢謙一

（写真は昔話と関係がありません）

山古志は山深く雪多く、山のあなたの秘境の村々に、古い伝承文化を豊かに保存してきた。とりわけ昔話の宝庫で、かつて私は二冊の昔話集にまとめたほどだった。百話クラスの伝承者の老女たちも生存していた。近年道が開けたりして村も変り、伝承文化もうすれていく。

昔話の語りおさめのいっちごさっかえは、一期栄えた（一生栄えた）、どっぺんは出はらったの意で、知る限りを語ったこと。

●ワラと炭と豆

とんと昔があったげど。

あるどき、ワラと炭と豆が三人っこして、旅に出かけたと。ほうして、橋のかかっていない川にさしかかって、

「はて、これ、むこうへわたらんねえ」

と、こまっていた。ほうしたら、ワラが、

「おれが、いちばん長いすけ、橋になる」

というて橋になった。炭と豆は、ワラの橋をわたるのはおれがさきだと、けんかしていたが、プリプリおこりながら、炭がわたった。ほうしたら、ワラの橋のまんなかあたりで、炭の火がおきて、ワラの橋をもやして、ワラも炭も、パチャンと川へおちて流れた。そのおちかたがおかしくて、豆は、アハハハと笑ったら、腹の皮が破れた。こんだ、腹がいたくて、豆が泣いていたれば、そこへ一人のあきんど(あきないをする人)が通りかかって、

「豆、豆、お前はどうして泣いているか」

「おら、ばか笑いしたれば、腹の皮が破れていたくてかなわん」

「そうか、それなら、おらがぬうてやる」

というて、黒い糸の針で、シクシクとぬうてくれた。ほうしたら、豆は、腹のいたいのがようなった。そのとき、黒い糸のぬい目が、豆の腹のとこに、いまも黒く残っているのだと。いっちごさっけ、どっぺん。

解説　「ワラとスミと豆」の昔話は、世界的分布で、たとえば、ドイツのグリム童話にもあるし、アメリカのインディアンにもある。日本ではこれまで十数話見つかっていた。これ以外に越後だけでも二十話以上採集することができた。本話のように、登場人物の旅人が豆の腹をぬっているが、この旅人が本話伝播者の一人である。登場人物として、富山の薬屋、旅の商人、ばあさん、娘などもあるが、それぞれ伝播者であることを物語っている。

●夫婦の運――運定め話

とんと昔があったげど。

旅人が、村のお宮にとまっていたてや。ほうしると、夜なかにチリンチリンと、馬の鈴の音がしてきて、お宮の前でとまった。

「おうい、権現様、権現様」

「はい、これは、山の神様か」

「こんや　村に子どもが生れるすけ、運定めにいこう」

「こんやは、ふいにお客がとまっていて、いかれんすけ、よろしう頼む」

「そうか、それでは、まあ、いってこよ

う」

と、山の神様はいかれて、また、夜あけ方にチリンチリンともどってこられた。

「おうい権現様、いま帰るとこだ」

「それは、どうも、子どもは生れたかの」

「はあ、めでたく女の子が生れた」

「その女の子のいんねんは、どうだの」

「お前さんのとまり客と夫婦になるときまった」

そのまま、神々の話はやんだ。この話を聞いていたお宮の旅人は、

「こんや生れた女の子が、おらの嫁になるなんて、そら、とんでもない」

と、ある日、その女の子を棒でたたいて、殺したつもりで、逃げていった。

　それから、二十年もたって、旅人は嫁をもらった。ある日、嫁の頭の傷あとを見つけて聞いたら、子どものときに、どこかの旅人が棒でたたきつけたが、命だけは助かったといった。あの晩に生れた女の子が、やはり、嫁になっていたと。いっちごさっかえ、どっぺん。

解説　「夫婦の運」は、「運定め話」という昔話のなかの一つのタイプである。「運定め話」は、日本人の運命観を秘めた昔話で、人の一生は生れたときに定められるという。それは、氏神様、山の神、さいの神、ほうきの神、うすの神などの産《うぶ》神《がみ》によって、この世にひき出され、そして一生の運をつけられるという古い産神信仰だった。この「夫婦の運」は、運定めのなかでも、分布がまれで、山古志のような山村に消え残っていた。

●見るなの倉

とんと昔があったげど。

　山おくの村に、あるどき、村すもうがあった。まいにち、いとしげな娘が、すもうを見にきていた。村の若い男が、

「あの娘、どこの子だろう、ほんにいとしげな娘だ」

と、その娘ばかり見ていた。ほうして、すもうが終って、その娘もかえりかけた。この娘はどこの村のものかと、男はあとをつけていった。娘はスタスタと歩いていって、だんだん山のおくへいった。ほうして、山んなかにでっこいきれいな家があって、娘はそこへはいった。男はその家へいって、

「こんにゃひとばん、とめてもらいたい」

と、たのんだれば、娘が、

「おらとこは、おら一人だども、なじょうも（どうぞ）、とまってくれ」

と、とめてくれてごちそうをしてくれた。ほうして、男は一晩とまり二晩とまりして、楽しく暮しているうちに、家へかえることも忘れていた。

　ある日、娘が、

「きょう、おら、用事にいってくるすけ、お前は家でるすいしていてくれ。家のうしろには、倉が十二ある。お前、もし見

たいなら、十一ばんめまでは見てもよいが、しまいの十二ばんめだけは、けっして見てくれんない」そういうて、家を出ていった。

男は、家のうしろへいって見たら、なるほど、倉が十二ならんでいた。ほうして、十一ばんめまでは見てもよいのだと、かたっぱしから、倉の戸をあけて見ていった。

一ばんめは、正月で、人が餅やごちそうをたべている楽しい景色
二ばんめは、二月のハツウマ
三ばんめは、三月の女の節句
四ばんめは、四月八日の薬師の祭
五ばんめは、五月の田植
六ばんめは、六月のタナバライ（蚕上げ祝）
七ばんめは、七月の盆で盆おどり
八ばんめは、八月十五夜
九ばんめは、九月クンチの菊の節句
十ばんめは、十月の神むかい
十一ばんめは、十一月二十三日のオダイシコウ

年中行事のその月の行事を、ごちそうをたべながら、楽しくしているようすが、倉のなかにはいっていた。こういう年中行事の改まった日を、山古志ではメイゲツとよぶ。

ほうして、けっして見るなといわれた十二ばんめの倉が見たくてどうしようもない。こっそり見てもわかるまいと思って、倉の戸をあけて見たれば、そこには、たった一枚、鏡があるだけだった。ふしぎに思って、その鏡を見ていたれば、山道をセッセとかえってくる娘の姿がうつっていた。これはおおごとだと、急いで戸をしめて、いろりばたへきて、知らん顔をしていた。

そこへ、娘がかえってきて、悲しげにいうた。

「お前、あれほど見てくれんなというておいた十二ばんめの倉を見たのし」

「いや、おら、なんで見ようば」

「いや、見た見た、おらにはわかる」

ほうして、たちまち、一わのウグイスになって、ホウホケキョ、と悲しげにないて、水屋の窓から外へとんでいってしもた。

やがて、男が気がつくと、あんなにきれいな家も消えていて、山のなかのクズフジのなかに、あぐらをかいていたっけと。

いっちごさっかえ。

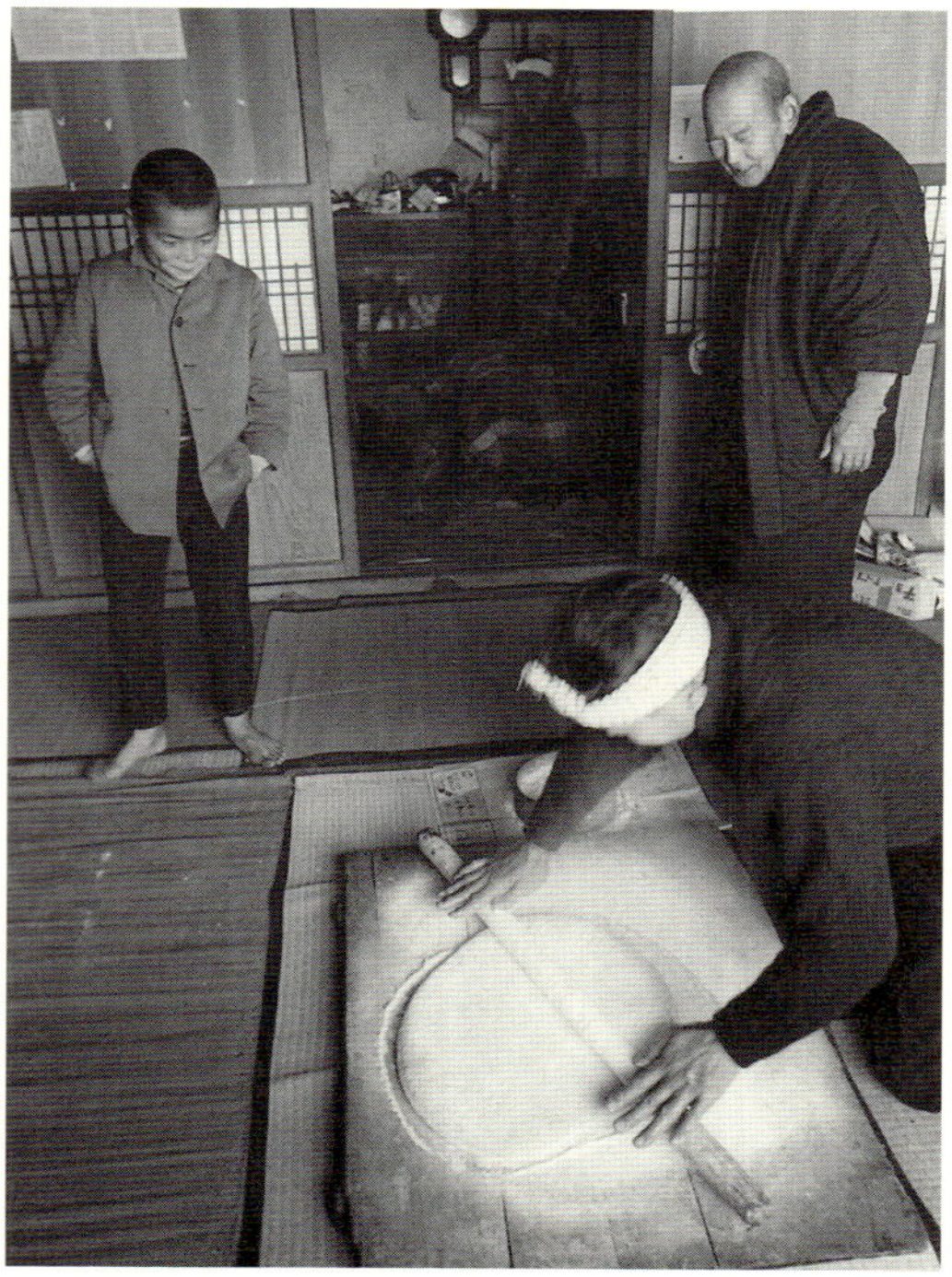

解説 「見るなの倉」は、全国的にも分布がまれで、山の詩情と神秘をたたえて、心ひかれる昔話の一つ。山のかなたの山中ふかく、この世とちがった桃源境のあることを信じた古人の夢みた異郷信仰を語っている。そこはウグイス浄土とよばれ、美しく、ゆたかな楽園である。ある男が、そこへゆきついたものの、タブーを犯したために、せっかくの幸福をとりにがす見はてぬ夢となっている。この話にはいつもウグイスが登場する。

復活した山古志の闘牛

途絶えていた山古志村の闘牛が正式に復活するのは昭和50年（1975）だが、前年に有志による闘牛が行なわれ、大勢の観客が声援を送った。撮影・須藤　功

雪洞で遊ぶ子どもたちを見る宮本常一。右端は同行の佐藤健一郎。昭和46年（1971）　撮影・須藤　功

秩父

—峠を越えて

文　三輪主彦
野村矩子
写真　菅沼清美

峠を越えてきた二人。

峠を越えて盆地にはいると、武甲山が鎮座していた。秩父の人々は盆地だけではなく、山を切り拓いて住んできた。

つい近年、西武鉄道が秩父を観光地化する第一歩として鉄道を延長し、秩父と東京を直結させた。秩父の人たちは、今まで守ってきた自然や文化がもたらそうとする利益が、地元にではなく他所の資本に吸収されていくことに、特別な拒否反応を起してはいない。彼等は西武資本の下に故郷が観光地化されてゆくのを歓迎しているかのようである。

西武の問題は新しいようではあるが、秩父に住んできた人間には殊更に新しい問題ではない。夜祭りにしても札所にしてもその流れを見ると、外部の人間によって、または外部の人間のために維持され発展した部分が多いからである。

秩父は山間の盆地である。平地は狭く、畑は山の斜面を焼いて拓いたもので、地味はやせている。米の収量は平野部に比べて格段に低く、かつては大麦、粟、ソバを常食としていた。

江戸後期に書かれた『新編武蔵國風土記稿』の秩父郡の総説には〝婦も男と斉しく短褐を着し、山谷に動揺し、凍寒に至りても只褐をもて重ね襲ふのみ。いぬるにも臥具の設なく、よもすがら夫妻子母爐火を擁して睡り、……辺境の譬へに放言せるは、酒店へ三里、豆腐屋へ二里といへるも、斯る山中のことにてぞ有ん。深谷窮民のさまは、他郡の風俗とは違へる所多かるべし〟とある。また芦ヶ久保村（現在の横瀬村大字芦ヶ久保）の条には〝もとより山多く嶮岨にて、畑は嵯峨によりて、水田は僅計り谷間にあり。用水は谷水を引けり。まま旱損を患

ふ。土地宜しからず。諸作実登り悪く、年穀半歳を支ふと云。村民農間の稼第一に炭焼をし、楮皮を剥ぎ、春は独活《うど》蕨《わらび》など採りて、大宮小川の市に鬻《ひさ》ぎ女は絹・麻布を織れり〟ともある。

何故こんな不便な、貧しい土地に住んでいたのだろう。もっと住みやすい所へ移れなかったのだろうか。そんな素朴な疑問に対して土地の人はこう言った。

「ここにしか住む所がなかったのだから、しかたないじゃないか」

盆地が全体として自己完結が可能であった時代は遠い昔のことである。外界の社会の波は自然の障壁を越えて盆地内に流れこんでくる。それは強い力を持っていて、生きることのみに追われる盆地に住む人々には抗しようもないものである。彼等は時代によって転変する外からの波を敢えて拒むことなく、受け入れようとしてきた。しかし、彼等はそれを甘受するだけではなく、同時にそれを消化し、自分の力に変えていこうとする努力を忘れたことはなかった。

「ここしか住む所がなかったのだから……」という。一見ヤケッパチにさえ聞える言葉には、条件の極めて悪い土地を生きる場所に作りあげ、外からの圧力に迎合する姿勢を見せながらも、それを養分として自分たちを支える文化を堆積してきた人間のフテブテしいまでの土性骨が秘められているのではないだろうか。

秩父が、どの時代にどの方向を向いて波を受けいれようとしたのか、それは外界をつなぐ峠の変遷を見ればいいのではなかろうか。

普段は何気なく歩いている峠路も、時間の流れを考えてみると、それを越えてくる力を受けようとする秩父の人たちの重みを感ずる。

峠の変遷

熊谷から秩父鉄道で広い関東平野を横切り、寄居《よりい》まで

山の畑でコンニャクを掘る人

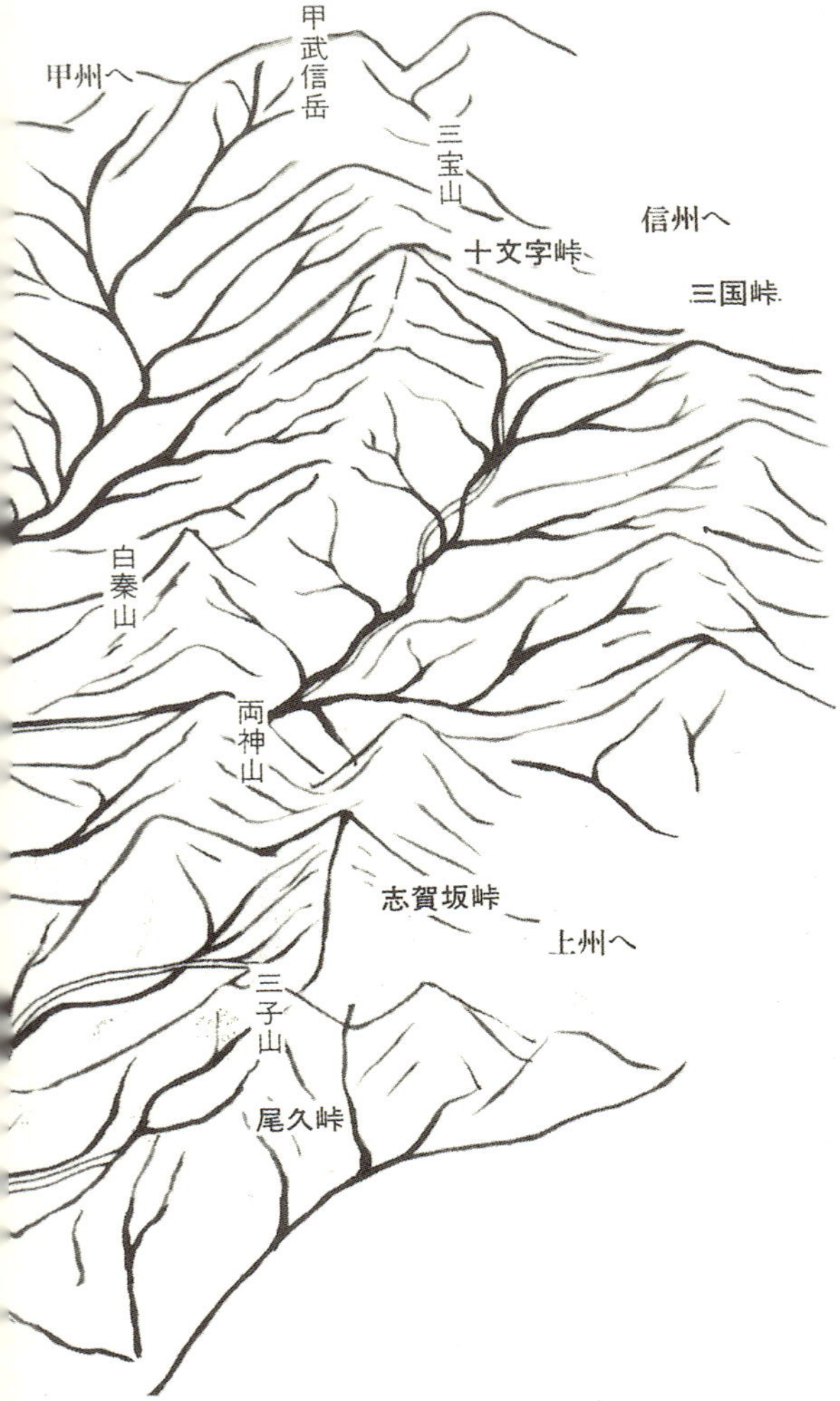

札所４番・金昌寺の子育観音。
観音の乳房にふれると乳がたくさん出るという。

秩父鳥瞰図

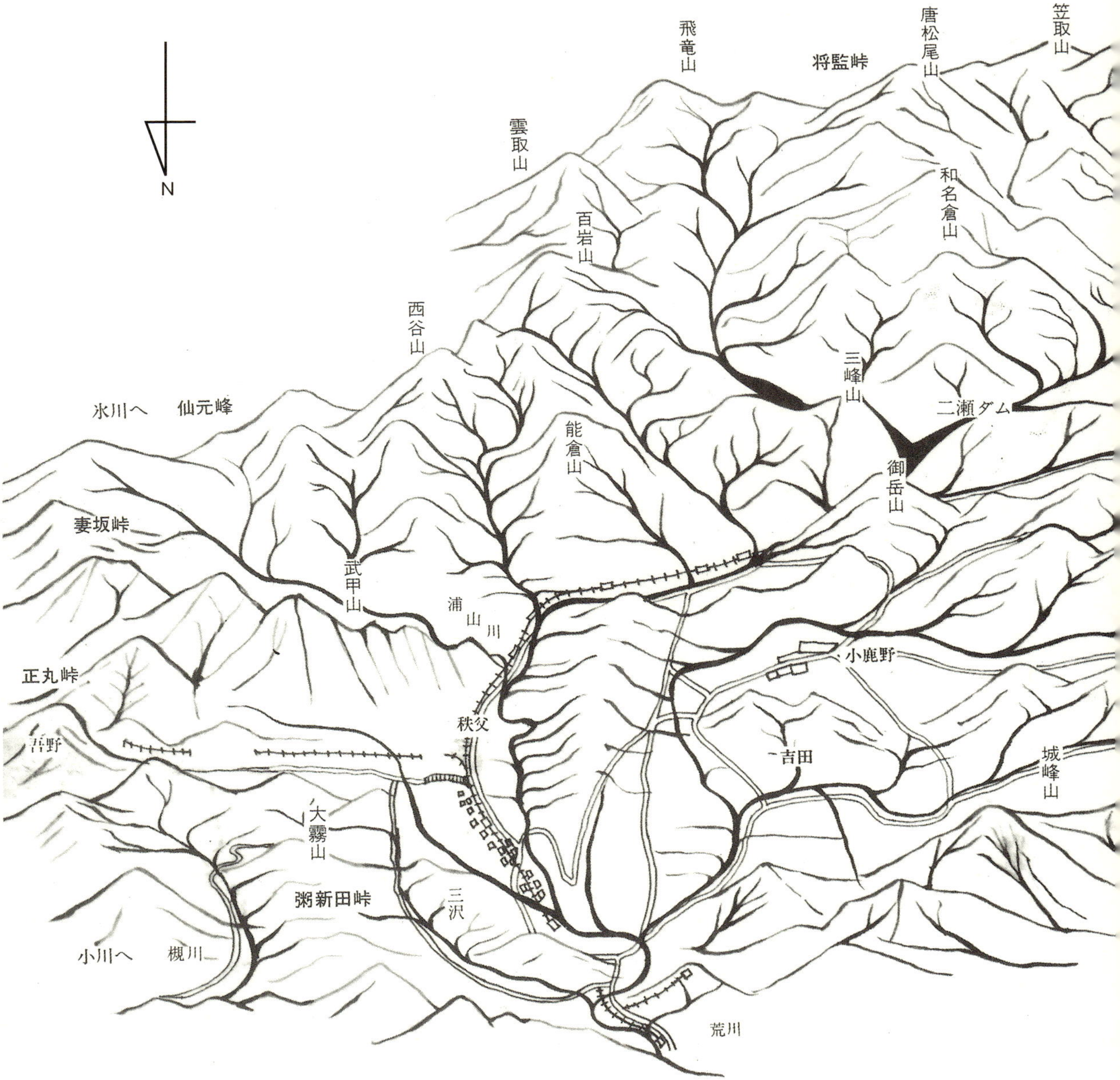

N
笠取山
唐松尾山
将監峠
飛竜山
雲取山
和名倉山
百岩山
西谷山
三峰山
二瀬ダム
氷川へ
仙元峰
能倉山
御岳山
妻坂峠
武甲山
浦山川
小鹿野
正丸峠
秩父
吾野
吉田
城峰山
大霧山
粥新田峠
三沢
小川へ
槻川
荒川

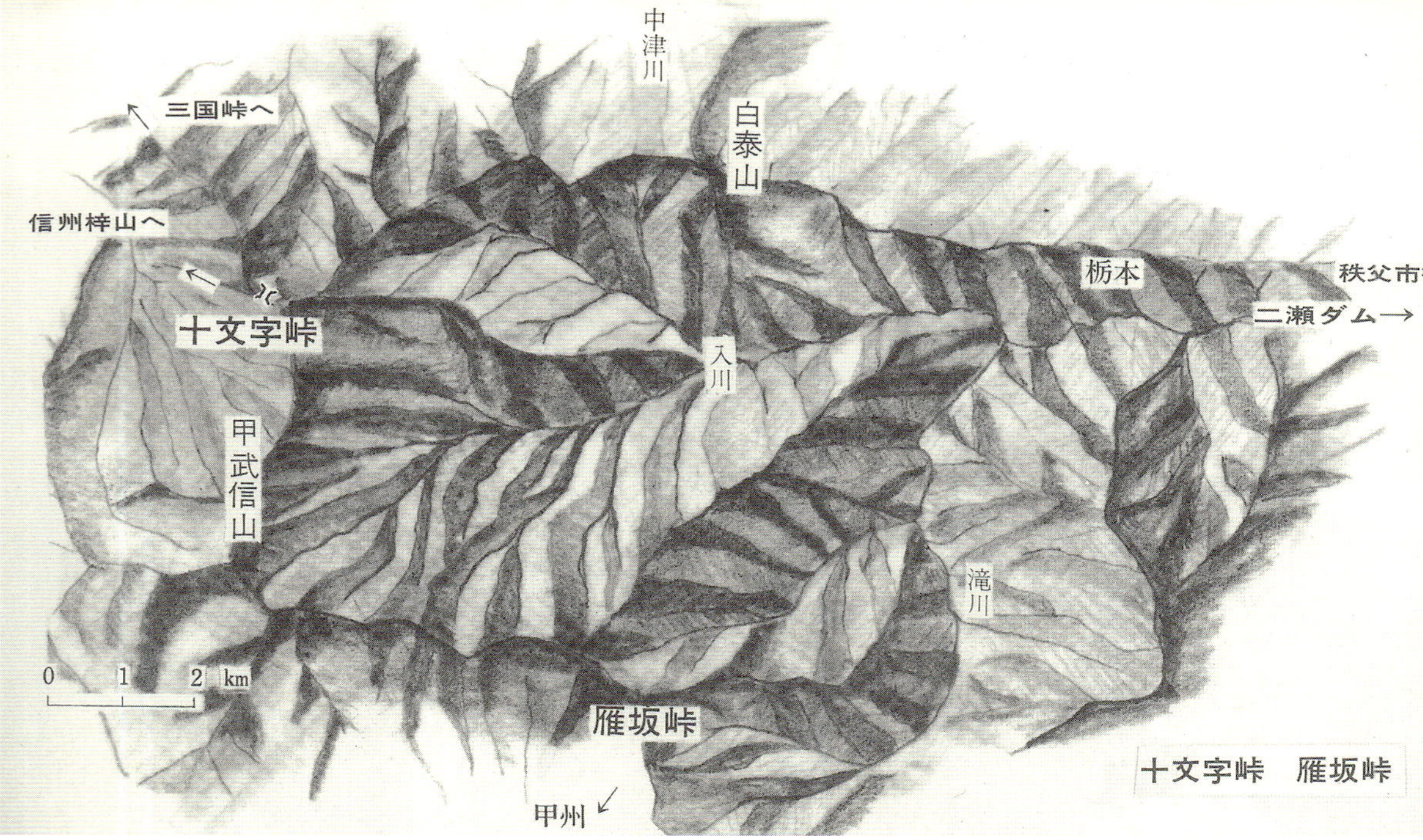

十文字峠　雁坂峠

雁坂峠にしても十文字峠にしても１・２泊はしなければならない。基地になるのは栃本の民宿であろう。１泊1200円、食事に出てくる岩たけなど山菜料理、そばの味はなかなか他では味わえない。栃本の先まで舗装道路はあるがバスは二瀬ダムまでで、そこからはタクシーか１時間程の歩きかである。急斜面を拓いて作った畑は山地に暮す人の苦労がしのばれる。栃本の関の中を見せてもらうには教育委員会を通さねばならない。十文字峠までは約７時間。６月初めの石楠花はみごとである。中津川林道を利用すれば徒歩２時間程で峠につく。峠に小屋有。雁坂峠まで約５時間。峠の南面には広い草原が広がっている。ここから甲州広瀬まで約４時間。そこから中央線塩山に通じるバス有。

来ると両側から急に山が迫ってくる。ここを流れる荒川の峡谷に沿って登るにつれて、川ははるか眼の下になり、高い段丘の上に民家が集まっているのが見える。結晶片岩の岩畳で有名な長瀞《ながとろ》をすぎると、荒川が作った広い河岸段丘に出る。そこが秩父盆地の入口である。

荒川沿いの道が峠を越えないで秩父へ入る唯一の道であったが、古くはその名の通りの荒れ川でよく氾濫をおこしたために、この道の通行は難しかった。これ以外に秩父へ入る道はすべて嶮しい峠を越えなければならない。

最初に秩父に住みついた人たちが峠を越えてきた。畠山重忠が峠を越えて鎌倉の幕府へ通った。秩父絹を積んだ馬が峠を越えて江戸へ向った。白装束のお遍路さんが峠を越えてやってきた。困民党の残党が峠を越えて信州に出た。今、峠の下をぬけてハイカー達が運ばれてくる。

日本文化の曙の頃、まだ関東平野の大部分が浅海になっていた頃、西からの文化は本州の中央部の山間の谷を通って流れ、その一部は信州とつながる三国峠や十文字峠を越えて秩父に入ってきた。やがて関東平野の北側が居住に適するような古墳時代になると、平野につながる出牛《じゅうし》峠、釜伏《かまぶせ》峠が使われた。

武蔵の国府が今の府中にでき、鎌倉に幕府ができるようになると、南側の正丸《しょうまる》峠や妻坂《つまさか》峠が主要な峠となった。

江戸時代には街道も整備され、秩父へ出入りする人の数も多くなった。川越街道を経て粥新田《かゆにった》峠を越えるのが主要な道で、江戸街道とよばれた。

明治になってからは荷車の通れる出牛峠が使われ、ま

十文字峠の付近は人の手がはいらない原生林である。撮影・三輪主彦

栃本部落から峠への道には一里ごとに観音様が置かれていた。撮影・三輪主彦

た荒川の難関が突破されて秩父鉄道が敷かれると、本庄、熊谷との結びつきが強くなった。

正丸トンネルの開通は、秩父の顔を再び東京の方へ向けさせようとしている。そして、峠路はハイキングや登山の時にだけ使われるものになった。

とにかく、新しい峠道は、峠の下を貫いたのである。

十文字峠と雁坂峠

秩父は荒川の最上流にあり、その水源地域には甲武信《こぶし》岳、雲取山など二千メートルを超える峰が連なり、それを越えて山向うの国へ行くのは今でも容易なことではない。

現在は奥秩父の栃本の先まで自動車道路がのびているが、以前はここから白泰山《はくたいさん》、十文字峠を越えて信州の山に通じる道と、雁坂《かりさか》峠を越えて甲州の広瀬に通じる道があった。道といっても、峠は二千メートルを超えるのだから、冬になれば積雪も多く、夏でも大変な道であった。

十文字峠は原始林に覆われていた

私は六月、梅雨に入る直前に十文字峠道を登ってみた。まだ原始林が残っている数少ない地域で、自然保護で脚光をあびている所だけあって、うっそうとした緑におおわれている。倒木にはびっしりと苔が生え、あたり一面、何となく湿っぽい臭いがたちこめてくる。まだ人手にふれていない石楠花《しゃくなげ》の赤い花が咲きみだれている。私は石楠花というのは小さな花だとばかり思っていたが、この峠にあるのは大きく、まったく、木に咲いた花であったのにはおどろいた。木の間ごしに見える景色は山また山で人煙の気配はまったくない。峠に降った雨の一部は千曲川に入り日本海へ、残りは荒川から太平洋にそそぐ。本州でも最も山深い所である。

峠を下ってくると、途中に、登る時には気がつかなかったが、道のまがり角の草むらの中にひっそりと立てられている石の観音様を見つけた。栃本から一里ごとに道しるべとして立てられたものであるという。嶮しい峠を越えていく人たちが、折にふれては拝んだことだろう。

何故峠を越えたのだろう

「何故このように大変な峠を越えて他国へ行ったのだろう」という問は愚問であるかもしれない。この道の他になかったのだから越えただけで、他に良い道があればそちらを通ったであろう。しかし、何のために越えたかは別の問題である。その一つの理由は信仰であったろう。三峰神社は奥秩父の中心地にあって古くから広く信仰された神社である。今でこそ表参道側にはロープウェイがつき、裏参道は三峰山観光道路が山頂まで続いて、観光による収入が多くなっているが、かつてはこの神社は三峰講の人たちによって支えられてきたのである。各地から講を組んで登拝したり、代参人が集まってお札をもらったりしたものである。この講の数をみると、地元の埼玉よりもむしろ山を越えた長野県や山梨県の方が多い。三峰講の人たちは十文字、雁坂などの峠を越えてやってきたのである。

また、東山道に出るのに使われたことも峠越えの理由であった。十文字、雁坂は碓氷峠、箱根峠のちょうど中間にあり、距離的にも近いために鎌倉時代以後甲州と諏訪の交通が便利になってきたのに合わせて多く使われるようになった。

川に沿って歩くのは難しい

甲州、信州と結ばれた峠は、三峰信仰のはるかに以前から使われていた。十文字峠のすぐ北側にある三国峠の信州側には日本沢遺跡があり、そこから縄文期の遺跡とともに黒曜石の鏃が出てくる。黒曜石は火山噴出物で火山ガラスとよばれる非結晶質の岩石で、するどい割れ口をしているため、武器として古代人の生活には必需品であった。この岩石は八ヶ岳付近に産するだけだから、そ

三峰山の参道をゆく参詣者

急斜面に家が、畑がはい上っている。撮影・三輪主彦

れが発見された土地の分布を調べる事は古代の交易路を知る上で非常に重要なのである。秩父に入る峠近くで発見されたことは、すでに縄文時代には信州方面からの人の通行があったことを物語る。しかしこれがただちに秩父と信州の間に直接の関係があったことを証明しているのではない。古代の交通路は川沿いのものではなく、尾根通しであった。奥秩父の山稜を伝い雲取山山頂の方から多摩に入り、黒曜石と塩を交換したりしたのかもしれない。峠道というと川に沿って登り、山脈の一番低い所を越えてまた向う側の川沿いに下っていくと考えがちであるがこれは新しい形である。秩父の両側の峠は、部落からすぐに尾根道に出て、そこを伝って山脈の一番高い所を通るという古いスタイルを残している。道のない山の中に迷いこんだ時、見通しの良い尾根に出ようとするのは本能的なものである。この尾根伝いの峠道を通って、西側からの進んだ文化が秩父にも入ってきたのだろう。しかしそれは秩父の西半分の話で、川でつながれているが秩父の東側には伝わらなかったかも知れない。川を下るよりも、尾根伝いに一旦関東平野に出た文化が逆に東半分に伝わっていった方が速かったかも知れない。それぐらい川の通行は困難であった。

奥秩父は袋小路でなかった

栃本は荒川の若いV字谷の谷壁にへばりつくようにしてできた、奥秩父では比較的大きな部落である。山林労働を主とし、養蚕も行われているが、養蚕用に使われた大きな家を利用して民宿に衣替えした家も多い。秩父の観光化に伴って民宿の村として宣伝されるようになったが、もともとこの付近では関所を通過する人たちの宿屋があったというから、まったく突然の変化ではない。

栃本の関は関所といっても、箱根の関のような大関所ではなく、地元の大村家が番士の役をしていたという程度のものである。ただ、秩父側にあるのだから、秩父から出て甲州、信州へ行く人を見張るためのものかと思っていたら、もともとは甲斐の武田氏が甲州に入ってくる人を調べるために設けたものらしい。戦国の時代には秩父は一応、北条氏の支配下にあった。しかし秩父の奥の方では武田氏の影響が強かったようである。峠を越えて絶えず接触があった雁坂道には、武田軍の軍資金を埋め、その目印に北向きの地蔵をすえたという言い伝えもあるし、中津川には武田信玄が死んだのをとむらって作ったという鐘もある。

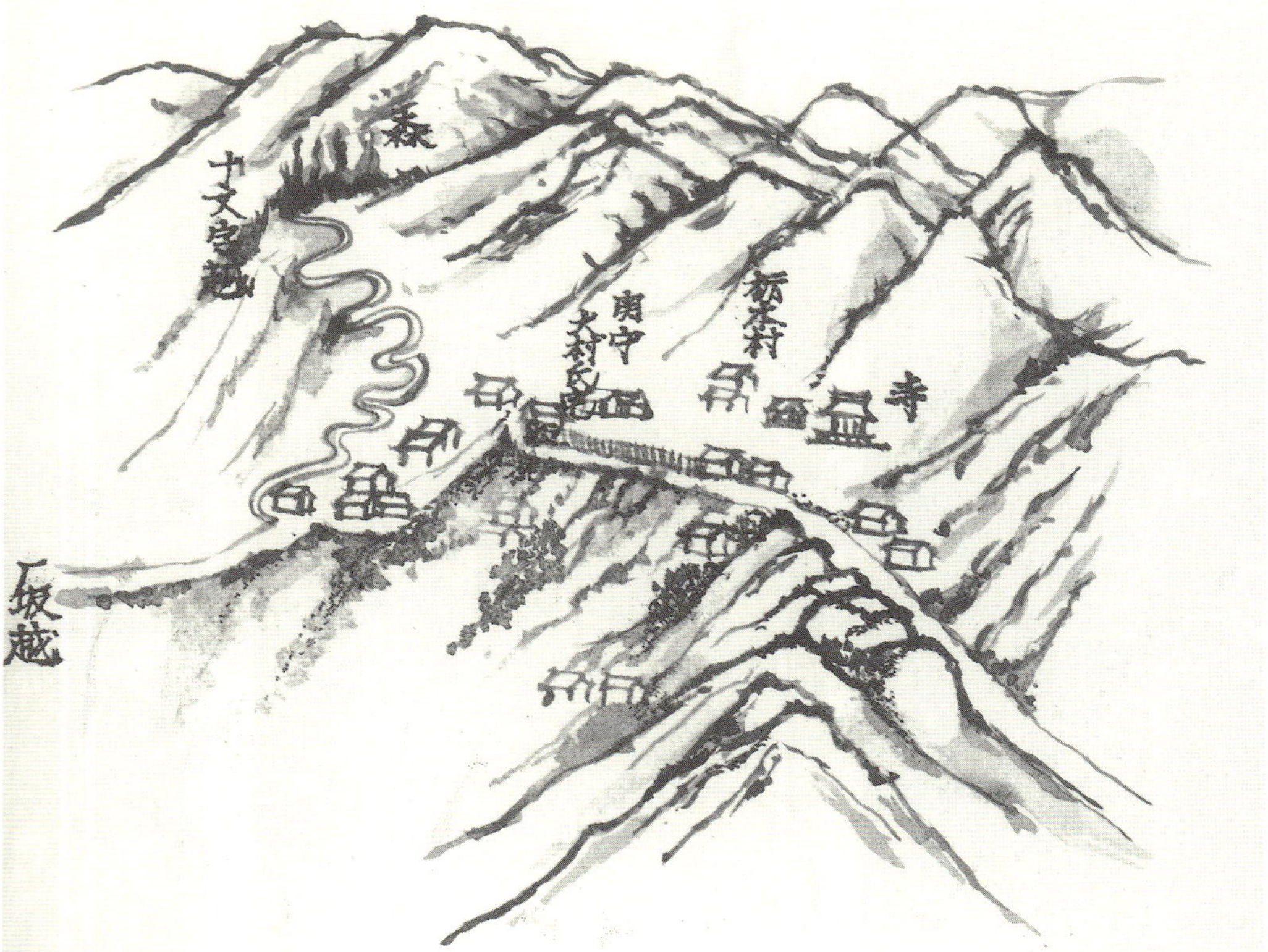

「埼玉叢書巻一秩父志」より模写　栃本関所の図

奥秩父は今の私たちが考えるほどに袋小路ではなかった。決して容易な道ではなかったが、外界と結びつく峠をもち、それを越えて人も、物も、文化も流れこんでいたのである。

秩父のシルクロード—正丸峠

江戸からの旅人は相変らず川越回り粥新田峠経由の道を通っていたが、秩父唯一の名産の絹を運ぶ通路は正丸峠が使われるようになって来た。直線距離にすると正丸を越えた方が近いのであるが、山が深く登り降りは急で付近には人家もまったくないため小人数では危険が多かった。しかし江戸という大消費地を控え秩父絹の生産が増大するにつれその輸送は頻繁になってきて近い道が開かれるようになってきた。相当の人数が隊伍を組み、馬の背に絹を積み峠を越えて江戸に向う様子はさながら、〝秩父のシルクロード〟であった。

絹の生産が増すにつれて秩父の夜祭りもだんだん豪華絢爛になっていった。

秩父夜祭り

「秋蚕しもうて麦蒔き終えて、秩父夜祭り待つばかり」秩父音頭の一節である。

奥秩父の山々に初雪が訪れるころになると、秩父の町のあちらこちらから屋台囃子のならしの太鼓の音がきこえてくる。秩父夜祭りは、秋の農事を終えて冬を迎えようとする秩父の人たちが待ち焦がれていた祭りだった。この夜祭りは秩父の中心である秩父神社で十二月二日・

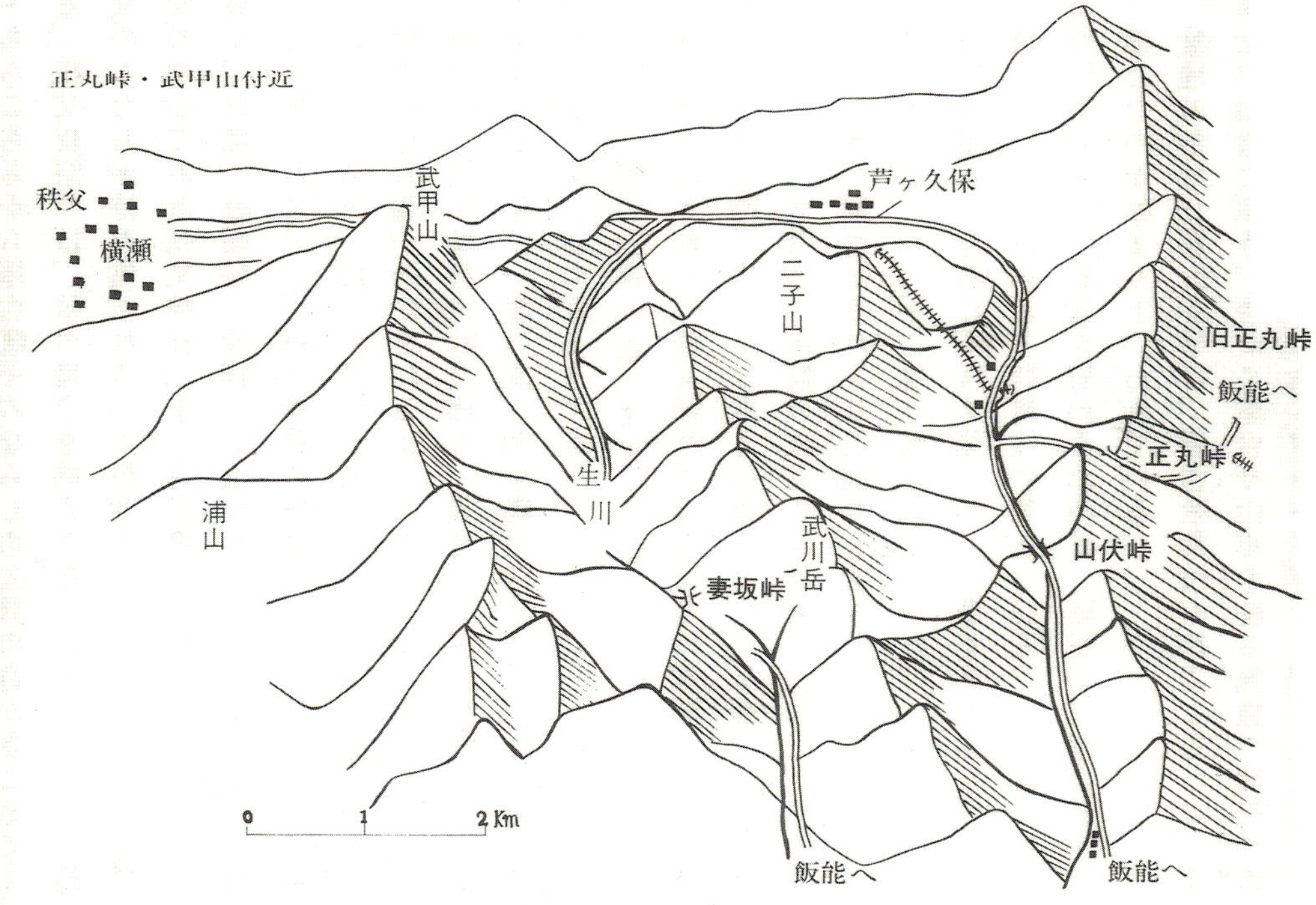

古い正丸峠は今の正丸峠より約1キロ北にある。新正丸にはガーデンハウスなどドライブインが立ち並ぶ。ここから尾根づたいに30分程いくと古い峠に出る。左に下ると横瀬川に沿うバス通りに出る。そのまま尾根伝いに行くと虚空蔵峠、刈場坂峠、大野峠に出られる。手ごろなハイキングコースである。

三日に行われる例大祭で、京都の祇園祭、飛騨の高山祭りとともに日本三大山車祭りとして知られている。秩父神社の創建は古く、延喜式にも載せられているが、盛んに信仰されるようになったのは、平安末期に妙見菩薩が合祀されるようになってからといわれる。女神である秩父神社の妙見様と、男神である武甲山頂の蔵王大権現とが、年に一度の逢う瀬を霜月三日に花畑台地の亀ノ子石の前で楽しむのだそうである。

中近・下郷の山車二基、本町・中町・上町・宮地の屋台四基が曳き出される。秩父神社では夏にも川瀬祭りというのがあり、その時子供たちが曳く山車を見て、大変立派なものなので、てっきり冬の夜祭りにもこれを使うものだと思っていたら、冬の屋台はそれより二回りも大きくしたもので、百数十人の若者たちの手で曳かれるものだった。

昼間は屋台の左右に下座を張り出して幕をめぐらし、太夫と囃子方が座を占めると歌舞伎の舞台となる。この歌舞伎は幕府代参の名代の旅情を慰めるために、陣屋前に屋台をすえて演じたのが始まりといわれている。

盆地の冬は日暮れが早い。屋台歌舞伎が終るころには、奥秩父の山陰に傾き、やがて屋台や山車を飾る無数の提灯や雪洞《ぼんぼり》に灯が点され、一段ときらびやかさが増す。狭い秩父の市街を練行するが、道路に出ている看板やネオンは皆とりはずされる。梶がついていないので、角を曲る時は大変である。一旦十字路のまん中まで曳いておいて、山車の下にジャッキを入れて九十度向きを変える。山車は一本の釘も使わずに組立てられているから、全体

江戸時代から、甲州（山梨県）への雁坂峠、信州（長野県）への十文字峠を越える要路にあった栃本部落

がギシギシと激しく軋み、上に乗っている人がこぼれ落ちそうに揺れる。

山車・屋台が曳きまわされる時の緩急を指示するのが屋台囃子である。豪快な太鼓は地鳴りのように響き、細やかに流れ打たれる小太鼓、冷気を破っていく澄んだ笛の音。「さざ波囃子」といわれるように、金波銀波の寄せくる海を船が勇ましく進む状態を象徴している囃子である。

夜に入って、山車・屋台は宮詣でをしてから、秩父鉄道の線路を越えてお旅所への神輿渡御に参加する。この時間には鉄道もストップし、架線も外されてしまう。祭りが先にあって鉄道が後から入ってきたものだから仕方がない。しかし、大変なことである。お旅所は市役所のすぐ裏手の花畑台地の上にある。線路からわずかに坂になっている。この坂がダンゴ坂といわれ、二、三十メートルしかないのだが、山車はここを一気に駆け登る。曳手の息が一つに揃わないと梶もブレーキもない巨大な山車がバックして暴走してしまう。この時の囃子が大変難しく技術がいるそうで、聞いていると上手に曳手をリードしていることがわかる。囃子の響きに、曳手の歓声が加わり、山車の木組が今にも崩れそうにギシギシと鳴って祭りは興奮の頂点に達する。

夜はすでに深更で、提灯、雪洞、松明の灯であたり一面は不夜城と化す。盆地の冬の夜は底冷えが酷しく、股引きをはきオーバーを着ていても寒く酒でも飲まなければいられない。同じように山車をくりだす祭りでも、祇園祭や高山祭りなどの優雅さとちがって、荒々しく威勢がいいのは、寒さのために酒が入っているからなのかもしれない。曳手の中には上半身裸になっている者もいる。

祭りも終りに近づくと、市の東側の羊山公園に仕掛けられた花火が次々と打上げられ、闇の中の武甲の姿を浮びあがらせる。

夜祭りを支えていたのは絹織物だった

秩父のような山間の地で、何故このような豪華絢爛な山車や屋台が作られ、今に伝わっているのだろうか。秩父神社の霜月祭りに華やかな山車が出るようになったのは、江戸中期の寛文年間といわれている。これは盆地の中で養蚕と絹織物が盛んになってきたことと関係があった。絹市の日を夜祭りの日に合わせて景気づけをやったためなのであった。

武蔵国の養蚕は帰化人によって伝えられたもので、それが秩父絹として織りはじめられたのは横瀬の根古屋である。戦国末期この地に北条氏の臣、朝見伊賀守の城があり、彼が領民に絹の製造をすすめた。その結果根古屋絹の名は全国に広がっていった。

江戸時代に入ると大消費地をひかえ、農村の副業という形で秩父全体に絹織物が発達するようになった。『新編武蔵國風土記稿』は「年穀半歳を支う」「年穀三分の一に足らず」と秩父の多くの村の貧しさを記しているが、養蚕をするということが、もともと米や麦が作れず桑しか植えられないという土地条件の貧しさを意味している。近ごろ秩父ではコンニャクやそばを名物として売出しているが、これも山国が耐えねばならない貧しさを象

桑の手入れをする老人。このような人たちが盛大に催される夜祭りを支えてきた。

微しているものである。

盆地の中では秩父大宮、野上、皆野《みなの》、小鹿野《おがの》で絹市が開かれた。最初のころの絹市は近郷の人たちが絹を持ちよって早朝に開かれ、売った代金で品物を買って帰るという小じんまりとしたものだった。絹織物の商品性が高まってくると、江戸から絹問屋が買付けにやってくるようになった。絹織物の大取引きは秩父神社の例大祭の日に合わせて行われるようになり、取引きの景気をあおるために問屋たちは祭りを盛大にすることを望みそれに援助を惜しまなかった。取引きが盛行するにつれ、祭りも華美になっていったのである。

絹生産の収入は貢租の対象となる農業生産の倍に相当したというから、秩父の経済をどれだけ潤したかは想像できよう。しかし絹織物だけの単一商品にたよっていた経済はいい時期にはぱっと燃え上るが破綻をきたすのも早い。明治に入り外国貿易の開始とともにその傾向がみえてきた。生糸の大量輸出がはじまり高価格で売買されるようになってきたため、養蚕、絹織物という一貫した家内工業は衰え、製糸業だけが伸びてきた。明治政府は製糸業を奨励し埼玉各地に製紙工場を建てていった。そのため弱小の秩父絹織物はますますさびれていった。それに米価の暴騰が追い打ちをかけ、秩父の生活は苦しくなる一方であった。そうした中で夜祭りは江戸時代の繁栄を失ってしまった。絹織物と結びついた祭りであったので自然の成り行きだったのかも知れない。明治中期になり染色工業が確立してくると輸出に適さない玉まゆを原料とする秩父銘仙が考案され、それによって再び、活

山車を舞台に演じられる歌舞伎芝居

秩父の繁栄をものがたる豪華な山車

無数の提燈に燈がはいり、夜祭りは最高潮を迎える

気をとりもどしてきたが、江戸時代の祭りにはおよびもつかなかった。

夜祭りには絹に生活を託してきた人々の生活の臭いが強くあった。絹取引の景気をあおるために援助したという商人たちとともに「おかいこ祭り」とよんで、蚕の順調な生育を祈る人たちが祭りを支えてきたのである。近年、再び祭りが派手になってきた。観光の町秩父として生きるためのデモンストレーションなのかもしれない。しかしそこには秩父の人たちの生活の臭いは消えてしまいつつある。私たち旅行者が祭りを観にいく時に感ずるように、彼らもやがては祭りとの不連続さを感ずるようになるのではないだろうか。

巡礼は粥新田峠を越えてきた

秩父の西側にはきり立った高山がそびえているが、東側は割り合い低いゆるやかな高原状の山が連っており、千メートルをこえるものはほとんどない。東南方にある山々は外秩父高原とよばれ、都会からの手ごろなハイキングコースになっており、日曜、休日はハイカーで賑わっている。西側の十文字峠付近の原始林とは違って一旦丸坊主にされ、後に植林をしたもので木々の大きさは整っていて、明るく人工的自然美を見せている。高原状の山地といっても越えて向うに行くにはやはり苦労があった。歩きやすくしかも近い道が選ばれたのは当然である。中山道の熊谷宿のはずれ、秩父への別れ道の所には今でも「ちちぶみち」「一番しまぶへ」と書いた石碑が秩父名産の青石塔婆といっしょに立っている。ちちぶみちは荒川に沿っているが、両側から谷間のせまる波久礼《はぐれ》までくると川とは別れ、外秩父高原の北はしの鞍部である釜伏峠を経て三沢に出て秩父に入る。

もう一つの重要な峠は粥新田峠である。これは江戸から川越街道を通り小川の町に入り、槻川《つきかわ》を登ってこの峠を越え三沢に出て釜伏の道と合流する。江戸からの距離は粥新田道の方が近く利用者も多かったようである。直線距離ではこれらの峠よりも南にある正丸峠、妻坂峠の方がより近い。江戸時代以前には、鎌倉に出たり、武蔵の国府に出たりするのには良く使われたようであるが、江戸時代になると主要街道は良く整備されてきたので、多少遠くても、川越城下を通って行く方が安全、快適であったのだろう。

私が粥新田峠を越えた

秩父札所一覧

別当寺 名秩	番付順位 長享2年	番付順位 江戸時代	所在地
定林寺	1	17	秩父市桜木
蔵福寺	2	15	〃 番場
今宮寺	3	14	〃 中町
慈眼寺	4	13	〃 東町
野坂寺	5	12	〃 野坂
円融寺	6	26	〃 影森
大渕寺	7	27	〃 影森
橋立寺	8	28	〃 影森
長泉寺	9	29	荒川村上田野
宝雲寺	10	30	〃 白久
久昌寺	11	25	秩父市久郡
法泉寺	12	24	〃 別所
西光寺	13	16	〃 中村
音楽寺	14	23	〃 寺尾
法性寺	15	32	小鹿野町船若
観音院	16	31	〃 飯田
菊水寺	17	33	吉田町下吉田
永福寺	18	22	秩父市寺尾
観音寺	19	21	〃 寺尾
岩ノ上	20	20	〃 寺尾
竜石寺	21	19	〃 大畑
神門寺	22	18	〃 宮地
常泉寺	23	3	〃 山田
妙音寺	24	1	〃 栃谷
金昌寺	25	4	〃 山田
長興寺	26	5	横瀬村川東
大慈寺	27	10	〃 横瀬
常楽寺	28	11	秩父市熊木
明智寺	29	9	横瀬村横瀬
ト雲寺	30	6	〃 苅込
西善寺	31	8	〃 横瀬
法長寺	32	7	〃 苅込
水潜寺	33	34	皆野町日野沢
真福寺		2	秩父市山田

のは秋の日曜日であった。ハイキングシーズンで東上線の小川町駅からのバスはハイカーで満員であったが、峠の入口で降りたのは地元の人と私だけであった。槻川にかかった粥新田橋を渡ると、柿の木に登ったワン白坊主が、どこへ何しに行く奴かというような目でながめている。近くの二本木峠や定峰峠はハイカーでにぎわっているのにこの峠だけは人が少なく、秩父側に下る道などは草が背丈ほど生い繁り、道をみつけるのにも苦労する程である。『新編武蔵國風土記稿』に「路幅凡七尺、大宮辺より川越通り江戸街道なり」と書かれた由緒ある峠道なのに今はどうしてこんなにさびれてしまったのだろうか。三沢の村で小さな畑を耕していた爺さんの話では、若い頃にはこの道を小川からの米を振り分けに積んだ馬が日に何十頭も通っていたものだと言う。今人通りがないのはすぐ南の定峰峠に自動車道ができたためである。粥新田峠に自動車道ができなかったのは秩父の観光開発と関連がある。秩父の峠越えの自動車道はただ越えるだけではなくて観光的要素も必要なのである。外秩父の尾根道づたいに作られる観光道路とつなげるには定峰の方が都合がよく、景色もよかった。ハイカーは車の通らない所へ行けば良いと思うのにどういうわけかにぎやかな車の通れる方へ集まってしまうようだ。

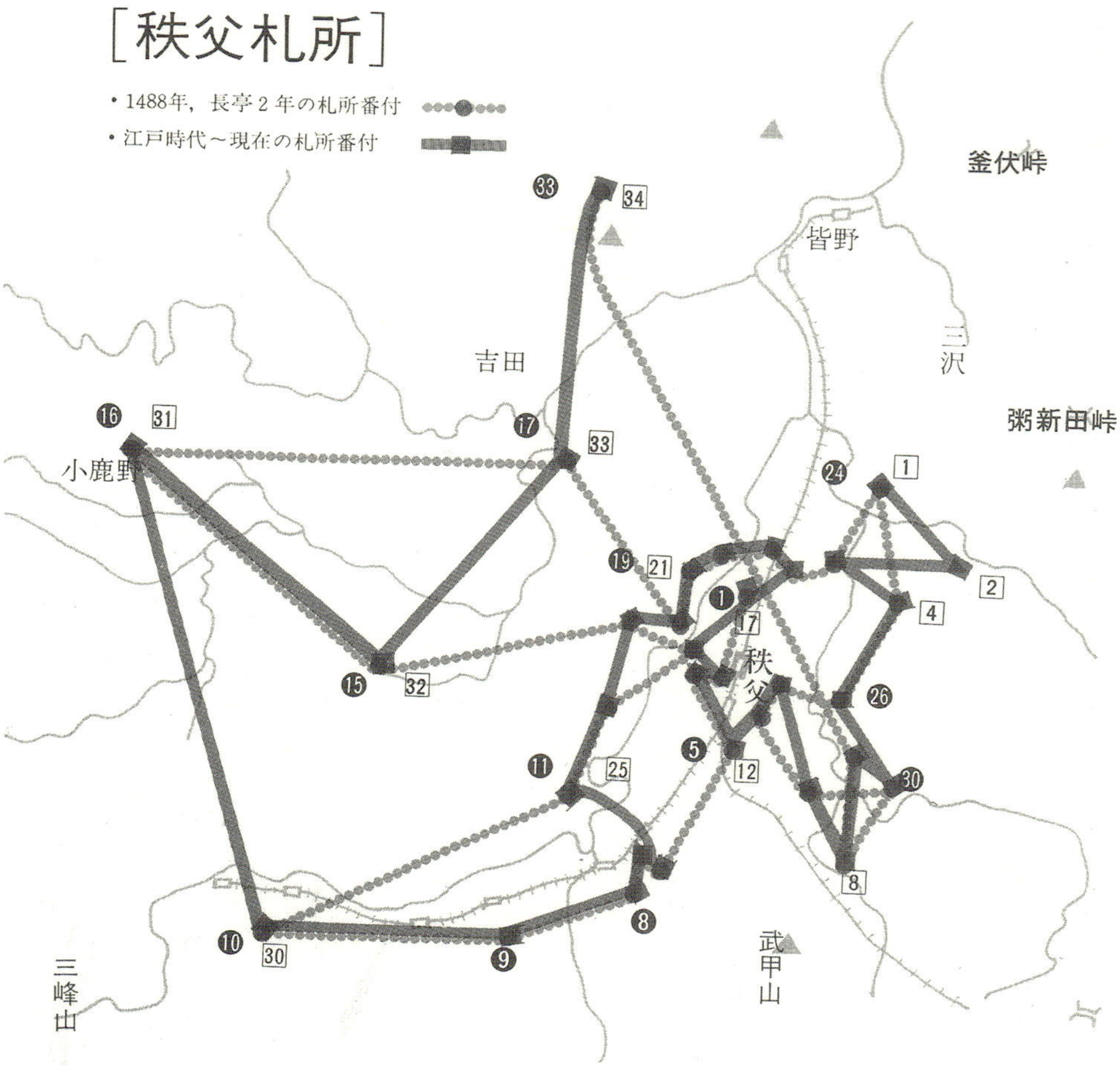

四〇、六七七人

この峠を越えて三沢に出、釜伏峠からの道と合い、しばらく行くと札所一番妙音寺（四萬部寺《しまぶじ》）に出る。

今はすっかりはがされてしまっているが、十六番西光寺の壁や柱には古いお札が一面に打ちつけてあったという。それらを見ると、やはり江戸からのものが多いが、中には関西からのものも相当あったという。三十四ヶ所の札所全部をまわるには、秩父盆地内だけでも四泊はしなければならず、江戸からでも往復の日数を加えると十日以上はかかる。関西方面からも来ているわけで、多くの巡礼を秩父に送りこんだ観音信仰の広い流布を思わせる。妙音寺に残る寛延三年（一七五〇）の文書には、この年の正月から三月の間に四〇、六七七人の人が栃谷を訪れたと記録されている。この頃の秩父の人口が一万七千余といわれているから、まさに驚異的な人数である。

札所の番付が変った

札所の番付は納経する順序を示している。昔は木のお札を札所の柱に打ちつけてまわったが、近頃では紙のお札を糊でベタベタと貼りつけてある。一番から順にまわっていくのが普通だが、三十番以後の遠く離れた札所は逆まわりすることもあった。これは逆打ちといわれたがあまり行われなかった。初めて秩父を訪れた時、一番の札所の妙音寺が市のはずれの栃谷にあるのを見て、何故一番が中心にないのだろうかと不思議な思いをした。妙音寺の一番は三沢方面から来る人には便利だが、盆地内に住む人にとってはいかにも不便である。

そんな疑問を持ちながら何回か訪れているうちに、札所番付は最初から同じものではなく、途中で順序が入替り、おまけに一寺追加されて三十三ヶ所が三十四ヶ所になったということを知った。三十二番法性寺に残っている札所番付は長享二年（一四八八）のもので、それによると秩父の市街の中心にある現在の十七番の定林寺が一番で、一番の妙音寺は二十四番となっている。これと現在の番付を比較したのが二〇八頁の図である。長享番付を見てみると、札所の順番が江戸の方から来る人に便利なように変えられて現在に至っているということが分った。

札打ちの数が巡礼の多いことをものがたる。

田舎札所がいつの間にか

三十三ヶ所の観音霊場の札所めぐりが成立したのは室町時代で、西国に置かれたのが始まりといわれている。しかし、道路も宿泊設備も整っていない時代には、旅をすること自体に大変な困難が伴った。西国巡礼とか伊勢まいりのように比較的整備された所でも、途中で強盗にあったり食料がなくなって餓死する者もあった。各地の

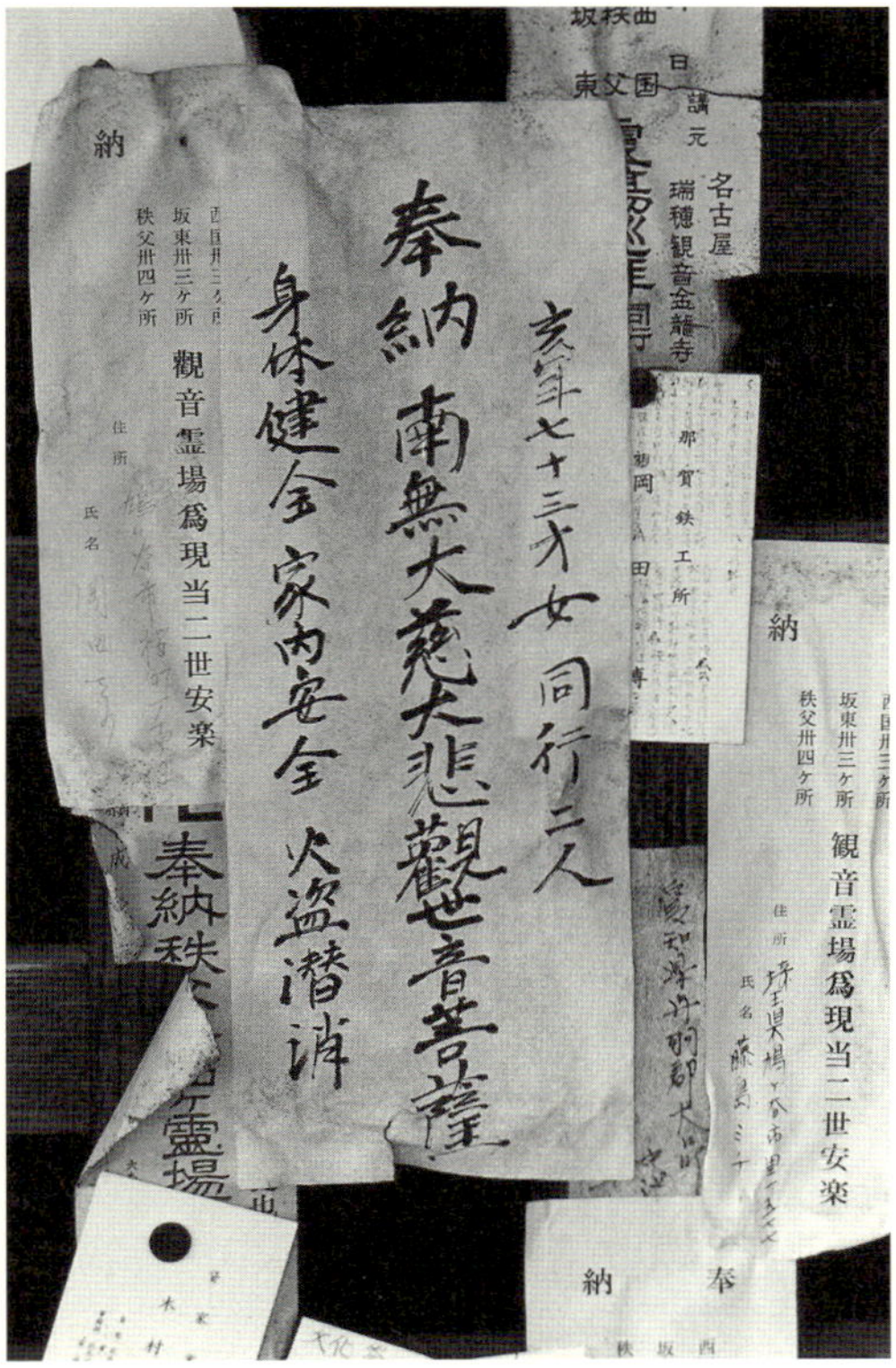

観音はさまざまな願いを聞いてくれる。

国や郡などの狭い範囲に西国を模した三十三ヶ所めぐりが作られたのは、観音信仰が地方に流布したことと同時に、やはり遠方への旅の難しさがあった。秩父の札所は、秩父郡のそれも秩父大宮を中心としたごく狭い範囲に分布していて、西国の二府五県、坂東の一都六県にまたがる札所めぐりとは比較にならない。それは全国各地にあったミニチュア版の札所めぐりの一つにすぎず、それを盆地内の人々が農事の間にめぐっていたものであろう。

そのミニチュア版が、坂東、西国と合わせて日本百所観音霊場として同格に称されるようになったのは何故だろう。前述の法性寺に残る札所番付の後書きには、弥陀の化身である性空上人が地獄の閻魔王と約束して定めた観音霊場は、第一に秩父、第二に坂東、第三に西国であるというランクづけがなされている。当然西国を上位に置くべきところを逆転させ、後に百観音思想が出てくると、それに合わせて札所を一番増やして三十四ヶ所とした秩父人の知恵に秘密があるのだろう。

戦乱の世が始まり、江戸が繁栄を遂げるようになると、伊勢や西国巡礼が社会的な風潮となる程に盛行し、秩父へも多くの人が入ってくるようになった。江戸からの距離は近いし、関所を越えるという複雑さはなく、安全でしかも美しい風光を楽しめ、おまけに信仰心を満足させてくれるという。当時の旅としては手頃なものだったのだろう。江戸から川越の城下までの川越街道はよく整備されており、小川を経て粥新田峠を越える道も人の往来が盛んだった。江戸からの巡礼が多くなるにつれ、彼らに便利なように札所の番付も変えられ、現在のように粥新田、釜伏を経てきた道に一番が移されたのである。札所は秩父人だけのものではなく、峠を越えてくる人たちにもという性格を強めてきたのである。

秩父の田舎札所を全国的なものに格上げし札所番付を江戸からの人間の便利にあわせ、江戸の護国寺や浅草寺の境内で出開帳を開く。札所について秩父人がとってきた行動のなかには、郷土に対する自尊の念と、外界の動きを柔軟にとりこもうとする積極さ、そして、またそうせざるを得ない盆地の生活への諦念のようなものが複雑に絡みあっているように思われる。

近年は道路も良くなって、たいていの札所まで自家用車やマイクロバスで行けるようになってきた。しかし一番から順をおって全部まわるという人は、この忙しい世の中ではほとんどおらず、人気のある札所に人が集中し、そうでない寺との差がはっきりでてきている。四番の金

札所33番・菊水寺に掲げられた、これはしてはならないという「子返し図」

昌寺は市街からも近く、無数の珍しい石仏があり、写真集、新聞などで良く紹介されている為、いつ行ってもかなりの賑わいである。二十八番の橋立寺も鍾乳洞があり、ハイキング客で賑わっている。しかし大部分の札所はひっそりとしており堂番もおらず「御用の方は……までおこし下さい」などと書いた札だけがぶらさがっている所も多い。このような札所は付近の風景によくとけこんでいかにも秩父らしい。しかし秩父の観光開発の一つの重点に札所の復興があって、昔の隆盛をとりもどそうという気運があるなかで、いつまでこの景色が残ることか。

秩父人は「秩父は変わらないさ」と言う

秩父と東京を結ぶ峠道が復活した。江戸時代の夜祭りの頃から主役の座から遠ざかっていた正丸峠の下にトンネルが貫けて東京都心とわずか二時間でつながった。西武秩父駅のしゃれた建物、周辺のレストラン、喫茶店、ボーリング場などを見た限りでは東京化の波が急激に押し寄せているようである。

しかし秩父っ子達に聞いてみると「外見程は東京化されていない」という。西武鉄道でやってくるのはほとんど観光客で、彼らは西武の作った施設へ行き、そこのレストランで食事をし、西武のバスで見て回るだけで、地元の人と話を交すこともない。それに鉄道は地元の産業とはまるっきり結びついていない。それなのに変るわけはないじゃないかと言う。

たしかに今まで、新しい峠道が開けたために秩父人の性格まで変えてしまうような変革はなかった。彼らは与えられたすべての条件を受け入れて来た。山間の急傾斜の耕地、高い峠を越えての交通、絹織物の繁栄と暴落。彼らに話を聞いても自分の苦労をまるで他人事のように淡々と語ってくれる。「別にどうしようもないじゃないか。そうだったのだから」といった調子である。

盆地のように他に依存しなければならない所においては、自分から積極的に他に働きかけることは得策でないことを知っていた。与えられたものの中から自分達に合いそうなものだけを残して行くという方法を長い歴史の中からつかみ取っていた。

しかし今回の、秩父観光開発の先陣、西武鉄道の乗り入れの影響は今までにない大きな変革になっていくに違いない。

秩父夜祭りが絹織物の景気をあおるものであっても、江戸に出開帳したり、番付を変えてまで外界の人達に奉仕した札所でも、主役はやはり秩父人であった。

峠道が文化、経済の中心地に向って開いていた時、そこから入ってくる人達の方がはるかに多かったが、それでも峠道は秩父の人達のものであった。彼らは峠道を、盆地という不利な条件を克服するために利用した。

それが今回はどうであろう。秩父の人達が要請し、望んでいたとはいえ、すべて東京側の都合で開かれた。秩父盆地が観光地としての商品価値が十分にあると見たから鉄道が敷かれたわけである。観光客を集める為の施設も西武で作り、秩父内のバス運行も独占している。こうなると秩父人が入りこむ余地は無い。人はただ秩父という土地についている付属物にすぎなくなる。山奥まで観光道路がつけられた。それを利用するのは都会から来た車である。その証拠に平日、志賀坂峠とか三峰観光道路とかに行ってみると良い。休日の混雑に比べ何台の自動車が通ることか。

苦労して拓いてきた土地がレジャー農園に変っていった。西武の観光施設用に土地を売った者もかなりある。農村副業にやっていた絹も振わなくなり、過重な労働を嫌い勤めに出る者も多くなってきた。土地から離れる者がでてきたということは山間の農村として培《つちか》われてきた秩父人の性格を変えてしまうだろう。

秩父っ子達は「変りはしない」と言う。今まで長い間、すべての事を受け入れてきた。こんな事も何回かあったがなんとかなったではないかと。

しかし彼ら自身、今回の出来事は今までと違うことを一番良く知っているのではないだろうか。すべての事を受け入れようにも、受け入れきれない程の事であるということを。

秩父の人達が「変らない」というのを聞く時、無理に自分自身に言い聞かせているような気がしていて、何かさびしさを感じた。秩父に残る彼らの行事、風物、遺跡が彼らの手から離れないことを望んでも無理なのかも知れない。まだ彼らの手の内にあるあいだに少しでも多くの物を見ておきたい。

吊橋は峠越の道につづいている。

秩父事件（明治十七年）

中間芙美子

秩父事件は日本近代史上、最大の農民蜂起であったことが明らかとなったが、その全容解明の突破口となったのが西野辰吉氏の労作『秩父困民党』と井上幸治氏の小説『秩父事件』である。これら先達のお仕事に依拠しつつ、その概略を追ってみたい。

山国秩父の農業は自給性の乏しいものだった。それ故、農家では養蚕、織物、煙草、紙すきなどあらゆる副業に力を入れなければならなかった。中でも絹織物が最も重要なものとされた。秩父裏と呼ばれる白絹が、江戸や京へ出荷されて秩父の生活を潤していた。だが、安政の横浜開港によって良質の生糸が貿易の対象となったため、秩父の絹織物は苦しくなった。原料である生糸が輸出されると、あとにはノシ糸と屑糸しか残らない。彼らはこのノシ糸と屑糸を自然染料で染め秩父縞《じま》とも呼ばれる太織《ふとり》を織り出した。その太織と輸出用の生糸の生産によって、明治十三、四年頃には相当の繁栄をみた。しかし、十四年の冬から金づまりの傾向がみえ、十六年にはデフレ政策による繭・生糸相場の下落、公租公課の負担増により、深刻な生活困窮に見舞われた。蚕と糸くりに頼るところが大きい山村の生活は、絹が道を塞がれるとどうする術もなく、土地を抵当にして高利貸を利用しなければならなかった。ところが利息が大変高く、一月に十円を借りると十一月には二十六円十六銭にもなったという例もある。高利貸業者はしつこく返済を迫ったので逃亡する農民が続出した。

このような背景の下で、明治十七年八月、事件の発端として秩父困民党（負債農民の集団）が三人の自由党員の手で結成された。オルグ活動は石間《いさま》、下日野沢、上日野沢、吉田、風布《ふっぷ》の各村から他の部落へと広がり、次々に山林集会が開かれた。警察の手が集会にのび、各人の住所、氏名を書かせては解散させることを何度も行ったにもかかわらず、集会の数は重ねられメンバーも固まってきた。高利貸業者に対して四年据置、四十年年賦返済を要求する方針が決定され、大宮署への返済延期の裁判願い、債主との個別交渉など激しい請願運動が何度となく続けられた。しかし反対に高利貸業者の攻勢（裁判所への召喚状や強硬督促）を受けて逃げ回る農民の数が増し、もはや合法的手段では目的が達せられないという状況と

秩父困民党の人々が集結した吉田町の椋神社

なった。十月十二日、幹部会議が開かれて高利貸の打壊し、証書の焼きすての決行が確認され、蜂起の日を十一月一日と決定した。この間群馬、長野、神奈川、山梨等の農民との一斉蜂起を図るため一ヶ月延期論が出されたが、結局十一月一日に決定した。秩父ではこれから自由党員らの主導の下に決死の闘いが行われようとしているのに、当の自由党は十月二十九日大阪で解党式をあげていた。井上幸治氏は「幹部でもない農民が恐しい程自由党の言葉のパターンを使用している。人民の自由と権利の伸張、国の進歩と人民の幸福という自由党結成の四ヶ条が農民の口で語られていた。天下の政治を改革し、人民を自由ならしめるという変革意識が高利貸征伐という具体的行動に結合した点で、秩父事件はやはり自由民権運動の発展の線上にある事を再確認しなければならない」(『秩父事件』)と述べている。

　井上氏の説では中核は自由党員を含む幹部三〇、困民党の在地オルグ(戦闘分子)一〇〇〜一三〇、武装蜂起への動員可能三〇〇〇名であった。風布では早くも十月三十一日に一三〇名位が蜂起の口火を切った。翌一日は三〇〇〇名が吉田の椋《むく》神社に集まった。直接の作戦目標は「高利貸業者に対して貸金の半額を放棄し、他は据置・年賦返済とすることを交渉し、これを承認しない時は家を壊して証書を奪い、家ごみにない時はこれに放火する」(前掲書)というものだった。小鹿野、下吉田の高利貸は怒濤のようにおしかけられ放火されたが、困民党の軍律に従って関係のない家が類焼しない様に注意が払われた。

札所23番・音楽寺の梵鐘。秩父困民党の戦闘開始を告げて乱打された。

　翌日には大宮郷(今の秩父市)の郡役所に本陣を移して占拠し、二日、三日すべての公権力のない状態となった。蜂起参加者数は最盛時には八〇〇〇人とも一万人とも推定されている。この間手出しができなかった警察は政府から憲兵隊・鎮台兵の支援を受けて、四日には秩父からの出口をすっかり封鎖してしまった。悪質高利貸しの征伐・証書の焼きすてという当座の目標は確かに果されたのだが、その後本陣は事態を突破する方向性を失った。軍隊の包囲に衝撃をうけて幹部等が姿を消したことも事実上の本隊解体の理由であった。しかし前線ではその後も粥新田峠や、金屋で警察・軍と激しい戦闘が行われ、一四〇名位の一団は信州をめざして十石峠を越えた。だが彼らも八ヶ岳山麓の長野県佐久郡馬流の決戦で敗北し潰滅した。「秩父暴動戦死者之墓」が静かに、しかし何かを語りかける様に建っているという。短い、それでいて命をかけた農民の楽観性とエネルギーが凝集した十日間であった。

参考文献・井上幸治『秩父事件』中公新書■西野辰吉『秩父困民党』講談社■色川大吉『明治の文化』岩波書店。

浦山の獅子舞　写真 菅沼清美

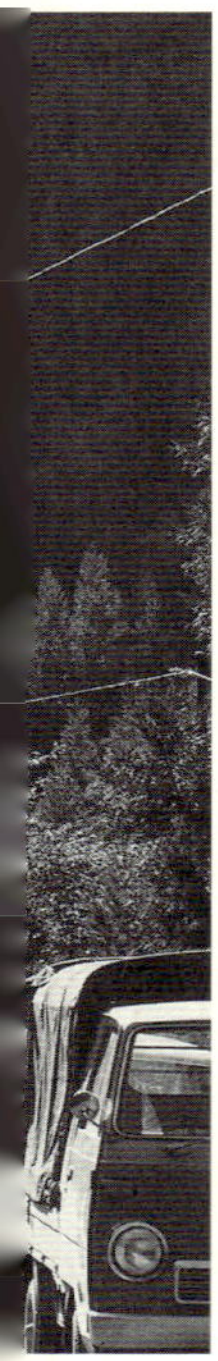

村島田キサ

奉納大日如來

編者あとがき

「懐かしい」という言葉は好まないが、編集のために四〇年ほど前の『あるくみるきく』に目を通していると、思い出すことがいろいろある。

私は宮本常一を所長とする日本観光文化研究所、通称「観文研」に、設立のほぼ一年後の昭和四二年三月から正式に出入りする。「正式」に「出入り」というのは含みがあるからだが、とにかく私が正式に出入りするようになったその月に、『あるくみるきく』の創刊号「特集　国東」が発行された。縦一七二ミリ、横一八〇ミリ、表紙を入れて全二四頁の小冊子である。しかし出版についてはまったく素人の何人かが、原稿の整理、文字の指定、写真の選定と組合わせ、地図作成の指示、レイアウトなど暗中模索の体で、そばで見ていて本を作るというのは大変なことなのだと思った。指導をしてくれていたのは、のちに宮本常一の『私の日本地図』全一五巻を編集し発刊する福永文雄である。

暗中模索の体はその後も長くつづいた。それは地域の歴史、民俗、文化、そして生活の現状の事実をどのように編集して伝えるとわかってもらえるか、という模索である。これは編集者だけではない。原稿を書く者にも模索があった。ひとつの地域に何日か滞在して取材し、三〇枚から四〇枚（四〇〇字詰）の原稿を書くのだが、むろんエッセイ風の紀行文ではない。取材した地域の現状の事実と、見たこと聞いたことありのまま書くという、簡単なようで極めて困難な作業に直面して苦悶しなければならなかった。苦悶というと聞こえがよいが、見たこと聞いたことの裏づけをしっかり取材してこなかったこと、いうならば原稿用紙を前にして気がつく、取材の未熟と自分の不勉強さに気づくことへの自省である。

観文研に出入りした者は数えきれないほどで、その色分けは難しい。年代を含めてさまざまな人が出入りしたとしかいいようがない。その輩を束ねていたのは、一応、事務局長の名のある宮本千晴で、『あるくみるきく』の編集のまとめ役もつとめていた。しばらくすると、『あるくみるきく』の編集は希望する者や宮本千晴が指名した者があたることになる。模索と苦悶の共有である。その結果は、のちの人生に有効に生かした者もいれば、能力を伸ばせなかった者もいる。

今あらためて『あるくみるきく』に目を通していると、この号では執筆や編集でこのことで模索し苦労したのでは、と思ったりする。また、ここに書いてあることは、その後どうなっているのだろう、と気になったりするものもある。人によって『あるくみるきく』で書いた地域とその後も交流がつづいている。

私の場合は、細々とではあるが山古志村とつづいてきた。驚きかつ悲しい思いをしたのは、中越地震である。平成一六年（二〇〇四）一〇月二三日の午後五時五六分に発生した震度七の中越地震は、全村避難という事態になる。あの家は、あの人は、とテレビや新聞を見つづけた。しかし私が昭和四五年（一九七〇）から翌年にかけて腰をすえて取材した集落は、道路が寸断されてほとんど報道されなかった。緊急工事で山越えの歩道がどうにかできて、震災後、住民が初めて集落にもどるのを許された一二月九日、私も同道させてもらった。左上の写真は一階がつぶれ、その上に二階が乗っている。部屋の中はまさに散乱状態だった。下の写真はそれから四年後、一階のつぶれた家も復興していた（白壁の家の左）。多くの家が茅葺屋根だったころ（一五九頁　中扉の写真）を知っている私には、複雑な感慨があった。

須藤　功

中越地震の被害と復興した集落。撮影・須藤　功

著者・写真撮影者略歴（掲載順）

宮本常一（みやもと つねいち）
一九〇七年、山口県周防大島の農家に生まれる。大阪府立天王寺師範学校卒。一九三九年に上京、澁澤敬三の主宰するアチック・ミュージアムに入る。戦前、戦後の日本の農山漁村を訪ね歩き、民衆の歴史や文化を膨大な記録、著書にまとめるだけでなく、地域の未来を拓くため住民たちと膝を交えて語りあい、その振興策を説いた。一九六五年、武蔵野美術大学教授に就任。一九六六年、後進の育成のため近畿日本ツーリスト株式会社・日本観光文化研究所を創立し、翌年より『あるくみるきく』を発刊。一九八一年、東京都府中市にて死去。著書『忘れられた日本人』『日本の離島』『宮本常一著作集』（未来社）など多数。

都丸十九一（とまる とくいち）
一九一七年群馬県勢多郡北橘村（現渋川市）生まれ。群馬県師範学校卒業後、県内の小中学校教諭に従事。群馬県文化財保護審議会委員、日本民俗学会評議委員、群馬大学非常勤講師を歴任。二〇〇〇年没。著書に『日本の民俗・群馬』（第一法規）『村と子ども』（第一法規）『上州ことわざ風土記』（上毛新聞社）『地名研究入門』（三一書房）などがある。

須藤功（すとう いさを）
一九三八年秋田県横手市生まれ。川口市立県陽高校卒。民俗学写真家。一九六七年より日本観光文化研究所所員となり、全国各地を歩き庶民の暮らしや祭り、民俗芸能の研究、写真撮影に当たる。著書に『西浦のまつり』『山の標的—猪と山人の生活誌』（未来社）『花祭りのむら』（福音館書店）『写真ものがたり　昭和の暮らし』全一〇巻『大絵馬ものがたり』全五巻（農文協）など多数。

姫田忠義（ひめだ ただよし）
一九二八年兵庫県神戸市生まれ。旧制兵庫県立神戸経済専門学校卒業。一九五四年演出家を目指して上京し、民俗学者宮本常一に師事。一九六六年、日本観光文化研究所の創立に参画し、中核所員として活動する一方、対馬や沖縄、アイヌの人々など日本各地の村々を取材する。一九七六年、「民族文化映像研究所」を設立し、「アイヌの結婚式」「イヨマンテ—熊送り」「椿山—焼畑に生きる」など二〇〇本以上の映画作品を制作。著書に『ほんとうの自分を求めて』（筑摩書房）『忘れられた日本の文化』（岩波書店）『育ち行く純なるものへ—映像民俗学の贈物』（紀伊国屋書店）などがある。

相沢韶男（あいざわ つぐお）
一九四三年、茨城県水戸市生まれ。武蔵野美術大学建築学科卒。宮本常一の教えを受け、日本観光文化研究所に入り、福島県南会津郡下郷町の大内宿の保存運動にかかわる。武蔵野美術大学教授（民俗学・文化人類学）。著書に『大内の暮らし』（ゆいでく有限会社）がある。

菅沼清美（すがぬま きよみ）
一九四七年長野県小諸市生まれ。東京写真大学短期大学部写真撮影科卒業。一九六七年、日本観光文化研究所の『あるくみるきく』の創刊に参加し、以後ドキュメンタリー写真家として歩む。一九七六年、映画「列車黄害」を製作。著書に『胎内被爆者』（自費出版）『ファーム&ファンクションシリーズ②ジャパニーズティポッド「土瓶・急須」』（講談社インターナショナル）などがある。

渡部武（わたべ たけし）
一九四三年東京都生まれ。早稲田大学大学院文学研究科卒、博士課程単位取得退学。東海大学文学部特任教授。画像文献資料と考古学的な出土文物資料を用いて中国文化史・中国農業技術史を研究。著書に『西南中国伝統生産工具図録』（慶友社）『四民月令—漢代の歳時と農事—』（平凡社）などがある。

佐藤健一郎（さとう けんいちろう）
一九三六年東京都生まれ。武蔵野美術大学名誉教授。東京都立大学大学院修了。宮本常一の長男、宮本千晴と大学の同級生であったことから、宮本常一の日本観光文化研究所設立当初から参加し、各地を取材し『あるくみるきく』に執筆。共著に『日本古典文学全集　謡曲集１・２』（小学館）『小絵馬』（淡交社）『藁の力—民具の心と形』（淡交社）などがある。

向山雅重（むかいやま まさしげ）
一九〇四年長野県上伊那郡宮田村生まれ。宮田村立尋常高等小学校高等科卒。上伊那郡の小中学校教論として精励しながら、民俗学や地方史を研究。一九九〇年没。著書に『山村小記』（山村書院）『信濃民俗記』『伊那農村史』（慶友社）などがある。

伊藤碩男（いとう みつお）
一九三三年東京生まれ。一九五七年映像技術集団“葦プロダクション”を創設し、岩波映画などで照明技師として活躍。一九七六年に姫田忠義と共に「民族文化映像研究所」を創立し、記録映画の撮影・演出・編集を担当。日本観光文化研究所の同人で、『あるくみるきく』の名付け親。現在フリーランス。

瀬川清子（せがわ きよこ）
一八九五年秋田県鹿角市に生まれる。東洋大学専門部東洋倫理文学科卒。柳田國男に師事し一九三三年「郷土生活研究所」に入り日本全国の女性の暮らし・民俗を調査する。一九四四年より大妻女子大学で教鞭をとる。一九八四年没。著書に『沖縄の婚姻』（岩崎美術社）『村の女たち』（未来社）など多数。

水沢謙一（みずさわ けんいち）
一九一〇年新潟県生まれ。県内の小学校に勤務しながら、農耕儀礼等の民俗調査、昔話の収集等、民俗学を究める。一九九四年没。著書に『いきがポーンとさけた — 越後の昔話』『越後の民話 』（未来社）『えちご艶笑』（高志書院）など多数。

三輪主彦（みわ かずひこ）
一九四四年生まれ。筑波大学教育研究科（理科）卒。元東京都立高校地学教師。探検家を志し、トルコ、モンゴル、イラク、カナダなど世界各地を歩く。地平線会議世話人。日本ウルトラランニングクラブ所属。著書に『川遊びから自然を学ぼう』（フレーベル館）共著に『子どもたちよ、冒険しよう（生きる力は、旅することからわいてくる）』（ラピュータ）『宇宙と地球の小辞典』（岩波ジュニア新書）などがある。

野村矩子（のむら のりこ）
一九四七年高知県生まれ。東京都立大学大学院理学研究科卒（地理学専攻理学修士）。元神奈川県立高校教諭。現姓・須磨矩子

中間芙美子（なかま ふみこ）
一九四五年鹿児島県生まれ。お茶の水女子大学文学部地理学科大学院修士課程卒。元東京都文京区役所勤務。一九八三年没。

監修者略歴

田村善次郎（たむら　ぜんじろう）
一九三四年、福岡県生まれ。一九五九年東京農業大学大学院農学研究科農業経済学専攻修士課程修了。一九八〇年武蔵野美術大学造形学部教授。武蔵野美術大学名誉教授。文化人類学・民俗学。大学院時代より宮本常一氏の薫陶を受け、国内、海外のさまざまな民俗調査に従事。『宮本常一著作集』（未来社）の編集に当たり、宮本常一没後、近畿日本ツーリスト・日本観光文化研究所副所長。著書に『ネパール周遊紀行』（武蔵野美術大学出版局）、『棚田の謎』（農文協）ほか。

宮本千晴（みやもと　ちはる）
一九三七年、宮本常一の長男として大阪府堺市鳳に生まれる。東京都立大学人文学部人文科学科卒。山岳部に在籍し、卒業後ネパールヒマラヤで探検の世界に目を開かれる。一九六六年より宮本常一主宰の近畿日本ツーリスト・日本観光文化研究所（観文研）の事務局長兼『あるくみるきく』編集長として、所員の育成・指導に専念。一九七九年江本嘉伸らと地平線会議設立。一九八二年末観文研を辞して、向後元彦が取り組んでいたマングローブ植林技術の開発と実施をもくろむ「（株）砂漠に緑を」に参加し手伝う。サウジアラビア・UAE・パキスタンなどをベースにマングローブについて学び、砂漠海岸での植林技術を開発する。一九九二年向後らとNGO「マングローブ植林行動計画（ACTMANG）」設立。一九九三年代より五年間JAICA専門家としてサウジアラビアのマングローブ保護と修復に取り組む。その後はACTMANGのいくつかの国での活動のうち、主にベトナムの植林事業に従事、乾燥地のマングローブの調査と修復も続けている。現在も高齢登山を楽しむ。

あるくみるきく双書
宮本常一とあるいた昭和の日本 11 関東甲信越 1

2010年9月30日第1刷発行

監修者　田村善次郎・宮本千晴
編　者　須藤　功

発行所　社団法人　農山漁村文化協会
郵便番号　107－8668　東京都港区赤坂7丁目6番1号
電話　03（3585）1141（営業）　03（3585）1147（編集）
FAX　03（3585）3668
振替　00120（3）144478
URL　http://www.ruralnet.or.jp/

ISBN978-4-540-10211-0

印刷・製本　（株）東京印書館